任性出版

東移的歐洲心臟

捷克、波蘭、匈牙利、斯洛伐克
給你的印象是？
半導體、新能源車、醫療、壯遊……
你沒料到的夢想之地。

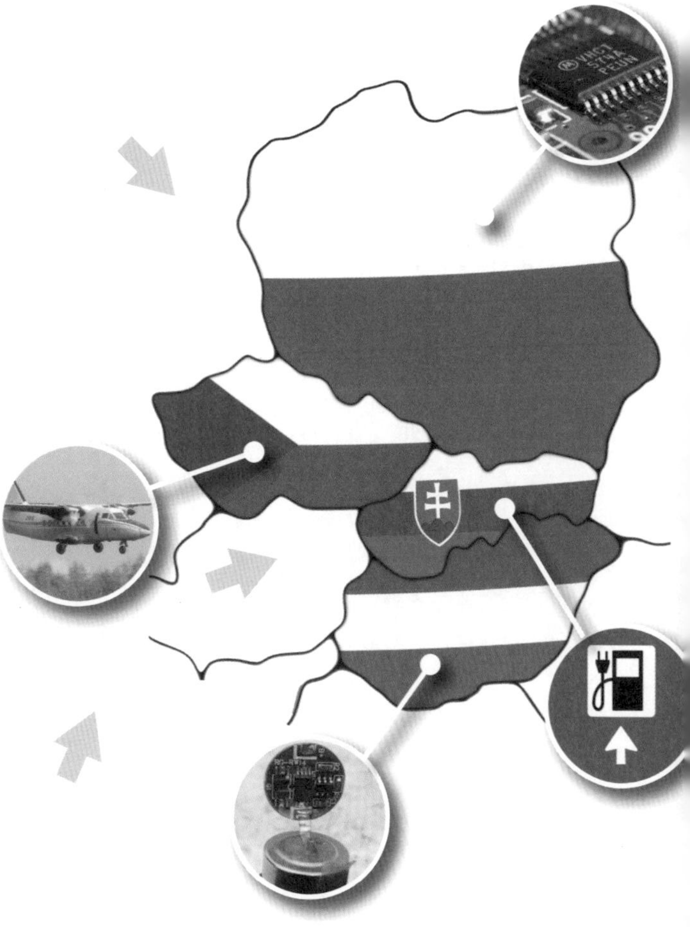

人文社科類暢銷冠軍
《德國製造的細節》作者、
歐洲深度研究者
葉克飛——著

目次

第二章 波蘭，IT人才與他的產地 105

第三章 匈牙利，要讓歐洲再次偉大 207

第四章 斯洛伐克，全球代工生產鏈的強將 269

推薦序
前東歐國家逆襲，V4的現代傳奇

《歐美近代史原來很有事》作者／吳宜蓉

你對「前東歐國家」的印象是什麼呢？貧窮落後？集中營所在？如果腦海中浮現的是這些形象，那麼在你的歷史宇宙裡，冷戰可能還沒結束。

捷克，不僅是蜜月勝地，目前還是我們重要的半導體合作夥伴。二〇二四年九月，臺灣將在捷克首都布拉格設立首座國際晶片設計培訓中心。波蘭，則是整個歐洲經濟增長最快的經濟體，從一九九〇年至二〇二〇年，國內生產毛額（GDP）成長率高達八五七％！匈牙利，一個人口不到一千萬的國家，目前是世界第四大電池製造國，僅次於中國、美國和德國。斯洛伐克，面積才四．九萬平方公里的內陸小國，人均汽車產量是世界第一，二〇二二年每千人生產了一百八十三輛汽車。

而且，這四個國家在歷史上很早就有淵源了！一三三五年，匈牙利國王、波希米亞國王、波蘭國王聚集於多瑙河最大的河灣處——維謝格拉德（Visegrad）小鎮，召開了一次重要的國際會議。會議中，國王們討論了共同遭遇的威脅，他們不僅要一起對抗哈布斯堡王朝（Haus Habsburg），還要組成貿易同盟，繞過維也納開闢新的航線，創造更有利潤的市場。

六百多年後，蘇聯解體的那一年，新的政治與經濟秩序即將來臨。他們再度於維謝格拉德小鎮重逢。**捷克斯洛伐克總統、波蘭總統和匈牙利總理，在一九九一年二月十五日簽署了《維謝格拉德宣言》**（*Visegrad Declaration*），**宣示維謝格拉德集團**（Visegrad Group）**的成立**。

隨著捷克斯洛伐克分離，目前**這個集團被簡稱為V4，他們組成集團的共同目標，是希望藉由相似的歷史傳統，一起努力完成民主化的社會轉型，並尋求成為歐盟及北大西洋公約組織**（North Atlantic Treaty Organization，簡稱北約）**的成員國**。

V4的成長卓著，在二〇〇四年就順利達成全員加入歐盟與北約的目標。二〇二二年，V4的GDP在歐盟排名第四，在世界排名第十五。

二〇二三年，國際貨幣基金組織（International Monetary Fund，縮寫為IMF）公布各國國內生產總值（經購買力平價〔按：Purchasing power parity，縮寫為PPP，根據各國不同的價格水準，計算出貨幣之間的等值係數，而能針對GDP進行合理比較〕調整）的人均估算數據，該集團中發展最先進的國家是捷克（人均四萬九千零二十五美元），其次是波蘭（人均四萬五千五百三十八美元）、匈牙利（人均四萬三千六百零一美元）和斯洛伐克（人均四萬兩千兩百二十八美元）。相較之下，俄羅斯的人均GDP則僅為三萬五千三百一十美元。

若要了解現代世界的政治局勢，我們的眼界不能只停留在傳統的西歐列強。波蘭在歷史上深受俄羅斯威脅，在烏俄戰爭中，波蘭堅定支持烏克蘭，不只提供軍事援助，還開放邊界、廣納烏克蘭難民，展現出作為歐洲前線的氣度。

匈牙利則於二〇二四年七月一日接任歐盟輪值主席國，喊出了「讓歐洲再次偉大」的口號。然而，匈牙利也是俄羅斯入侵烏克蘭後，繼續與俄羅斯保持友善關係、拒絕軍援烏克蘭的國家。這些看似矛盾、拉扯與糾結的政治角力，值得我們關注。

在臺灣，很少有專家可以充分帶我們探索中歐的現在與過去，本書作者葉克飛擁有對中歐歷史文化的熱情與深切關注。透過他的引導介紹，你會發現這些國家有著深厚的歷史底蘊與驚人的發展現況。讓我們一起打開這本書，深入了解、打破成見，認識多元且充滿活力的中歐。

各界推薦

或許因為曾經受過蘇聯影響，「前東歐國家」在不少人心中，仍停留在比西歐國家落後的印象。不過，本書作者以豐富資料和照片，讓你重新認識這四個在歐盟時代脫穎而出的國家。這些國家不僅擁有深厚的歷史文化根基，更在擺脫冷戰陰霾後重新出發，成為近年歐洲經濟和科技的心臟地帶。讀畢此書，我覺得這不僅是一本集歷史、經濟和文化內容的人文好書，也是一本深度旅遊指南！

——即食歷史部落客／Seayu

歷經蘇聯洗禮，再到歐盟成員，相對西歐悠久的工業化及資本發展，波蘭、捷克、匈牙利和斯洛伐克，勞力成本較低，因而受許多跨國企業青睞，入歐之後發展快速，使之在整個歐洲市場具有一定的經濟潛力。除此之外，這些國家也是歐盟及北約，與俄羅斯之間地緣戰略的重要前線。近年來，中歐國家就經貿及理念，與臺灣多有合作往來，也積極關注臺灣政經局勢，值得我們好好認識它們！

——地理及國際情勢臉書粉專／巫師地理

相較於大家熟悉的西歐，大多數人對波蘭、捷克、匈牙利、斯洛伐克等國的認識較少，甚至有些人可能還停留在過去的印象，認為這些國家的人民生活在鐵幕之下，生活困頓。

其實，在過去的三十年間，他們脫離了計畫經濟，加入歐盟，經濟飛速成長。在高水準教育，以及薪資較西歐低的背景下，也吸引了許多國際級公司前來投資。

期待透過這本書，能讓你更認識這些充滿潛力的國家。甚至在將來，實際安排一趟旅程，相信你一定會有獨特而深刻的體驗。

——作家、「波蘭女孩 × 台灣男孩」YouTube 創作者／蜜拉與士愷

前言
與現代文明同行的夢想之地

我對捷克、波蘭、匈牙利和斯洛伐克的痴迷，始於對**「夢想之地」的追尋**。

作為一個對現代文明甘之如飴的城市動物，我一向愛城市多於鄉村。而我夢想中的城市，構想就比較複雜：它應該現代化，不將落後當特色，但也要有人情味；它當然可以有主要的活動區域（Central Action District），但不該只有摩天大樓和孤零零幾棵小樹的寬闊街道；它應該新舊建築並存，西裝革履的上班族與在自家門口晒太陽的老人家，能同時進入旅行者的相框；它要有豐富、多元的飲食文化，不僅局限於某種口味；它要有悠久的歷史，但歷史建築又不能破敗失修；公共設施當然要齊全，要有足夠發達和多層次的交通體系……。

即使有這麼多要求，我仍可以找到許多符合條件的城市：東京、巴黎、慕尼黑、漢堡、布拉格……。

我從不反對高樓大廈。我反對的是新舊城市的撕裂，高樓大廈帶來的無差別區域性整體拆除，還有被壓榨的公共空間。

在我眼中，華人世界裡最出色的樣本是臺北。它給我的最深印象源自一場夜雨，那天晚上，我獨自在街上遊蕩，遇到老書店就進去看看。突然下起大雨，沒帶傘的我狼狽而行，走走停停，卻發現自己並未淋溼。老建築的騎樓、新建築的屋簷，還有隨處可見的便利商店、小吃店，不但可以避雨，也可以讓我自由選擇前行或停留。唯一的障礙也許是過馬路，可是並不寬闊的馬路，能讓行人以最短的時間通過。這讓我想起了珍．雅各（Jane Jacobs）《偉大城市的誕生與衰亡》（*The Death and Life of Great American Cities*）裡，那句並不起眼的話：「一座城市，理應讓行人在一百公尺範圍內找到避雨處。」

新舊建築交雜的臺北，對行人極為友好。從高級商場走出來，下一秒就可在老建築前的小吃攤流連；在精緻漂亮的餐廳裡吃過飯，一出門或許就是家老風扇咿咿呀呀、答錄機裡的磁帶也咿咿呀呀的舊書店……它幾乎可以滿足一個人對生活的所有想像。

澳門也很棒，只是於我而言，它有一個無法容忍的缺陷：作為一座賭業發達的城市，它的「書（輸）店」太少了。

即使是高樓密布的香港，新舊區域也沒有貿然分裂，新建物與老建築也依舊共存。甚至可以說，它在極大的繁華裡，極力靠近了理想。

而在歐洲，有許多這樣的城市。它們保持著古樸風貌，古羅馬時期遺址和中世紀古城隨處可見。它們的市容很美，每個街角都宛若童話；受益於文藝復興、大航海時代和工業革命以來的人類文明進展，兼具富庶與寧靜；它們有時尚的一面，店面櫥窗總能讓人流連；充滿人情味，走到哪裡都可見到友善的笑容……。

那麼，捷克、波蘭、匈牙利和斯洛伐克，與法國、德國、義大利、荷蘭、西班牙、丹麥、瑞典等其他歐洲國家相比，又有什麼不一樣？

從市容的角度來說，它們的建築風格和地理景觀與德國相似，但相比德國嚴謹中的精緻，它們更具滄桑感。從歷史來說，它們不及義大利與西班牙那般厚重，卻可以見到一次次歷史的激盪碰撞。從人文來說，僅僅是巴黎的先賢祠（Panthéon）[1]，就足以照耀整個歐洲大陸，**文學之國捷克、詩歌之國波蘭都只是後來者，可是在我看來，這個「後來者」的身分才最迷人**。

人文氣質是我對這四個國家最迷戀的地方。我喜歡卡夫卡（Franz Kafka）的彷徨、哈謝克（Jaroslav Hašek）的不羈、赫拉巴爾（Bohumil Hrabal）的沉靜、米沃什（Czesław Miłosz）的堅持……最重要的是，相比中世紀、乃至於更之前的那些偉大名字，他們的人生與現代文明的跌宕相伴而行，他們記錄的生活，那些美好、迷惘、遺憾或罪惡，都是現代文明的一部分。

這個世界並不總是美好的。十九世紀和二十世紀，人類文明飛速前行。政治制度與經濟形態的演變、現代戰爭的陰影、科技的進步，讓歷史被濃縮，也更為跌宕。

1 最初是法王路易十五（Louis XV）興建的教堂，歷經數次變遷後，現在成為法國最著名的文化名人安葬地，如：啟蒙運動領袖伏爾泰（Voltaire）、文學家維克多・雨果（Victor Hugo）、化學家瑪麗・斯克沃多夫斯卡・居禮（Maria Skłodowska-Curie）、前歐洲議會議長西蒙娜・韋伊（Simone Veil）等皆安葬於此。

捷克、波蘭、匈牙利和斯洛伐克經歷的更多。從地理位置上來說，它們是中歐國家，但從冷戰的政治意涵來說，它們又是「前東歐國家」。它們經歷過十九世紀的戰爭與民族國家興起，經歷二十世紀的兩次世界大戰，經歷過冷戰滄桑，更經歷了一九九〇年代以來的轉型。

它們前行的每一步，背後都有人文氣質的呈現，也有各種歷史元素的碰撞和集聚。

一九九一年二月十五日，**捷克、波蘭、匈牙利和斯洛伐克組成了四國集團——維謝格拉德集團**。這個文化性和政治性的國家聯盟，因在匈牙利維謝格拉德城堡簽約而得名。

近三十年來，維謝格拉德集團四國在歐盟的地位越發重要。尤其是**捷克與波蘭，前者人均GDP早已邁入已開發國家，後者的GDP總量則已穩居歐盟前七位，也是歐盟最具活力的經濟增長點之一**。

與經濟奇蹟相伴的是人文覺醒和對信仰的堅持，它們總有不屈的一面。以捷克為例，轟轟烈烈的「布拉格之春」[2]戛然而止後，捷克知識分子集體迸發出人性的光輝，即使大批大學教授被解僱、所有文學期刊被停刊，失業學者和作家淪為廁所清潔工和鍋爐房司爐（操作鍋爐的專門人員），捷克人仍無所畏懼。而在波蘭，即使在箝制最烈的時期，人們仍然不顧威脅，定期參加教會活動，知識分子堅持地下寫作……。

相比西歐，它們經歷過更多滄桑，從中世紀的「基督教之盾」，到冷戰時期的「另一個世界」，也正因為這樣，它們的新生更值得珍惜。

當然，若覺得這歷史過於沉重，也可以純粹從生活的角度欣賞它們。布拉格的極度精緻、唯美並非捷克的全部，華沙的原貌重建與克拉科夫（Kraków）的千年滄桑不是波蘭的全部，布達佩斯的大氣雄渾也不是匈牙利的全部。至於斯洛伐克，它的氣質因為地理位置和多山地形，顯得更為複雜，這種複雜無法在首都布拉提斯拉瓦（Bratislava）全部獲取。

要探尋它們的美，需要「逢城必入」的探訪方式（這正是我喜歡的），也需要關注各種細節。那些散落於鄉野間的小城鎮、城市裡的安靜街道，才是這四個國家最真實的呈現，也是我眼中的「夢想之地」。更何況，對於旅行者來說，它們的物價相比西歐和北歐實在太過美好。

這樣的探訪讓我想起多年前的一個秋天，我在臺北晃蕩時，某日上午不經意經過牯嶺街。見到路牌時才恍然，我竟然沒有打算專程拜訪。

清靜的街上，偶有老榕樹靜立。老書店僅餘幾家，訪客不多。這裡曾一度繁盛，一九五〇至一九六〇年代時，舊書攤和書店高達兩百多家。早年歐美各地的東亞圖書館，都曾專程來此搜購文史書籍。那些沒落的喧囂，盡是逝去的時光。

除了是當年的舊書雲集之地，牯嶺街還帶著電影導演楊德昌的印記——只是，這個當時已

2 一九六八年於捷克展開的政治民主化運動。時任捷克斯洛伐克共產黨第一書記的亞歷山大・杜布切克（Alexander Dubček）主張溫和改革，推動社會自由化；該年八月二十一日，蘇聯與其他華沙公約組織（Warsaw Pact，為對抗西方資本主義陣營北大西洋公約組織，由蘇聯及其東歐附庸國家成立的政治軍事同盟）成員國鎮壓捷克斯洛伐克，強制終止布拉格之春。

去世數年的人，從來都不是俗世生活中常常念及的選項。似乎只有不經意間，才會想起他的憤怒與堅持，想起他的《牯嶺街少年殺人事件》。

所有的旅行，都是為自己人生的記憶尋找注腳。

▲ 歐洲全圖，深藍色區域為捷克、波蘭、匈牙利與斯洛伐克（維謝格拉德集團），淺藍色為其他歐盟成員國。

第一章

捷克

歐洲半導體新基地

快速認識捷克

首都	布拉格
面積	78,866 平方公里
人口	1,090 萬人（2024 年）
語言	官方語言為捷克語，英語、德語及俄語為較常用之外國語言
宗教	多數人無宗教信仰（20% 有信仰的人口中，以信仰天主教及基督教為主）

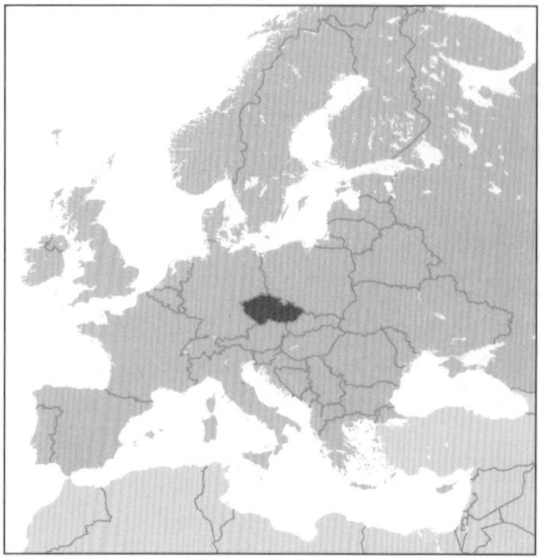

◀ 捷克在歐洲的地理位置。

▲ 捷克及其重要城市地圖。

早在第二次世界大戰前，捷克已是歐洲少數幾個民主國家之一，也是歐洲最發達的工業國家之一，人均GDP高於英國、法國和德國。雖然曾經歷冷戰陰霾，但捷克人很快走出黑暗，成為目前歐洲極具活力的新興國家。

一九六八年，「布拉格之春」戛然而止。在之後的日子裡，知識分子們被紛紛放逐。僅在一九六九年至一九七〇年間，捷克三千五百名大學教授中，就有九百人被解僱，所有文學和文化雜誌被停刊，失業學者和作家成了廁所清潔工、建築工人和鍋爐房司爐，十七萬人被迫流亡海外，但捷克人依然無所畏懼。

這種國民素質，或許與捷克人的文學和閱讀傳統有關。在這個位於歐洲腹地的小國裡，卡夫卡曾與哈謝克交相輝映。在他們之後，赫拉巴爾與米蘭・昆德拉（Milan Kundera）又接過衣缽。文學之璀璨超出了無數人的想像。

01 曾經的軍火商，轉型科技業

位於歐洲腹地的捷克，國土面積僅有七．九萬平方公里，卻是世界重要的工業國家之一。而**在二戰前，當時的捷克斯洛伐克**（國土面積為十二．七九萬平方公里）**更是處於顛峰，是世界第七大工業國**，工業總產值僅次於美國、德國（吞併奧地利後）、蘇聯、英國、法國和義大利，高於日本、波蘭和西班牙，**軍火產量甚至超過英法兩國總和**。

之所以如此強悍，是因為一九一八年建國的捷克斯洛伐克，繼承了奧匈帝國的大量經濟遺產。奧匈帝國七〇％的工業都集中於捷克，早在十九世紀，依託於境內的煤鐵資源，以及奧匈帝國的有意發展，捷克已形成完善且發達的工業體系。這就讓小小的捷克斯洛伐克，能一舉躍居當時的世界工業強國之林。

你一定聽過的捷克國民車Škoda

在捷克自駕，最容易見到的便是捷克國民車——Škoda。

Škoda 是世界上最古老的汽車品牌之一，可以追溯到一八九五年的勞林與克萊門特公司（Laurin & Klement，縮寫為 L&K），名稱取自兩位創辦人勞林與克萊門特。最初，L&K 主要製造的是當時剛在歐洲興起的自行車。一九〇五年，L&K 推出了第一款四輪汽車 Voiturette A，最高時速為每小時四十公里。

一九二五年，L&K 被捷克工業巨頭 Škoda 皮爾森工業公司（Škoda Pilsen）收購，新公司以 Škoda 和 Laurin & Klement 兩個品牌並行。一九二六年，Laurin & Klement 品牌退出歷史舞臺，Škoda 成為公司唯一汽車商標。同年問世的 Hispano Suiza 車型，採用六缸六．六五四升引擎，最高時速為每小時一百四十公里。當時，這款車被運到布拉格，獻給捷克第一位總統托馬斯．馬薩里克（Tomáš Masaryk）。

一九三九年，捷克被納粹德國占領，Škoda 汽車生產陷入停滯。二戰結束後，Škoda 重啟生產，但已成為計畫經濟體制下的國有企業。

依託於過往的造車技術和經驗，Škoda 於一九四六年五月推出二戰後第一款車型 Škoda 1101，這是一款目標客群為一般大眾的雙門經濟型轎車，捷克人稱之為 Tudor。此後，一九五四年推出的 Octavia 和其後的 Felicia 都是經濟實用車型的典範，**雖然簡單、廉價，但成功讓當時的捷克斯洛伐克人擁有自用車**。

一九九一年，Škoda 被德國福斯集團（Volkswagen Aktiengesellschaft）收購。如今的 Škoda 雖稱不上是頂尖汽車品牌，但一百多年來的風雨歷程，仍配得上「傳奇」二字。

如今，**汽車業仍是捷克的支柱，占其製造業總收入的二九%、出口額三分之一，占全國GDP的七·五%**。例如成立於一八五〇年的塔特拉（Tatra），在二十世紀早期轉型為汽車企業，是捷克越野重型卡車、軍用卡車和特種汽車的老牌工廠。

此外，捷克還有依維柯客車（Iveco Bus）和SOR這兩間巴士製造商。依維柯集團設立於捷克的工廠，是該集團全球最大廠；而成立於一九九一年的SOR公司，則是歐洲知名的公共汽車和長途巴士製造商。

汽車製造業當然並非捷克工業史的全部。當年，納粹德國在尚未有雙線作戰能力的情況下，冒險一舉吞併捷克斯洛伐克，正是基於捷克的雄厚工業基礎（當時的斯洛伐克以農業為主），尤其是軍工業。

戰時最大軍火商，轉型汽車與航太工業

捷克兵工廠（Česká zbrojovka，簡稱CZ），前身為斯柯達公司（Škodovy závody）旗下分廠。如今，其槍械生產業務主要由捷克兵工烏赫爾布羅德廠（Česká zbrojovka a.s. Uherský Brod，簡稱CZUB）負責，是捷克最大的出口商之一，也是世界輕兵器前十大、自動槍械前五大製造商之一。

二戰前，斯柯達公司是僅次於德國克虜伯（Krupp）的歐洲第二大兵工廠，其武器製造能

力相當於英國所有兵工廠總和。

斯柯達公司的歷史可以追溯到一八五九年。當時捷克貴族瓦爾德斯坦（Valdštejnové）家族在皮爾森（Plzeň）成立機器廠，經營金屬鑄造和機械工程。一八六六年，捷克工程師埃米爾・斯柯達（Emil Škoda）加入工廠，後來成為首席工程師。

出生於一八三九年的埃米爾・斯柯達，早年自捷克技術學院畢業後，前往德國卡爾斯魯厄（Karlsruhe）和司徒加特（Stuttgart）接受職業培訓。他加入機器廠不久，普奧戰爭爆發，公司業務跌至谷底，埃米爾臨危受命管理公司，最終使機器廠得以起死回生。

一八六九年，埃米爾從瓦爾德斯坦家族手中買下工廠，易名為斯柯達工廠。工廠此後迅速發展，並開始涉足軍工。一八九〇年，斯柯達工廠開始生產各種獵槍、機關槍、野戰炮、迫擊炮等武器。一戰前夕，它已成為奧匈帝國國內規模最大的兵工廠。

一九一九年，斯柯達公司設立分廠南波希米亞兵工廠（Jihočeská zbrojovka），並於一九二二年與韋伊普爾蒂（Vejprty）、布拉格兩間廠房合併後，組成捷克兵工斯特拉科尼采廠（Česká zbrojovka Strakonice），這便是捷克兵工廠的前身。

一戰後，斯柯達公司改變過度依賴生產軍工產品的局面，開始涉足蒸汽機車、工程機械和蒸汽輪機等領域。一九三三年，當時的捷克斯洛伐克政府決定將西部企業大舉東遷。捷克兵工廠在烏赫爾布羅德建立全新兵工廠，也就是現在的CZUB，這是當時世界上最現代化、效率最高的製造廠之一。那時的捷克，雖然國土面積小，卻是歐洲最大的「軍火商」。

除了當時世界排名第二的斯柯達兵工廠之外，捷克還擁有世界排名第三的布爾諾兵工廠（Zbrojovka Brno）。一九二七年到一九三九年間，布爾諾兵工廠向中國出口了三萬多挺ZB26式輕機槍——也就是軍武迷耳熟能詳的「捷克式輕機槍」——後來被中國軍械廠大量仿製，總數估計超過十萬挺，在抗日戰爭期間是重要的武器。

顛峰時期，捷克斯洛伐克每年可生產一百六十萬支步槍、兩萬挺重機槍、三．六萬挺輕機槍、兩千五百門大炮、五百至六百輛戰車，武器出口總額一度占世界軍貿市場總量的三〇％。

對納粹德國來說，花錢買顯然不如直接搶。捷克研發、製作的LT-38戰車、追獵者式驅逐戰車（Jagdpanzer Hetzer），就是納粹德軍實施閃電戰的重要利器。

二戰期間，捷克斯洛伐克被迫成為納粹德國的軍火庫。二戰後期，盟軍轟炸德國控制下的軍工企業，布爾諾兵工廠也未能倖免，淪為瓦礫。

冷戰時期，計畫經濟對於捷克影響相當大。在蘇聯高度集中的計畫經濟體制下，捷克斯洛伐克被劃分為「裝備生產區」，軍工業成為主要產業。一九五〇年，捷克軍工業產值在機械製造業中的比重為四％，到了一九五三年暴增為二七％。

▲ 使用 ZB26 輕機槍的捷克斯洛伐克士兵，攝於 1930 年代。

捷克武器源源不斷輸送至多個國家。一九八〇年代後期，捷克軍工產值占機械製造產業總值的八%至一〇%。一九八四年至一九八八年間，捷克出口軍火共價值二十七億美元，占同期出口額的三分之一，在世界十六個主要軍火出口國中名列第七，是真正的「軍火販子」。

柏林圍牆倒塌後，捷克斯洛伐克分手，各自走向轉型。捷克的轉型相當成功，原有的低效率國營企業被民營經濟取代，**軍火業則一方面由國有轉向私營，另一方面透過「軍轉民」計畫轉為民用生產**。

一九九二年，原本為國有的斯柯達兵工廠私有化，易名為捷克兵工烏赫爾布羅德廠，集中研發、生產高端槍械，並用剩餘產能為汽車和航空、航太工業提供高精度零件。

不少人以捷克軍火行業的輝煌不再，貶低捷克在東歐劇變後的轉型成就，實際上是本末倒置。計畫經濟不可持續，軍火經濟也建立在冷戰的基礎上。捷克在「軍轉民」計畫中，主動限制或取消了對五十多個國家的武器出口，實際上是順應柏林圍牆倒塌後的世界潮流——這是主動放棄，而不是被動失去。

捷克工業4.0，與臺灣合作

除了軍火之外，捷克的其他工業基礎也相當驚人。除了占主導地位的布拉格和布爾諾兩大城市之外，其他城市也有自己的特色產業，例如奧斯特拉瓦（Ostrava）的煤礦和鋼鐵業、皮爾森的啤酒釀造業等。而在機械製造、機床與動力設備、船舶、電力機車、軋鋼設備、化學等領域，捷克同樣有著極佳的表現。

雖然顯性的軍工產業輝煌不再，但**捷克的「軍轉民」計畫仍讓許多與軍工有關的行業迅速發展**。

以雷達行業為例，成立於一九九一年的捷克ELDIS公司，主要從事雷達技術研發；一九九三年成立的RETIA公司，在武器系統現代化、雷達技術和音訊處理系統的研發也是歐洲知名；ERA公司開發的維拉無源跟蹤系統（Pasivní radiolokátor Věra），是隱形飛機的剋星。

而在炸藥領域，著名的塞姆汀炸藥（Semtex）就是捷克Explosia公司所

▲奧斯特拉瓦的重工業十分發達。（照片來源／海洛夫斯基化學高中〔SPŠCHG Ostrava〕）

製造。

其中，**最耀眼的又非飛機製造業莫屬**。一九一八年，捷克斯洛伐克成立時，接收了奧匈帝國遺留下來的飛機。當時，全世界航空業還在萌芽階段，捷克斯洛伐克人早早便涉足其中。

不久後，第一家飛機製造廠萊托夫（Letov）在布拉格成立。此後，Aero（現為沃多喬迪航空〔Aero Vodochody〕）和阿維亞（Avia）公司也開始建立飛機生產廠。

一九二〇年，捷克斯洛伐克第一架飛機在萊托夫公司試飛場首飛成功；Aero和阿維亞公司也相繼生產出AE-02和BH-3戰機。幾年後，捷克斯洛伐克已經可以大量生產國產戰機。

捷克人在產業上的創新，不只是停留在技術層面。當時，**捷克斯洛伐克政府支持飛機製造廠和飛行員，參加各類飛行競賽和特技比賽，推動飛機出口，還創辦歐洲最早的航空專業雜誌**。正是這一連串操作，使得捷克斯洛伐克成為歐洲航空工業強國。

二戰後，捷克斯洛伐克重組多家航空企業，成立新的飛機製造廠。加入華沙公約組織後，大量生產蘇聯米格—19和米格—21戰機。

雖受計畫經濟牽制，捷克斯洛伐克人仍走出了自己的路。**國家小、產業規模小、不具備研究大型飛機的經費和人力資源，捷克斯洛伐克因此選擇揚長避短，以輕型飛機為主要切入點**。

一九六〇年代，華沙公約組織空軍急需一款噴氣式教練機，取代過往的活塞式教練機，沃多喬迪航空因而設計出L-29海豚（L-29 Delfín）教練機。它被譽為「極簡主義」飛機，從設計製造到飛行操控都追求簡單、耐用，而它與後來改款的L-39也因此成為華沙公約組織的標準教練機。

蘇聯解體後，捷克失去華沙公約組織這個最大客戶，訂單大量減少。幸好捷克及時轉型，聚焦於教練機、輕型飛機和運動飛機等，如今已是**歐洲超輕型飛機生產國，產量僅次於德國**。尤其在運動飛機領域，捷克生產的運動飛機有八成出口海外，國內也有飛機競技熱潮。雖然**捷克人口僅有一千多萬，卻有一．五萬名飛行員、一千八百多個機場**。

除了航空製造業外，捷克的電子顯微鏡產業占據世界三分之一的生產額，廠區大多設在布爾諾，主要用於工業和學術材料研究、生命科學、半導體、資料儲存等領域。

至於新興產業方面，**捷克與臺灣有許多合作**。例如：鴻海科技旗下的富士康，在捷克布拉格、庫特納霍拉（Kutná Hora）和帕爾杜比采（Pardubice）三地設廠；緯創資通和英業達，在布爾諾設立公司；華碩與和碩則在奧斯特拉瓦設廠。**臺灣在科技產業上的強大，恰恰與捷克「工業 4.0」政策相契合**。

二〇〇四年加入歐盟、二〇〇六年就躋身已開發國家的捷克，在一百多年前就有著強大的工業基礎。柏林圍牆倒塌後，它也迅速轉型，新的捷克政府將大量私有化所得投入社會保險和基礎建設，使人民受益。

值得一提的是，**二〇一四年，捷克的吉尼係數**（Gini coefficient）[1]**僅有〇．二五一，位列全球第四**（二〇二一年約為〇．二六），可見其社會的健康程度。

完善且強大的工業體系，從布拉格之春到天鵝絨革命[2]的轟轟烈烈，如今社會高度發展，離不開捷克人的努力與人民素質。

這個誕生了卡夫卡、哈謝克、米蘭・昆德拉和赫拉巴爾，閱讀率高居世界前列的小國，在**人文、政治和工業三者間實現了完美平衡**。

1 國際間普遍用來衡量國家或地區貧富差距的指標，其數值介於零至一之間，數字越大代表所得分配越不平等。

2 狹義上指捷克斯洛伐克從一九八九年十一月十六日至十二月二十九日之間，發生的反捷克斯洛伐克共產黨統治的民主化革命，結束了捷克斯洛伐克的一黨專制，為捷克和斯洛伐克一九九三年的和平分裂（又稱天鵝絨分離）埋下伏筆。

02 當無產階級革命的鐘聲響起

國土面積不到八萬平方公里的捷克，主要分為波希米亞和摩拉維亞（Morava）**兩個地區**。摩拉維亞又分為北摩拉維亞與南摩拉維亞，奧洛摩次（Olomouc）就被稱作「**北摩拉維亞最美城市**」。

與大多數歐洲城市一樣，奧洛摩次的中心也是「廣場＋市政廳」這一標準組合。廣場名為霍爾尼廣場，並不算大，周圍有許多咖啡館和餐館，是城中最繁華的地帶。

市政廳始建於一三七八年，最初只是木造建築，後來毀於大火，十五世紀重建。鐘樓旁的天文鐘最早出現於十五世紀，是**如今世界上為數不多仍體現日心說的天文鐘之一**。

我曾多次到訪布拉格老城廣場的天文鐘，不管淡旺季，天文鐘下永遠都是人潮，人們一個個仰著脖子等待鐘聲響起。奧洛摩次倒是清靜，十幾個人站一排，趴在欄杆上聊著天，等待鐘聲響起。天文鐘位於一道尖拱形凹壁之上，粉紅色的裝飾壁畫上呈現著國王出巡和少女遊行的民俗故事。

這個天文鐘曾經歷多次改造，二戰後變化最大。說起這個改變，要不是有人講解，我還真沒發覺。一位坐在市政廳一樓咖啡館露天座位上的大叔，見到我這張東方面孔，專程走過來對著我嘰哩呱啦說了一大堆捷克語，見我不明所以，他就拉著我站在天文鐘下等待。

中午十二點，天文鐘準時運作，鐘面上的人偶用鐵錘敲出十二聲聲響，音樂響起，人偶開始旋轉和工作。見我還是只會看熱鬧，大叔「恨鐵不成鋼」似的指著那些人偶，用非常不熟練的英語跟我說「different（不一樣）」，接著又說「No angel, no cenobite.（沒有天使，沒有修士。）」。我總算明白，原來他說的是這裡的天文鐘跟其他天文鐘不一樣。

中世紀傳下來的天文鐘，除了周邊牆壁上的壁畫多為宗教故事外，天文鐘的人偶也都以聖

▲奧洛摩次的天文鐘，遊客趴在欄杆上等待鐘聲響起。

▲這裡的天文鐘沒有聖人、修道士和天使，取而代之的是「無產階級工人」。

人、天使和修士為主。奧洛摩次的天文鐘本來也不例外，但眼前的人偶居然都是在幹活的工匠，這是怎麼回事？

二戰後，在戰爭中遭遇嚴重破壞的天文鐘得到修復，即如今所見復原版。但**當時處於冷戰時期，捷克作為東歐集團一分子，處處以意識形態為先。原先的聖人、修道士和天使等形象不被允許復原，取而代之的是「無產階級工人」形象**，十二位「革命同志」分屬不同行業，一個個拿著工具辛勤勞動。像這種帶著濃厚意識形態色彩的天文鐘，絕對是世界上獨一無二的。

三位一體聖柱，中歐最大巴洛克風格雕像

奧洛摩次市政廳看起來平平無奇，其實細節上融合了多種建築風格。建於一四八八年的禮拜堂是晚期哥德式風格，南面的漂亮凹窗是亮點所在，花窗上有哈布斯堡王朝奠基人魯道夫一世（Rudolf I）的畫像。建於一五三〇年的東門是文藝復興式風格，綠色尖頂的鐘塔是廣場中的制高點，為巴洛克式風格，一六〇七年建成。

但廣場的真正地標並非市政廳，而是被列入世界文化遺產的三位一體聖柱。聖柱以欄杆圍繞，四周從早到晚總是坐滿了人。這座高三十五公尺的三位一體聖柱，是中歐地區最大的巴洛克風格雕像，興建於一七一六年至一七五四年間，以紀念黑死病的平息。

聖柱最早的建設者是一位本地工匠，他積極募款、設計和監工，為之奮鬥了十七年，直至

一七三三年因病辭世，此時聖柱只完成了最下層的小禮拜堂。此後，又有幾位工匠接手，但都未能在有生之年見到它的完成，直到一七五四年才宣告竣工。這是摩拉維亞地區的大事，當時的匈牙利女王瑪麗亞．特蕾莎（Maria Theresia）親自出席了竣工典禮。

聖柱頂端是三位一體雕像，第二層則是聖母升天雕塑，兩者均由鍍金青銅鑄成，不但表情傳神，連衣服的皺褶都自然生動。雖是典型的巴洛克式建築，但它並不刻意誇張繁複，而是強調自然之美。再往下則是分層而立的十八聖人石雕，均是奧洛摩次歷史上的重要人物。底層小禮拜堂古樸雅致，別看聖柱外表黑黑的，裡面僅靠小小花窗便創造出不錯的採光，可見其建築藝術之高超。

雖是捷克第五大城市，但奧洛摩次老城用腳步便可丈量。我的習慣是先往高處走，直奔最高的教堂塔樓，看過全景後再四處遛達，這次也不例外。穿過霍爾尼廣場，聖穆理思教堂（Kostel svatého Mořice）的塔樓就是登高最佳選擇。

這座天主教堂歷史極為久遠，可以追溯到斯拉夫人在此居住初期，此後數百年間屢遭火災焚毀。如今所見教堂建於一四〇三年至一五三〇年之間，以晚期哥德式風格呈現，教堂內部的拱形天花古樸雅致。

教堂塔樓是整座教堂最古老的部分，黑色磚牆斑駁，頂層則以花崗岩重新修葺。入口是一道極其狹窄的拱形小門，拾階而上，爬到氣喘吁吁，方抵達頂端。方形的塔樓頂端四面均無遮擋，可一覽老城風光。

中世紀時，奧洛摩次是摩拉維亞地區數一數二的繁華都市，也因為富庶，人們將這裡變成各種新建築風格的試驗場。城市原本沿小山坡而建，道路各有坡度，更有參差之美。難得的是，它躲過了兩次世界大戰的侵襲，十八世紀的模樣保留至今天。

除建築之外，奧洛摩次人的藝術細胞和搞笑天分也很吸引人。在一條石板路上，我見到一輛BMW7系列豪華轎車，車主卻如頑童，用一個圓形鬼臉貼紙覆蓋住BMW標誌。

小城人民的幽默感和藝術氣質可不僅限於此，**他們特別喜歡塗鴉，街邊建築的牆上總可見到各種漂亮的塗鴉**。尤其是途經一個小小隧道，不過十多公尺，位於人行道上，隧道內全是塗鴉，鋪滿整個牆面，畫風奇幻，凹窗部分甚至還畫出了立體效果。

從小隧道再往前行不遠，便是帕拉茨基大學（Univerzita Palackého v Olomouci）。這是奧洛摩次最知名的學府。匆匆而過的學生，很可能就是塗鴉者之一。

帕拉茨基大學原名奧洛摩次大學，成立於一五七三年，是摩拉維亞地區最古老的大學，也是捷克第二古老的大學。學校原本由當地教會管轄，至

▲ 列入世界文化遺產的三位一體聖柱。

一八七〇年代，奧地利皇帝兼匈牙利國王的法蘭茲·約瑟夫一世（Franz Josef I）進行改革，學校歸於國有。

一九四六年，奧洛摩次大學改名為帕拉茨基大學，紀念法蘭提塞克·帕拉茨基（František Palacký），他是十九世紀摩拉維亞的歷史學家和政治家。一九九〇年代後，帕拉茨基大學成為奧洛摩次的風氣引領者，積極參與古蹟保護、文化保育和藝術等領域的工作，年輕人們也為這座古老城市帶來了巨大活力，還承包了街頭塗鴉。

帕拉茨基大學歷史上有許多知名校友，其中名氣最大的當屬現代遺傳學奠基人格雷戈爾·孟德爾（Gregor Mendel）。此外，還有一位校友與中國關係密切，他便是嚴嘉樂（卡雷爾·

▲ 人行隧道內，牆面被畫滿塗鴉。

斯拉維切克〔Karel Slavíček〕，嚴嘉樂為其漢名）。嚴嘉樂出生於一六七八年，一七一六年以傳教士身分前往中國，繪製了歷史上第一張精確的北京地圖。一七三五年，他去世於北京，安葬在明萬曆皇帝為傳教士規畫的墓地。

以我個人喜好而言，奧洛摩次最美之地是聖瓦茨拉夫主教座堂（Katedrála svatého Václava）。從霍爾尼廣場出發，沿著城中最寬闊的丹尼索瓦大街前行，走到盡頭，轉彎就能見到聖瓦茨拉夫主教座堂的尖頂。

教堂前是一片石板鋪就的廣場，草地邊有樹蔭下的長椅可供閒坐。奧洛摩次本已安靜，這裡更是清幽。擁有兩座尖塔的聖瓦茨拉夫主教座堂，是摩拉維亞地區的第一高塔、捷克的第二高塔。坐在廣場長椅上，看著藍天白雲和教堂尖頂，是再愜意不過的體驗。

眼前的聖瓦茨拉夫主教座堂建於一一三一年，原為古羅馬會堂，後因大火重建，到了一八八三年至一八九二年，這座教堂終於以新哥德式風貌保留至今。教堂旁是小巧精緻的聖安娜禮拜堂。環繞廣場的還有建於十二世紀的普熱米斯爾（Přemyslovci）宮殿，現已開放為總主教博物館。

聖瓦茨拉夫主教座堂的得名，來自波希米亞大公瓦茨拉夫一世。但這座城市的最深印記，還是來自大摩拉維亞這個僅存百年、早已消失的國度。

九世紀時，西斯拉夫人在莫伊米爾一世（Mojmír I）的帶領下，建立了大摩拉維亞公國。繼任者羅斯季斯拉夫（Rostislav）執政期間，領土已涵蓋摩拉維亞、波希米亞、西利西亞

（Śląsk，大部分區域位於現今的波蘭）、斯洛伐克西部和波蘭南部等。

八七〇年至八九四年在位的第三任國王斯瓦托普魯克（Svatopluk），是真正得到天主教會承認的皇帝，大摩拉維亞公國也進入鼎盛時期。第四任君主莫伊米爾二世性情仁慈但懦弱，一直無法使帝國系統正常運轉，國力嚴重衰落。八九五年，波希米亞脫離帝國，九〇六年，大摩拉維亞公國被馬扎爾人（magyarok）所滅。

許多城市都拆了噴泉，這裡仍保留

大摩拉維亞公國滅亡後，奧洛摩次不再是權力中心，但很快得到了一個新的稱號——噴泉之城。走在奧洛摩次老城，噴泉出現頻率極高，所以城中有噴泉導覽團，在街上隨時攬客。

十七至十八世紀，摩拉維亞地區的許多老城鎮為了取水方便，在城中建造大量兼具實用和美觀的噴泉。後來給水系統逐步完善，大多數噴泉遭到拆除。但**奧洛摩次人認為噴泉可以美化市容，且遇到火災等緊急情況時仍可派上用場，於是堅持保留，使奧洛摩次成為噴泉之城。**

奧洛摩次的噴泉集中於霍爾尼廣場，也是當地噴泉遊的重點。

一七二五年建成的凱撒噴泉，是唯一以人為主題的噴泉，主角便是在羅馬歷史上十分著名的凱撒大帝。在噴泉中，他騎於馬上，望向羅馬大軍曾駐紮過的邁克爾山；馬匹下方有兩個人，象徵著奧洛摩次的兩條生命之河——摩拉瓦河（Morava）與多瑙河（Donau），馬匹後

▲ 聖瓦茨拉夫主教座堂，得名自波希米亞大公瓦茨拉夫一世。

面的狗則象徵著奧洛摩次對當時國王的效忠。

建於一六八七年至一六八八年間的海克力斯噴泉，則是城中第二古老的噴泉，原先位於三位一體聖柱處。一七一六年，因準備建造聖柱，它被遷移到市政廳前方。大力士海克力斯是羅馬神話裡具有神力的英雄，在噴泉中，他手握巨棒，左手的老鷹則是奧洛摩次的市鳥。

亞利安（Arion）噴泉是霍爾尼廣場中唯一建於當代的噴泉，二〇〇二年建成，題材取於羅馬神話，描述琴手亞利安被海豚拯救的故事。噴泉中有一個小男孩和一個小女孩立於小海龜之上，旁邊還有一隻大海龜，亞利安則懷抱海豚。另有一隻大海龜位於噴泉之外的廣場地面上，是孩子們極喜歡攀爬的對象，到了黃昏，孩子們會在這裡排隊爬海龜，還挺有秩序。噴泉周圍擺著長椅，當地人喜歡在此休息。

在城中遊走時，還可見到海神噴泉和天神噴泉。墨丘利（Mercury）噴泉則因其栩栩如生的雕刻，被譽為城中最美噴泉。以希臘神話中人身魚尾的海之信使崔坦（Triton）為題材的崔坦噴泉則相當繁複，先以一對海人合力舉起石座，石座上又有兩隻海豚，中間則有一個小男孩和一對水犬。遊歷廣闊者或許會覺得似曾相識，因為它正是模仿羅馬的那座同名噴泉。

黃昏時分，人們圍坐在三位一體聖柱和亞利安噴泉旁的長椅上休憩聊天，廣場上的咖啡廳和餐廳也坐滿了人。但這種熱鬧並非喧囂，而是悠閒。夕陽光線折射在石板路上，電車在不遠處緩緩駛來，軌道傳來摩擦聲，卻不刺耳。這是一座連熱鬧都仿似無聲的城市。

03 米蘭・昆德拉，生命中不能承受的故鄉

布爾諾是捷克第二大城，也是摩拉維亞地區的中心。城市歷史可以追溯到五至六世紀，當時凱爾特人（Celt）定居於此。在凱爾特語中，「布爾諾」意即山丘之城。九至十世紀，布爾諾因興建城堡而逐漸興旺。一二四三年，布爾諾正式建市，十六世紀後成為摩拉維亞的經濟與文化中心。十八世紀，布爾諾開始工業化，被譽為「摩拉維亞的曼徹斯特（Manchester）[3]」，是當年歐洲的經濟重鎮。

幾百年來，自由廣場（Náměstí Svobody）一直是布爾諾的中心，也是其最大廣場，見證無數風雲變幻。如今，廣場旁店鋪林立，人來人往。廣場上的地標是白色的鼠疫柱，柱頂是聖母瑪利亞的雕像。廣場四周的道路都有坡度，或高或低，可見舊日「山丘之城」的格局。

自由廣場四周道路中，最寬的一條是馬薩里克（Masarykova）大街，也是布爾諾最熱鬧的商店街。沿著大街走，不遠處便可見到如今作為博物館之用的舊市政廳，這棟白色古樸建築始建於一二四〇年，最吸引人的當屬大門上方的五根柱子。這種哥德風格的裝飾柱十分常見，但居中那根居然是扭曲的，或許另有深意，難道是想表達「世間一切都是扭曲的」？

對喜歡閱讀和思考的捷克人來說，這個哲學問題還真不是小問題。在布爾諾出生長大的米蘭・昆德拉，想必也常常在這條大街上走過，或許也會抬頭望向扭曲的柱子。那時的捷克人正處於迷茫中，昆德拉也不會例外，否則也不會有小說《玩笑》（*Žert*）的問世。雖然《玩笑》發表時，他已身在布拉格。

在布爾諾，無法見到昆德拉存在的痕跡，即使是紀念品商店和遊客中心裡的旅行手冊，也沒有任何一個字提及。

一九七五年，昆德拉流亡法國，一九七九年被剝奪當時的捷克斯洛伐克國籍，兩年後他成為法國公民，並以「法國作家」自稱。他的主要作品，包括《生命中不能承受之輕》（*L'Insoutenable Légèreté de l'être*）、《笑忘書》（*Kniha smíchu a zapomnění*）等都以法語寫成，他的最後一本捷克語作品是《不朽》（*Nesmrtelnost*）。在他眼中，「故鄉」這個概念「只是一個幻想或一個迷思。我懷疑我們是否成為這個迷思的受害者」。

捷克人也一直不待見昆德拉，這就造成了「雞生蛋還是蛋生雞」的問題：沒人能弄清楚，到底是因為昆德拉將自己視為法國作家，而招來捷克人的不滿；還是因捷克人對昆德拉的不滿，逼得他以法國作家自居。

3 位於西北英格蘭的城市。十八世紀工業革命期間，曼徹斯特急速發展，成為全世界第一座工業化的城市。

如今的布爾諾早已不復昆德拉年輕時代的壓抑，而是安逸、富生活氣息。馬薩里克大街另一頭，是名字可愛的捲心菜市場（Zelný trh），廣場不大，卻是布爾諾最具人氣的蔬果市場，每日上午的市集都相當熱鬧，幾十個攤位在廣場上整齊排開，人們可以在此購買蔬果、肉類和鮮花。廣場四周有許多餐廳和咖啡廳，中間是建於十七世紀的帕納瑟斯噴泉（Kašna Parnas）。

據說，這座巴洛克式噴泉十分神奇，每到耶誕節之際，池中會游出鯉魚，讓小販售賣。乍看之下，噴泉就像一堆石頭雜亂無章堆成一般，細看才發現雕塑極具故事性。

捲心菜市場沿坡而建，順坡而上，便可以見到布爾諾的真正地標——聖彼得和聖保羅大教堂（Katedrála svatého Petra a Pavla）。

不要被「和」字欺騙，它並非兩座教堂，

▲ 沿著斜坡而建的捲心菜市場。

▲ 舊市政廳大門上方的扭曲柱子。

而是一座以雙塔形式存在的教堂，也是唯一一座長方形的哥德式大教堂。每天上午十一點，教堂會敲鐘十二下，背後有個故事。

一六一八年至一六四八年的三十年戰爭[4]期間，瑞典軍隊兩次圍攻布爾諾，都久攻不下。於是他們決定，若在圍攻的最後一天中午前仍不能勝利就撤軍。十一點整，正當瑞典軍隊即將攻入城市之際，教堂的鐘聲敲響了十二下，指揮官以為已經十二點，便遵守諾言撤兵。正因如此，直至今日，聖彼得和聖保羅大教堂仍會在每日十一點響起十二下鐘聲。

儘管大教堂抬頭可見，彷彿就在眼前，但上去的路卻彎彎曲曲，環山而行。沿著石牆

4 原為神聖羅馬帝國的內戰，演變成一場大規模歐洲戰爭。最終導致神聖羅馬帝國更加碎片化，荷蘭及瑞士獨立，法國與瑞典躍升為歐洲強國。

▲ 從聖彼得和聖保羅大教堂俯瞰布爾諾城。

向上走，途中有許多小花園，人們坐在長凳上看書、聊天。聖保羅和聖彼得大教堂坐落在最高處，斜對著主教官邸，外牆古樸斑駁。它始建於一四〇八年，修建時間達兩百多年，其間在哥德式基礎上，吸收了文藝復興和巴洛克風格。沿著一百二十四級窄小的臺階登上教堂塔樓，便來到城市最高點。塔樓頂層被大鐘占據，僅在中間留出一個小小通道，直抵只能容納兩、三人站立的小陽臺。

這個陽臺正對著布爾諾老城，清一色紅瓦斜頂，高低錯落，藍天白雲下煞是好看。遠處則是另一個位於山丘之上的地標——十三世紀時修建的斯皮爾博城堡（Špilberk）。

建於一二七七年的斯皮爾博城堡，當年曾是摩拉維亞侯爵的宅邸，之後歷代領主不斷對它進行加固和擴建。三十年戰爭期間，它曾大放異彩：一六四五年，瑞典軍隊在此鎩羽而歸。布爾諾也因此取代一百公里外的另一座名城奧洛摩次，成為摩拉維亞地區新的中心。一七四二年，斯皮爾博城堡再度留名於史，它在西利西亞戰爭中成功抵禦了堪稱普魯士一代戰神的腓特烈大帝（即腓特烈二世〔Friedrich II〕）。

城堡所在的小山並不高，卻是老城西面的制高點。被紅磚城牆圍繞的城堡，主體建築白牆紅瓦，部分被闢為布爾諾博物館。不過，更吸引人的是沿城牆而行便可飽覽的布爾諾風光。

老城裡最宏大的建築多與宗教有關，一處處教堂和修道院散落其間。其中，聖湯瑪斯修道院（Starobrněnský klášter）永載於科學史。一八五六年起，遺傳學家孟德爾在這裡進行了長達八年的豌豆雜交實驗，發現了生物遺傳的基本規律，並得到相應的數學關係式，總結出「孟德爾第一定律」（即孟德爾遺傳分離定律）和「孟德爾第二定律」（即自由組合定律和獨立分配律）。孟德爾也因此被譽為「現代遺傳學之父」。

孟德爾生活的時代，捷克這個國家還未誕生，摩拉維亞仍在奧匈帝國的統治之下。經歷百年跌宕後，捷克人早已找到了民族認同，卻也因為這樣，才讓米蘭．昆德拉顯得格格不入。

二〇〇九年，昆德拉被故鄉布爾諾授予榮譽公民身分。也是那一年，布爾諾的馬薩里克大學舉辦關於昆德拉的國際學術研討會，這也是捷克第一次舉辦關於昆德拉的國際會議，是明顯的致敬與示好，昆德拉卻拒絕出席。幸好在**二〇一九年十一月，捷克駐法國大使前往昆德拉在巴黎的公寓，將捷克公民證交與對方，使昆德拉得以恢復捷克國籍。名作家在九十歲的垂暮之年，終於與自己的祖國和解。**

▲ 位於布爾諾最高處的聖彼得和聖保羅大教堂。

04 美國百威啤酒真正發源地

早上八點半的普熱米斯爾．奧托卡二世廣場（Náměstí Přemysla Otakara II.）空空蕩蕩，幾家咖啡館和餐廳已經開始營業，有人坐在露天座位上，悠閒吃早餐、看報紙。

一個大叔正在享用早餐，不忘來上一大杯啤酒。當我將鏡頭轉向他這一側時，他還朝我豎起了大拇指。我看著他眼前那杯啤酒，鬼使神差用中文說了句「百威」，他居然聽得明白，以幾乎同樣發音的 Budweis 回應，再一次豎起大拇指。

他所喝的百威，並不是人們熟知的美國品牌，而是**特有的捷克布傑約維采百威，也是真正的百威源頭**。

布傑約維采（České Budějovice）是捷克南波希米亞州首府，也是捷克南部最大城市。普熱米斯爾．奧托卡二世廣場是布傑約維采的市中心，被一圈巴洛克式或文藝復興式建築所圍繞。廣場呈正方形，長寬各一百三十三公尺，是**中歐地區數一數二的大廣場，幾百年來一直是南波希米亞最熱鬧的集市所在地**。

十三世紀，波希米亞王國為了擴張，國王普熱米斯爾．奧托卡二世興建布傑約維采城，以對抗南波希米亞地區的維提克（Vitek）家族。

布傑約維采建成後，一度成為中歐地區的交通樞紐，是食鹽和純銀等商品集散地。可惜三十年戰爭使城市一度崩潰，城中建築大半毀於大火。如今建築多在一六四一年後重建。

廣場四周建築都是當年貴族和富商的宅邸，一樓外多半是拱廊，連為一體。最顯眼的是位於廣場一角的巴洛克風格市政廳，藍白色立面，頂端有三座青塔，中間高聳，兩側稍低，山牆橫貫整個建築，在邊緣才改直線為弧線，自然收尾。山牆上有四座雕像，在陽光下金光燦燦，分別代表公平、勇氣、智慧和勤奮。市政廳建於一七二七年至一七三〇年間，其基礎是老市政廳和兩側房屋，那也是布傑約維采經濟最為繁盛的時期。

與市政廳呈斜對角的一棟黃色立面建築，是廣場上最漂亮的建築物，其外觀與布拉格老城廣場上的金榔頭飯店（Hotel Goldhamme）有些相似。一樓有拱廊，與其他建築相連，二樓至四樓的中央是拱形廊柱，分隔著兩側的陽臺與窗戶，五樓則是尖頂閣樓，山牆開出三個窗口。二樓至四樓的朝路一側有圓形塔樓相連，頂端是巴洛克風格的觀景陽臺。當年住在這裡的人，想必曾在這小小空間裡享受過許多午後時光。

參孫噴泉（Samsonova kaaso）位於廣場中心，建於一七二一年至一七二六年間，整體呈巴洛克風格，建造者是一位波希米亞石匠和一位雕刻家。噴泉底座是巴洛克式的八角形石盆，噴泉中央是四稜柱底座，四面各有一個雨漏（Gargoyle）[5]。噴泉頂端雕塑取自大力士參孫降獅的神話傳說，參孫雙手撐開獅子上下顎，泉水從獅子口中噴湧而出。捷克的母親河伏爾塔瓦河（Vltava）流經布傑約維采，參孫噴泉就汲引了河水，供城中居民使用。

噴泉旁邊有一塊石頭地磚，與整個廣場鋪設的水泥地磚不同。其上刻著一個淺淺的十字，須細看才能分辨，若沒做準備功課，難免會錯過。一四七〇年，有十位年輕人因反抗暴政而遭處決，這塊石頭便是為了紀念他們。據說此石有「漂泊石」之稱，若不經意踩到它，晚上十點又未回家，就永遠找不到回家的路。

沿廣場邊的道路向外走，便可見到七十二公尺高的黑塔。它其實並非純黑，外牆為深褐色，但遠遠望去，還是會讓人發出「好黑」的感嘆。它建於一五五〇年至一五七七年間，內有大鐘可報時，還可作為望火臺[6]之用。在三十年戰爭期間的大火中，它是城內少數未遭燒毀的建築之一。

黑塔內的木梯十分狹窄，牆壁上條石與紅磚斑駁，僅有幾個小窗戶頑強採光。塔內大鐘可不只一個，銜梯而上，一路會繞過五個大鐘，最重的達一．七噸。

站在黑塔頂端的觀景臺，可一覽小城風貌，斜斜的尖頂交匯綿延。放眼望向更遠方，小城無一高樓，市政廳後面不遠處便是大片樹林和無盡原野。

5 也譯為石像鬼、滴水嘴獸，指歐洲歌德式建築中，裝在水管口的雕塑，一般會雕刻成動物或鬼怪模樣，有辟邪和排水雙重功能。

6 用於火災預警的塔形建築。

在黑塔旁邊的是聖尼古拉主教座堂（Katedrála svatého Mikuláše），始建於十四世紀，一五一八年至一五三五年間曾進行整修，變成一棟哥德式風格建築。一六四一年毀於大火，隨即重建，一六四九年完工。

小城以普熱米斯爾．奧托卡二世廣場為中心，向四面八方延伸出許多條小路。其中，契斯卡街（Česká）和旁斯卡街（Panská）最為漂亮，前者又被稱為波希米亞街，後者則又被稱作貴族街。顧名思義，契斯卡街有著濃郁的波希米亞風格，路邊房舍的色調非常豔麗，牆壁上多有精美繪畫。屋頂山牆的造型也

▲ 普熱米斯爾．奧托卡二世廣場，四周建築都是過去貴族和富商的宅邸。

大多別緻。旁斯卡街倒是寧靜，外表看不出華麗，但花園宅邸的大量存在，還是說明了「貴族」二字由來非虛。

沿途有不少小酒館，掛著本地啤酒的推薦牌。早在十三世紀，布傑約維采人就開始釀造啤酒。布傑約維采的地下水水質軟潤，極適合釀造啤酒，採用的薩斯（Saaz）啤酒花也極為出色，花香特別，氣味醇厚，加上當地出產的大麥麥芽和精心培育的酵母，由此生產的 **Budweiser Budvar 啤酒被譽為捷克、乃至世界上最好的啤酒之一。**

美國百威的創始人之所以在一八七六年選用 Budweiser 這

▲ 左邊藍白色立面建築為布傑約維采市政廳。

個詞作為品牌名，是因為在當時，Budweiser 就是優質啤酒的同義詞。在此之後，美國百威和布傑約維采的百威就用了同樣名字，商標權官司也打了一百多年。

城中有一間梅利．皮佛瓦飯店（Hotel Malý Pivovar），是布傑約維采本地所產百威啤酒的直營店，也以南波希米亞鄉土料理著稱，例如烤野鴨和烤野兔等。有趣的是，在捷克啤酒中與布傑約維采百威一時瑜亮的皮爾森啤酒，也跑來布傑約維采「踢館」，它的直營餐廳位置比梅利．皮佛瓦飯店更佳，就位於普熱米斯爾．奧托卡二世廣場上。

05 用喜感消解強權，用反諷找回尊嚴

在小說《過於喧囂的孤獨》（*Příliš hlučná samota*）中，博胡米爾．赫拉巴爾曾寫過一個喝酒計畫，他如數家珍般提到十幾家酒館的名字，勾勒出一幅捷克首都布拉格的飲酒地圖。

但這是一個並未實施的計畫，書中的「我」聽完這個計畫後，便推開對方，「走進查理廣場（Karlovo náměstí）的花圃中間，那裡盛開著賞心悅目的人臉似的蝴蝶花，崇拜太陽的遊人已追著陽光，移到夕陽照射著的長凳上，我走出那裡，不覺又回到了黑啤酒釀造廠的速食部，要了一杯苦味酒，接著喝了一杯啤酒，隨後又要了一杯苦味酒，我們唯有被粉碎時，才釋放出我們的精華，透過樹枝我看到新城塔堡上的氖光鐘已在黑暗中發出光亮」。

赫拉巴爾繼而寫道：「伏爾塔瓦河上吹來一陣風，吹過了廣場，我喜歡這風，我喜歡黃昏時分走在采萊特納（Celetná）大街上，河水送來陣陣芬芳，還有斯特洛莫夫卡（Stromovka）公園裡草坪和樹木的清香，這會兒街上的香味是伏爾塔瓦河上吹來的，我走進布班尼契克酒店，坐下來，心不在焉的要了一杯啤酒。」

赫拉巴爾在捷克人心目中的地位極其崇高，因為他並未以流亡知識分子這一「時髦身分」

融入主流歐洲，而是在冷戰歲月裡堅守於這片土地，始終以母語寫作，呈現真實的捷克。

赫拉巴爾人生中的大量時間都在酒館中度過，諸多作品也此完成。他曾說過：「啤酒館是消除偏見的場所。」還稱自己「更像酒館軼事的紀錄員，而不是作家」。

▲ 布拉格其實並沒有所謂的「布拉格廣場」，最著名的是老城廣場，也就是《過於喧囂的孤獨》中提到的查理廣場。

▲ 伏爾塔瓦河，捷克的母親河。

金虎酒吧，赫拉巴爾一生的最愛

第一次到訪布拉格的某日下午，我在街頭無目的遊蕩，走到名為U Zlateho tygra的小酒吧外頭時，突然心有所感，便低頭查資料與酒吧名字比對，發現自己偶遇了赫拉巴爾的最愛。

U Zlateho tygra，捷克語是「金虎」之意。這棟老建築早在一八一六年就開始作為釀酒廠使用，不久後建成附設圖書館的咖啡館，二十世紀初改為啤酒館。它以啤酒著稱，雖然每天下午三點才開始營業，但午後便有人排隊。

赫拉巴爾是金虎的常客，將其視為他一生最愛的酒吧。如今，金虎酒吧掛滿赫拉巴爾的照片。**當年，他每天都會固定坐在廚房左側的桌子前，因為這個位置可以聽到來自酒吧各處的聲音，無數笑料怪談都會變成他的文字。**

赫拉巴爾與金虎酒吧最著名的一次交集，發生在

▲ 金虎酒吧的大門。

▲ 金虎酒吧，這是小說家赫拉巴爾最喜歡的酒吧。

一九九四年。他與時任美國總統比爾・柯林頓（Bill Clinton）在這裡結識，為他們「牽線搭橋」的是時任捷克總統瓦茨拉夫・哈維爾（Václav Havel）。

人生最後那幾年，沒有孩子、妻子也已去世的赫拉巴爾選擇了一種制式的生活：每天乘坐公車前往自己的林中小屋看望貓咪，有時帶牛奶和香腸給牠們；下午兩點，他會將鑰匙放在木屋外的柴堆縫裡，再乘坐公車回到布拉格，進入金虎酒吧。

赫拉巴爾的一生與布拉格緊緊相連，他所畢業的查理大學（Univerzita Karlova）[7]就在金虎酒吧不遠處，但赫拉巴爾並非出生於布拉格。一九一四年三月二十八日，他生於布爾諾附近的萊德尼采（Lednicko）。

布爾諾是捷克第二大城市，以作家米蘭・昆德拉的故鄉而聞名。相比選擇流亡的米蘭・昆德拉，捷克人顯然更尊敬赫拉巴爾。昆德拉也曾表示：「若有人要為蘇聯占領捷克結束後的時代命名，它必得稱之為赫拉巴爾時代。」

據說，赫拉巴爾的父親是一名奧匈帝國士兵，與妻子生下赫拉巴爾後便隨軍離去，因此赫拉巴爾是在外婆家長大。一九一七年，母親認識了啤酒廠的會計，並與他結婚。養父待赫拉巴爾很好，後來養父成為啤酒廠承包商，赫拉巴爾也成為少東，過著優渥的生活。

赫拉巴爾在二戰前進入查理大學學習法律，二戰後復學，拿到法學博士學位。但他一生都未從事法律工作，一直從事底層職業。二戰期間，他做過倉庫管理員、鐵路工人、列車調度員，拿到博士學位後還做過推銷員。一九四九年，這個出身優越的知識分子更是自願前往布拉格，成為克拉德諾（Kladno）鋼鐵廠工人。他要「先從事任何可能從事的工作，而唯獨不當作家」，因為他想見證當時捷克人民的生活。

我拒絕被趕出我的天堂

一九五四年，赫拉巴爾因嚴重工傷離開冶鐵廠，成為廢紙收購站的打包工人。在那段時間，他獨自生活在布拉格郊外的利本尼區堤壩巷二十四號。這是一個廢棄工廠庫房改成的大雜院，破敗不堪，但他在這裡一住就是二十年。每到晚上，他便走進酒館打發時間，他的小說內容大多來自聽來的各種故事。直到一九六二年，年近五十歲的赫拉巴爾才開始系統性的寫作。

一九六三年，赫拉巴爾出版第一部短篇小說集《底層的珍珠》（*Perličky na dně*）。有人認為，赫拉巴爾直到四十九歲才出版第一部作品很幸運，因為許多作家一旦成名，生活就變得虛假，而赫拉巴爾與日常生活的聯繫則始終沒有中斷。

一九六四年，赫拉巴爾出版另一部短篇小說集《中魔的人們》（*Pábitelé*）；一九六五年，另一部名作《沒能準時離站的列車》（*Ostře sledované vlaky*）誕生。但布拉格之春遭蘇聯軍隊鎮

7 即布拉格大學，由神聖羅馬帝國皇帝查理四世於一三四八年成立，是捷克乃至中歐最古老的大學。

壓後，出版審查制度重啟，**支持布拉格之春的赫拉巴爾也成為「被嚴密監視的作家」**，其作品被禁止出版，而已出版著作則被下架，根據其作品改編的電影被禁映，本人也被捷克斯洛伐克作家協會開除。

一九七〇年到一九七六年，迫於政治壓力，赫拉巴爾只能安靜寫作。他爬上儲藏室的屋頂，將書桌的兩個桌腿鋸短，以適應屋頂斜坡，一邊晒太陽、一邊寫作，《過於喧囂的孤獨》和《我曾侍候過英國國王》（*Obsluhoval jsem anglického krále*）便是在此期間完成。

多年前，我第一次讀到《過於喧囂的孤獨》時，就被其動人開頭所吸引：「三十五年了，**我置身在廢紙堆中，這是我的 Love Story**。」

在那個地下室裡，只有舊機器、廢紙和老鼠，卻是廢紙廠打包工人漢嘉甘之如飴的全世界。愛書的他，常在廢紙堆裡發現好書，得以一邊閱讀、一邊工作。

三十五年間，漢嘉陸續將兩噸書搬回家，堆在儲藏室、廚房，乃至於廁所，廁所裡僅留下容他坐上馬桶的空間，若他稍不注意碰到隔板，就會有半噸重的書翻滾

▲ 蘇聯入侵捷克斯洛伐克期間，捷克斯洛伐克人舉著國旗，經過一輛被擊毀的蘇軍坦克。

下來。床上也有隔板，書籍一直堆到天花板，他就躺臥在這書山下，以至於他懷疑如果自己的膝蓋輕輕碰一下，或者在房裡大叫一聲，書山就會倒塌、將他壓扁。這讓他夜不能寐，但他顯然並不抗拒。

漢嘉在廢紙堆裡尋找書籍，汲取養分。這是一個漫長的過程，知識源源不斷，使得他越發具備獨立思考的能力，抵禦外部喧囂，安於自己的孤獨。他的一生，即使那般暗無天日、窘迫如斯，也仍然是美好的。

但這種孤獨的快樂無法動搖新時代的到來。漢嘉和他的舊壓力機終將被年輕人和巨型壓力機所取代。他滿心牽掛的那個時代，也被滾滾洪流般的工業化碾壓。年輕工人們機械式的工作著，壓根不在意廢紙堆裡的書講述著什麼，只是將之送進機器。

不久後，漢嘉被解僱。他沒有離開，或說他根本無處可去，只能選擇與書一起被打包進廢紙堆，被送入機器。他這樣看待這一切：「**我拒絕被趕出我的天堂**，我在自己的地下室，沒有人能把我從這裡趕出去，沒有人能把我調離這裡。一個書角頂著我的一根肋骨，我不由得呻吟起來，我彷彿註定要在自己製造的刑具上認識最後的真理。」

這當然是一個寓言，甚至是末世隱喻。**冰冷機器摧毀的不僅是書籍，還有人心**。赫拉巴爾為這本書足足醞釀了二十年，他曾說：「我為《過於喧囂的孤獨》而活著，並為它推遲了我的死亡。」但他也曾說過：「**我的作品就像是自殺前的自衛，用寫作來逃避自我。**」

漢嘉當然是赫拉巴爾的化身，他告訴我們：「因為我有幸孤身獨處，雖然我從來並不孤獨，我只是獨自一人而已，獨自生活在稠密的思想之中。」

從不幸的當下，找到反諷式的快樂

在赫拉巴爾的書中，總能看到小酒館的存在。在他之前，布拉格曾同時誕生過兩位文豪，一位沉靜孤獨，另一位放浪形骸。他們都在布拉格生活，甚至連出生和辭世的時間都相當接近，但未有交集。赫拉巴爾對此這樣解釋：「因為無產階級哈謝克總是出入於樓下他的那些小酒館裡，而卡夫卡跟他的朋友們則常去樓上的咖啡館。」

對於傳承捷克文學傳統的赫拉巴爾來說，這兩者均是值得珍視的存在。但若以性情而論，赫拉巴爾顯然更偏愛哈謝克。

赫拉巴爾曾說，自己心中「有一個小市民和一個真正的自由人在爭吵不休」。他熱愛這樣的生活，並以小酒館為象徵。他的寫作方式與風格也和哈謝克相似，《我曾侍候過英國國王》就沿襲了哈謝克長篇小說《好兵帥克》（*Osudy dobrého vojáka Švejka za světové války*）波希米亞式的講故事風格。

波希米亞這個名詞，已經遠遠超出其地緣概念，而成為一種象徵[8]。在音樂、舞蹈及高度商品化的服裝之外，波希米亞的真正核心也從不會讓人忽視，那就是文學，赫拉巴爾就以其文學成就成為波希米亞精神的一部分。

最能體現這種精神的是「河畔小城三部曲」（*Trilogie Městečko u vody*）[9]，這部自傳體三部曲以小人物的悲歡鋪陳捷克歷史，是最讓我著迷的赫拉巴爾作品。

曾有人說，「河畔小城」裡的佩平伯父，原型就是好兵帥克。我倒是覺得，與其說是赫拉巴爾借鑑哈謝克，不如說他們都忠實記錄了捷克社會，以及那段不堪回首的歷史。正如赫拉巴爾所說：「我的老師哈謝克的生活，乃至我的生活，都是令人不快的、巴比代爾式的。」

在赫拉巴爾筆下，佩平伯父堪稱最典型的巴比代爾。「**巴比代爾**」這個名詞不但是赫拉巴爾的短篇小說集之名（即《中魔的人們》〔*Pábitelé*〕），也是他的自創詞。這個詞專指**在極權統治下，一些活得非常卑微、壓抑的底層，他們雖然被褫奪了話語權，甚至連尊嚴都喪失殆盡，但非常善於從不幸的當下，找到反諷式的快樂**。

從《過於喧囂的孤獨》到《我曾伺候過英國國王》，赫拉巴爾創造了屬於捷克歷史的巴比代爾群像。他們喜歡幻想和誇張，善於把令人不爽的現實，轉化為語言的狂歡，為曾經被黑暗籠罩的捷克人，提供一種「在特殊的語境下用喜感消解強權、用反諷找回尊嚴的普遍經驗」。

8　波希米亞是古中歐地名，位於今包括布拉格在內的捷克中西部地區。十九世紀初，這裡有一群特立獨行、博覽群書、不在乎金錢、不理會傳統規則的人引起巴黎人的注意，於是巴黎人統稱他們為「波希米亞人」。之後，「波希米亞主義」就是泛指擁有這種生活態度的人。

9　包含《剪掉辮子的女人》、《甜甜的憂傷》與《時光靜止的小城》。

06 在布拉格，卡夫卡只屬於遊客

對於卡夫卡這位生在布拉格、但以德語寫作的大文豪，捷克人的感情遠非想像中熱切。即使他們樂於提起卡夫卡對布拉格街巷的無所不知，也喜歡引用卡夫卡摯友約翰內斯．烏茲迪爾（Johannes Urzidil）那句**「卡夫卡就是布拉格，布拉格就是卡夫卡」，但也許只是為了遊客**。

卡夫卡出生時的捷克處於奧匈帝國治下，他在猶太商人家庭長大。捷克語中，「卡夫卡」是「寒鴉」之意，卡夫卡父親的商鋪便以寒鴉作為店徽。他從小接受德語教育，也是他日後以德語寫作的根源。

布拉格老城廣場西北角有一座聖尼古拉教堂（Kostel svatého Mikuláše），隔壁的建築是許多人尋訪卡夫卡的起點。它在廣場入口處，外牆有卡夫卡胸像。一八八三年七月三日，卡夫卡在這裡出生。

這棟如今光鮮亮麗的房子為重建，原建築建於一七一七年至一七三〇年間，卡夫卡在此住了不到一年，次年五月便舉家搬走。一八八七年，建築毀於火災，只留下大門和走廊，後來在此基礎上重建。如今，房子內有一間關於卡夫卡的展室，樓下則是咖啡廳，名為卡夫卡之家，門前與老城廣場相接的小廣場則被命名為法蘭茲．卡夫卡廣場。

卡夫卡第一次搬家，是從老城廣場西北角搬到西南角。五歲時，卡夫卡第二次搬家，這次是從廣場西側搬到東邊，即采萊特納街二號，又名西克斯特屋（Dům U Sixtů），門上方刻有

▲ 位於法蘭茲．卡夫卡廣場旁的卡夫卡之家。

▲ 中間粉色牆身的建築為金榭頭飯店。

「一七九六」字樣，但實際建造年代可上溯到一二二〇年左右。卡夫卡在此居住的時間同樣不長，僅僅一八八八年至一八八九年間。

在如建築博物館一般的老城廣場中，金榔頭飯店才是最早能與卡夫卡扯上關係的建築。它位於廣場北側，粉色牆身，雕花細緻。早在卡夫卡尚未出生的一八八二年，其父經營的第一家商店在此開業，同年與卡夫卡的母親結婚，一年後生下卡夫卡。

卡夫卡曾無數次在廣場間穿行，遺落自己的敏感。他曾寫到一次童年記憶：「我小時候，有一回得到了六便士，非常想給一個坐在老城廣場和小廣場間的年老女乞丐。我琢磨這恐怕是乞丐從未得到過的粗暴數目，而我要做這麼粗暴的事，在她面前會多麼羞愧。於是我把六便士換成零的，先給那女的一便士，沿著市政廳建築群和小廣場的拱廊轉了一圈，像個社會改良家再從左邊出現，給了另一便士，又走開，這樣興沖沖的反覆了十次（或許少一點，我相信那女人因失去耐心而離開了）。總之，最後我無論身體和道德上都垮了，趕回家大哭，直到母親又給了我六便士。」

那時的卡夫卡住在「一分鐘之屋」（Dům U Minuty）。一八八九年到一八九六年間，卡夫卡一家在此居住，他的三個妹妹也出生於此。

一分鐘之屋為紅色斜頂建築，牆面有漂亮的繪畫。這些畫作繪製於一六一五年左右，敘述《聖經》故事。儘管是單色繪畫，但靠著明暗深淺，已顯得栩栩如生。牆角上有個白獅像，是一七一二年加入的裝飾，當時的住客開設白獅藥局。藥局營業了一百三十年，隨後被煙草商接手，之後便是卡夫卡一家。卡夫卡在這裡讀完小學，他每天穿過廣場東行，來到如今同樣遊人如織的火藥塔（**Prašná brána**）附近，進入他所就讀的德語小學。

卡夫卡的上學之路，主要經過采萊特納街。我曾多次在這條街上往返，它的商業氣息濃郁，開設著各種紀念品商店。讀中學和大學時，卡夫卡一家又搬到這條街上的一棟大樓裡，而卡夫卡的臥室在臨街的二樓。

也就是說，卡夫卡的童年、小學、中學和大學時代，住處從未離開老城廣場範圍。大學畢業後，他在一家義大利保險公司短暫工作過，地址在老城廣場與瓦茨拉夫廣場（**Václavské náměstí**）之間。瓦茨拉夫廣場其實更像一條大道，其形狀是一個極為狹長的長方形，在當時還頗冷清，如今已是布拉格最繁華的商店街。

卡夫卡後來工作了十四年的工傷保險公司，舊址如今是一家飯店，旁邊便是布拉格最大購物中心，靠近遊客眾多的市民會館和火藥塔。

總在這一帶打轉的卡夫卡曾對朋友說：「這裡是我就讀過的高中，那邊的建築是我就讀過的大學，左邊一點就是我的辦公室。」然後他用手指圍成一個小圓圈，說：「我的一生就關在這裡，在這個小圈圈中。」

卡夫卡出生時，奧匈帝國已搖搖欲墜，民族矛盾明顯。在斯拉夫人占多數的布拉格，講德語的猶太人是少數，因此卡夫卡始終有著極大的疏離感。這種疏離感即使在家中也未被淡化，他的父親性格專斷，以至於卡夫卡一生都活在父親的陰影之下。

查理大橋，卡夫卡的靈感

有人曾這樣描述卡夫卡的矛盾：「作為猶太人，他（卡夫卡）在基督徒中不是自己人；作為不入幫會的猶太人，他在猶太人中不是自己人；作為說德語的人，他不完全屬於奧地利人；作為勞動保險公司的職員，他不完全屬於資產者；作為資產者的兒子，他又不完全屬於勞動者……而『**在自己的家庭裡，我比陌生人還要陌生**』。」

但布拉格包容了卡夫卡，包容他的敏感脆弱、彷徨無助，也包容了他的人生。

他這樣記錄自己第一次性經驗：剛過二十歲的他，在一個酷熱的夏天認識家對面服裝店裡的女孩，他們透過手勢聯絡。某個夜晚，他們去了旅館，直到凌晨，然後「我們穿過查理大橋回家。我，當然幸福，這幸福的含義僅僅

▲ 狹長的瓦茨拉夫廣場，是布拉格最繁華的商店街。

▲ 卡夫卡生命中最重要的查理大橋。

▲ 從查理大橋望向城堡山。

在於我那呻吟的身體終於平息了」。

查理大橋是布拉格人氣最高的地方，這座一三五七年建起的大橋，歷經滄桑而不倒。一九一九年六月十九日，卡夫卡在日記中提及，自己和妹妹奧特拉（Ottla）經過馬內斯橋（Mánesův most）回家，在橋上望向查理大橋，「橋在夜裡展現著奇特的夏夜之光」。第一次前往布拉格時，我就根據這段紀錄，選擇了馬內斯橋旁的一家飯店。飯店斜對著城堡山的階梯，從客房裡憑窗望去，可見城堡山美景。走出飯店，穿橋而過，對岸就是卡夫卡長大的猶太區。我也曾學卡夫卡，在馬內斯橋上望向不遠處的查理大橋，感受那「夏夜之光」。

這種夏夜之光，如果在大橋靠近舊城區一側的塔樓上觀賞，更是絕美。從塔樓望下去，大橋向河對岸延伸，更遠處是城堡山，再遠處則是或藍或暗的天空。我更喜歡黃昏時登上塔樓遠望，白天儘管天色極藍，但過於明朗，倒是黃昏時，不管有沒有夕陽，都透著一股神祕。

哲學家弗里德里希．尼采（Friedrich Nietzsche）曾說：「當我想以一個字來表達音樂時，我只找到了維也納；而當我想以一個字來表達神祕時，我只想到了布拉格。」

也許正因為這神祕，卡夫卡對查理大橋一直十分喜愛，友人曾回憶：「我經常會為卡夫卡如此鍾情查理大橋而吃驚，他從三歲時便開始在橋上遊蕩。他不但能說出大橋上所有雕像的典故，有好多次我甚至發現他竟在夜晚，借著路燈的光亮數著橋上的石子……。」

而卡夫卡生命中的最後一句話則是：「**我的生命和靈感，全部來自於偉大的查理大橋。**」

黃金巷裡的喧囂與孤獨

順著查理大橋或馬內斯橋向城堡山走去，就可以到達人們最熟知的卡夫卡故居——黃金巷（Zlatá ulička）二十二號。一九一六年至一九一七年間，卡夫卡和妹妹在此居住，潛心寫作。

黃金巷是過去宮廷僕人和工匠居住的地方。神聖羅馬帝國皇帝魯道夫二世（Rudolf II.）迷上鍊金術後，便將鍊金術士安頓在此。儘管這條小巷與王宮僅幾步之遙，後來仍變成貧民窟。

黃金巷並排著二十餘棟小房子，都十分狹小。有些布置成展廳，還原當年模樣，擺一張床、一張小桌子、一臺縫紉機，還有些雜物，便已只容人轉身。卡夫卡所居住過的二十二號也是如此，外牆被塗成藍色，如今是一家書店，已看不出舊日格局，但可以想見卡夫卡在此居住時，一榻一桌何等局促，《城堡》（*Das Schloss*）等經典便在此完成。

巷口處有家咖啡館，被命名為卡夫卡咖啡館。它開業於一九九九年，當天是卡夫卡去世六十五週年紀念日。卡夫卡生前常常光顧的是希貝斯卡（Hybernská）大街的雅可咖啡館（Kavárna Arco），在黃金巷居住期間，他每天都會去這間咖啡館寫作，僅靠幾片麵包果腹。一個女人注意到了他，

▲ 1907 年，雅可咖啡館內部的景象。

坐在他對面，閱讀他的作品——那是《變形記》（*Die Verwandlung*）的手稿。她離開時，留下一張便箋，由侍應遞給卡夫卡，上面寫道：「我不得不承認，我喜歡上你和你的作品。」

這位名叫米萊娜・傑森斯卡（Milena Jesenská）的女子曾是一位記者，還出版過不少著作。當時她已是作家恩斯特・波拉克（Ernst Polak）的夫人，但並未向卡夫卡透露。此後，他們開始通信傳情。傑森斯卡的睿智與見識，都使得她成為能夠與卡夫卡交流的對象。

一九二〇年，卡夫卡偶然得知傑森斯卡是有夫之婦後，痛苦之下與她斷絕來往。後來，卡夫卡坐在咖啡館昏暗燈影裡，寫了最後一封信給傑森斯卡：「我現在已經記不起妳臉龐的樣子了，只有妳離開咖啡桌那一剎那的背影及衣飾歷歷在目。」

從此，他們再也沒有見過面。卡夫卡去世後，傑森斯卡搬回布拉格，一九三九年被納粹送往集中營，並在那裡死去。

他們留下了大量信件，有許多關於卡夫卡作品的交流。想來正是傑森斯卡的出現，才讓卡夫卡從上一段失敗愛情中走出。在那之前，他與菲莉絲・鮑爾（Felice Bauer）第二次解除婚約。菲莉絲是柏林人，是那個時代裡前衛的職業女性。她認為卡夫卡並不適應社會，而卡夫卡則認為結婚會使他失去寫作的自由。兩人在觀念上無法調和，兩度解除婚約。

卡夫卡的愛情從沒有朝夕相對，總以書信進行，這是個性使然。兩人解除婚約後，菲莉絲結婚、搬到美國。後來，因經濟狀況不佳，她將六百頁厚的卡夫卡情書賣給了出版社。

卡夫卡曾稱「結婚生子是我一生最大的願望」，但終其一生，他都未能走出自己的世界。

▲ 聖維特主教座堂，為布拉格最大、最重要的教堂。

從黃金巷出來，沿階梯向上走，便可到達聖維特主教座堂（Katedrála svatého）和舊時王宮，在城牆處可以一覽布拉格老城風光。如此華美的城市，卻讓卡夫卡有更大的疏離感。見怪不怪的他甚至這樣寫道：「不過是一座形狀寒磣的市鎮而已，一堆亂七八糟的村舍。」

在布拉格城堡中穿行，很容易想起《城堡》。正如卡夫卡的其他作品，「城堡」也是隱喻，代表著孤獨封閉的內心世界。布拉格、乃至於捷克的歷史在他筆下也是蒼涼的——「它反覆的被侵占、反侵占、被輪流侵占；它不時的更換國旗和標語牌；一種語言今天被禁用、明天恢復、後天又被禁用；一種口號突然流行又突然消失……」。

如果要探尋這些歷史，猶太區是最好的選擇。

不被捷克人當成自己人

走在猶太區，如今已是繁華的商業街道，但在卡夫卡當年，這裡總是陰冷灰暗，街巷窄而骯髒。卡夫卡對這裡無比熟悉，去世後也被葬在猶太區的墓園裡。墓園入口處就有卡夫卡之墓的指示牌，墓前總有來自世界各地讀者的獻花。

一九二三年起，身患肺結核的卡夫卡輾轉求醫於柏林、布拉格和維也納，但已無力回天。他生命中的最後六週，都住在距離維也納不遠的一家療養院裡，那時他已失聲。一九二四年六月三日，卡夫卡辭世，數日後，葬禮在布拉格新猶太墓園舉行。

墓碑呈灰白色，形似方尖碑，但下窄上寬。這並非卡夫卡的獨立墓碑，而是家庭墓穴，他的父母分別於一九三一年和一九三四年去世，與卡夫卡合葬。人生終究是塵歸塵、土歸土，各種隔閡與距離，在身後一一消解。

卡夫卡的父親粗暴專制，作為一個曾經歷過生存艱難的猶太商人，他固執的奉行實用主義，希望卡夫卡能成為標準的中產階級猶太人。可是卡夫卡的孱弱身體、對寫作的熱衷、孤僻的性格，都讓父親十分失望。

卡夫卡選擇妥協，他考取大學時沒報讀文科，但也沒有完全聽從父親意見。他深知自己沒有選擇喜歡職業的自由，但可以在自身意願和父親意志間尋求平衡。因此他選擇了法律，並在畢業後進行一年法律見習，短篇《法律門前》（*Vor dem Gesetz*）和長篇小說《審判》（*Der Process*）等作品中的法律元素，都來自於他在這一年裡對布拉格法庭的認識。

即使有了工作，卡夫卡仍無法逃脫父親陰影帶來的心靈重壓。一九〇七年十月，他到一家義大利保險公司任職，沒做多久便辭職。一方面是因為工作時間太長，使他難有充裕時間寫作，另一方面則是因他的經理與父親酷似。

一九〇八年七月，卡夫卡開始在布拉格官方開辦的工傷保險公司工作，這一做便是十四年，直到一九二二年七月因肺結核而結束這份工作。也是在這十四年間，他打通自己內心的廣闊世界，完成了幾乎所有的重要作品。

墓碑下方還有一塊黑色大理石的薄碑，上面刻著卡夫卡三個妹妹的名字，她們分別出生於一八八九年、一八九〇年和一八九七年，去世的時間卻統一寫為「一九四二年至一九四三年」。沒人知道她們確切的死亡時間，也沒人能找到她們的屍骨，在二戰中，她們都死於納粹集中營。

在這個墓園裡，還有一塊又一塊與卡夫卡妹妹們的墓碑相似的黑色大理石墓碑，墓碑上都不只一個名字，死亡時間都在二戰期間。這些死亡者並非以家族為單位，而是以職業為單位，例如作曲家、視覺藝術家等。列出來的名字當然不完整，所以墓碑下方還會刻上「還有其他許多人」字樣。

這陰冷的記憶，甚至讓人對卡夫卡的早早去世有釋然之感。如果不早逝，卡夫卡有能力逃過二戰的苦難嗎？他會不會也成為集中營裡的一員，木訥呆板的穿著囚衣，被趕入毒氣室？而他的著作，也許更無法得見天日。

也有人認為，如果卡夫卡能經歷二戰那個大時代，並成功脫逃集中營的殘酷，避居海外的話，那麼以其睿智和深刻，將寫出更具時代意義的作品。我對此論調不以為然，人們常以為宏大敘事就是記錄歷史的唯一路徑，但卡夫卡早已告訴我們並非如此。**人們常常會陷入狂熱，甚至被裹挾入邪惡的洪流，但總有一些人選擇關注人類自身的生活**。

也正因此，**畢生以德語寫作的卡夫卡，早已超越了布拉格這座城市**，無論置身何處，都可以感知卡夫卡的世界和心靈。這是真正的卡夫卡，**而那個被布拉格商業化、世俗化的卡夫卡顯然不是真相**。

德國作家歌德（Johann Wolfgang von Goethe）曾說：「布拉格是歐洲最美麗的城市。」而卡夫卡作為現代主義文學先驅的地位也無可爭議，兩者看似「絕配」，卻並非如此。

如今的布拉格，遍布大街小巷的卡夫卡紀念品共同製造出一道迷霧，遮蔽了歷史上的那段格格不入。**民族意識極強的捷克人，並未將卡夫卡這位德語作家視為自己人**，而生活在奧匈帝國時代、講著德語的猶太人卡夫卡，同樣是多種文化碰撞出的天才，並非布拉格專屬。那個被紀念品異化的卡夫卡，只屬於遊客。

07 用一個笑話，抵抗威權

我曾兩次走進「好兵帥克」餐廳。

第一次是在庫倫洛夫（Český Krumlov），晃悠於起伏錯落的巷弄間時，好兵帥克的卡通招牌突然冒出來，又剛好是吃飯時間，便走進去吃了一頓。記得那一餐點了鴨腿，飯後甜品是蘋果派，都是極常見的菜餚，廚師並未犯錯，但也稱不上很出色。

第二次是在南部小城特奇（Telč）。老城廣場入口處便是一家「好兵帥克」，因為離開時突然下起大雨，避雨時順便吃飯。這次走進它，最留意的已非食物，而是老照片與擺設。一張對比照片吸引了我：左邊是一張黑白照，照片中的人一張圓臉，穿著西裝；右邊則是好兵帥克，笑得憨厚，胖臉居然和左邊照片的人神似。這便是哈謝克與他的好兵帥克。

在捷克評選的「二十世紀五十大捷克小說」中，《好兵帥克》排名第一，赫拉巴爾的《過於喧囂的孤獨》排名第二。捷克每間旅行紀念品商店裡都有好兵帥克，最常見的是小型玩偶，或背槍站崗，或端著啤酒杯憨笑。

好兵帥克和啤酒幾乎是一對難以分開的存在。這不僅呈現於小說中，**當年哈謝克寫作《好**

兵帥克》時，也總是身處啤酒館。

一八八三年，哈謝克生於布拉格。父親早逝，家境窘迫，居無定所，他十五歲時便輟學。年少時，哈謝克曾參加反德暴動，一九〇六年加入無政府主義者運動，也曾入獄。

不羈性格加上嗜酒，導致他的婚姻生活也一團糟。此外，警方頻繁上門，經濟狀況不佳，都讓妻子忍無可忍，最後選擇與哈謝克分居。

一九一一年五月，哈謝克發表了《好兵帥克》的第一個短篇〈帥克站起來反抗義大利〉，隨後又寫了一系列與帥克有關的小說。一九一一年年底，出版《好兵帥克和其他奇怪故事》（*Dobrý voják Švejk a jiné podivné historky*）。

一戰爆發後，哈謝克入伍，但在前線時間不長，便被俄軍俘虜。在俄軍戰俘營的生活反倒是他一生中難得相對安定輕鬆的時光，因為他成了戰俘營長官的祕書。

後來，哈謝克居然選擇前往蘇聯，曾任蘇軍軍官，還任職當地國企黨委書記。他一改過去生活習慣，滴酒不沾，還準備跟名叫舒拉（Shura）的蘇聯女工結婚，準備在烏拉爾（Ural，蘇聯時期的行政區名）定居。

可是陰差陽錯，哈謝克回到捷克，隨即因自身經歷被指為「叛徒」，作品無處出版，又病魔纏身。結果他又開始嗜酒，肝病更加嚴重。但也就在這困窘之中，他讓那個早在一九一一年便已出現的帥克形象豐滿起來。他在朋友支持下移居摩拉維亞，在小城利普尼采（Lipince）繼續寫作。

《好兵帥克》第一卷仍無出版社願意出版，他只能在友人資助下自費印刷，並與朋友上街叫賣。這本書大獲成功，但收益多被哈謝克用來買酒，其身體更是每況愈下。一九二三年一月，他黯然辭世，年僅四十歲。

布拉格，一個巨大的悖謬

捷克小說家伊萬．克利馬（Ivan Klan）在《布拉格精神》一書中，將布拉格形容為一個巨大的悖謬，卡夫卡和哈謝克就是他眼中的悖謬範例。他寫道，也許正是因為這個城市充滿了如此多的悖謬，在相隔幾週之內，誕生了兩位有著巨大差異但同樣傑出的作家。卡夫卡是猶太人，卻用德語寫作，素食主義者，絕對戒酒和自我專注的苦行僧，糾結於自己的責任、使命和自身缺陷，活著的時候不敢出版自己的大多數作品；哈謝克則是一個醉鬼、無政府主義者、美食家，是嘲笑自己職業和責任的外向性格的人，他在小酒

▲「好兵帥克」餐廳窗戶上的帥克漫畫。

▲庫倫洛夫的「好兵帥克」餐廳招牌。

館裡寫作，並為了一點啤酒而在那種地方把自己的作品賣掉。

兩人在相隔不到幾條街的地方，各自度過了短暫的一生，去世時間也相距不到一年。從那以後，**布拉格人用「卡夫卡式的」形容生活荒謬，而將能夠藐視這種荒謬，以幽默來面對暴力及完全的消極抵抗，則稱之為「哈謝克式的」**。

哈謝克式的幽默在《好兵帥克》中體現無遺。這個捷克士兵參加了一戰，經歷各種荒唐事件，就如西班牙小說家米格爾・塞凡提斯（Miguel de Cervantes）筆下的唐吉訶德（Don Quixote）那般，折射出時代的種種醜惡。看似憨厚滑稽的帥克，走到哪裡都鬧得天翻地覆，實則是一個大智若愚的消極抵抗者。而奧匈帝國的崩潰，就在這戲謔中不經意完成。

在哈謝克的計畫中，《好兵帥克》共有四卷，可惜一九二三年一月三日，他只寫到第四卷

▲ 庫倫洛夫小鎮。

第三章，就因病去世於利普尼采。

哈謝克的身體狀況當然和嗜酒有關。**捷克人有嗜飲的傳統，人均啤酒年消費量常居世界第一，甚至高於德國**。漫步布拉格街頭，小酒館是不亞於咖啡館的顯著存在，其中還有不少自釀啤酒的啤酒館。在捷克，拿著啤酒杯與朋友聊天，不知不覺喝下十幾杯（一杯為五百毫升）實屬常事。據說，以前的中產階級每到週六晚上會在家聚會玩牌，人人身邊一個十五至二十公升的啤酒桶，外加一隻烤鵝，通宵打牌，啤酒和烤鵝都能消滅乾淨。

帥克也是個酒鬼，他總是醉醺醺的，然後以幫倒忙的方式替國家機器添亂。他其實機智狡猾，善於自我解嘲，很多人認為，他其實也是捷克的化身。這個屢遭侵略的小國，總以自己的方式面對威權，百年來從無改變。

捷克人的幽默感當然值得稱道，它甚至是二十世紀人類對抗專制的種種鬥爭中，最能讓人會心一笑的。《好兵帥克》的幽默和諷刺只是開頭，在之後漫長歲月裡，捷克人也持續這樣做。

克利馬就曾寫道：「革命通常標誌著血流成河，或至少是玻璃碎裂和石頭亂飛。而贏得『天鵝絨』稱號的『十一月革命』不同於其他革命，不僅在於其和平方式，也在於鬥爭中主要使用的武器。布拉格建築物的牆、地鐵車站、公共汽車和電車的窗玻璃、商店櫥窗、路燈桿，甚至雕塑和紀念碑上，在一段期間均被巨大數量的標語標誌所覆蓋。儘管它們有一個目標——推翻極權制度——口氣卻是輕快的、諷刺的。**布拉格居民給他們所鄙視的統治者最後一擊不是一刀，而是一個笑話**……這是時至今日這個卓越的城市生活中，可以說是最傑出的悖謬。」

08 夢幻的布拉格，唯美的慕夏

在夢幻般美麗的布拉格，可以輕易找尋到阿爾豐斯・慕夏（Alfons Mucha）的痕跡。慕夏的唯美畫風和細膩描繪，與布拉格這座「世界建築博物館」相得益彰。去過布拉格的人都不會錯過雄偉夢幻的聖維特大教堂。教堂中的「慕夏之窗」，即為慕夏於一九三〇年代所設計，精緻畫風讓人過目難忘。此外，小巧的慕夏博物館，也可以一覽這位藝術家的生平。

慕夏在宗教家庭長大，高中畢業後立志成為畫家。但可惜他報考布拉格藝術學院時，校方認為他不具備美術天賦，將其拒之門外。

一八七九年，慕夏前往維也納一家劇院從事布景設計，還曾為人設計墓碑。因為劇院失火焚毀，他一度衣食無著，流落街頭為人畫肖像。一八八三年，他遇到一位伯爵，資助他去慕尼黑美術學院（Akademie der Bildenden Künste München）深造。一八八七年，慕夏又在資助下前往巴黎的朱利安學院（Académie Julian）和克拉羅西學院（Académie Colarossi）學習。

兩年後，資助人突然終止了資助。此時慕夏已年近三十，卻一事無成，無奈之下，他只能

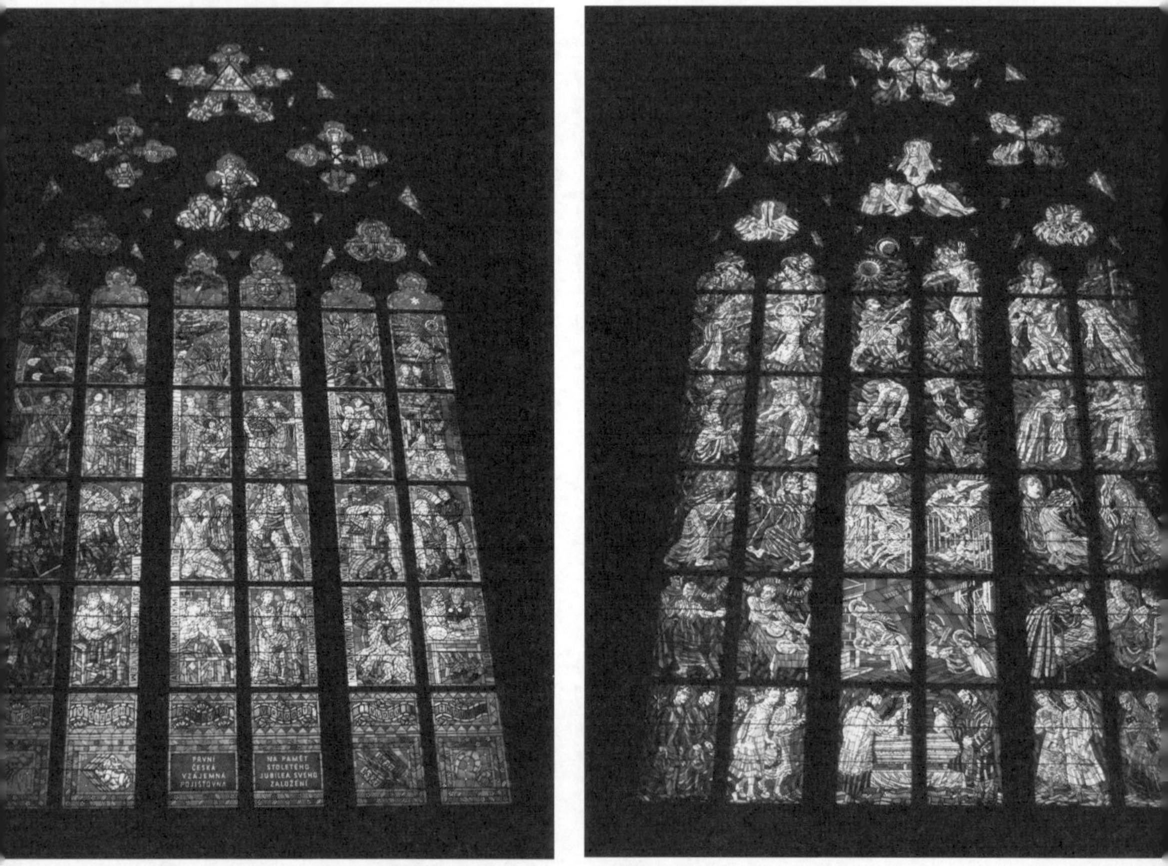

▲聖維特大教堂，由慕夏設計的窗花。

大量接單，承接各種書籍和雜誌的插畫。這些插畫的稿酬非常低廉，但他顯然沒有選擇。

一八九四年，當時巴黎當紅的女演員莎拉・伯恩哈特（Sarah Bernhardt）因臨近聖誕節找不到畫師，便邀請慕夏為自己的新劇設計海報。慕夏租來一套燕尾服，前往文藝復興劇院觀看演出，隨後就在劇院旁邊的咖啡館裡畫出草圖。草圖得到認可，隨後被製作為正式海報，慕夏因此一夜成名。莎拉・伯恩哈特與他簽下六年合約，為她設計海報、門票、舞臺布景和戲服。其他訂單也隨之而來，慕夏終於擺脫窮困。後來，莎拉・伯恩哈特曾去美國演出，她帶著慕夏設計、繪製的海報，影響了美國海報的風格。

成名後的慕夏成為新藝術運動代表人物之一。這場發端於一八八〇年代，在一八九〇年至

▲慕夏繪製《茶花女》海報，畫中女性即為莎拉・伯恩哈特。

一九一〇年間達到頂峰的藝術運動，最早出現於法國人薩莫爾・賓（Samuel Bing）在巴黎開設的「新藝術之家」商店。新藝術運動以運用流暢、婀娜的線條、有機的外形和充滿美感的女性形象著稱，影響建築、家居、服裝設計、產品設計和字體設計等多個領域。

在海報、油畫、雕塑、插圖、建築設計、室內設計、首飾、教堂彩色玻璃畫和日用品設計等領域均有涉獵的慕夏，影響極為深遠。**即使在遙遠的東方，民國時期的上海灘美女月分牌，和日本漫畫中的女性形象，都有其作品的影子**。

按行家的話來說，慕夏的作品「吸收了日本木刻對外形和輪廓線優雅的刻畫，拜占庭藝術華美的色彩和幾何裝飾效果，以及巴洛克、洛可可藝術的細緻而富於肉感的描繪」。伯恩哈特可算是慕夏最好的模特，許多作品都以她為原型。慕夏為她設計的首飾，以及為其他珠寶商設計的作品，都使得慕夏成為上流社會口中的新藝術旗手。他兩度赴美都大受歡迎，成為炙手可熱的設計師，並為眾多名人繪製肖像，第二次還應邀留在紐約應用藝術女子學院任教。

一九一〇年，**慕夏放棄美國的優裕生活，返回捷克，開始創作「斯拉夫史詩」**（Slovanská epopej）。斯拉夫史詩描繪捷克在內的斯拉夫民族，從史前到十九世紀的各種大事，由二十幅巨大油畫作品所組成。一九一一年起，慕夏花費十八年時間完成這一作品。他曾寫道：「我創作的目的從來就不是為了要破壞，而是要創造，創建起一座橋梁，因為我們必須心懷這樣的希望，只有我們相互理解，人類才會更加團結。」

一九二八年，「斯拉夫史詩」完成，慕夏將之捐給布拉格市政廳。但此時風向已變，新藝術運動被現代藝術派取代，慕夏不再是引領風騷的藝術家，作品也未得到應有尊重。直到一九六〇年代，慕夏的作品風格才重新受到關注，並對當代藝術和工業設計產生深遠影響。

倒是如今的布拉格市民會館，始終留存著慕夏的作品。市民會館是布拉格最著名的新藝術風格建築，十四至十五世紀時，這裡曾是宮廷建築會集之地，但因大火而全部焚毀。後來，市民會館在此建成。大門上方的馬賽克壁畫名為《向布拉格致敬》，為捷克畫家史畢勒（Špillar）所作，門廊上的陽臺也有畫作，色彩豔麗、畫風唯美，一望便知是慕夏作品。

一九三九年，納粹德國入侵捷克斯洛伐克，已身患重病的慕夏成為首批被逮捕者之一。儘管他在審訊後被釋放，但身體已經不起折騰，不久後便辭世。而他的作品，始終閃耀於布拉格，成為永恆的美。

▲ 正在創作「斯拉夫史詩」的慕夏，攝於 1920 年。

09

高堡公墓，埋葬著這個國家的靈魂

在連對面街道都看不清的迷霧中，我沿著石階走上高堡（Vyšehrad）。

冬季的捷克常陷入大霧之中，而且是瞬間沉沒，可能前一刻還是藍天，幾分鐘後就大霧瀰漫。從查理大橋沿河岸而行，大概十幾分鐘就可至高堡。清晨的查理大橋還在藍天之下，但才走到幾百公尺外那座「跳舞的房子」（Tančící dům），伏爾塔瓦河對面的布拉格城堡便已消失在大霧中。

驟變的天氣讓我有些猝不及防，從高堡眺望布拉格老城的願望已經泡湯。不過，我的第一目標並非登高望景，而是高堡公墓，還有埋葬在那裡的一連串名字。

身邊的伏爾塔瓦河在迷霧中靜靜流

▲霧中的「跳舞的房子」，也別稱「酒醉的房子」，位於布拉格鬧區，是荷蘭國民人壽保險公司大樓。

淌，自北向南流經布拉格的它是捷克的母親河，也是捷克人的心靈歸屬。捷克作曲家貝多伊齊．史麥塔納（Bedřich Smetana）創作的交響詩《我的祖國》（*Má vlast*），其中最著名的第二樂章便名為《伏爾塔瓦河》。第一樂章呢？是《維謝格拉德》（即高堡 Vyšehrad 的音譯）。

中歐地區有兩個維謝格拉德：一個是匈牙利小城 Visegrád，山頂有千年古堡；另一個在布拉格，又稱高堡。

高堡之所以成為《我的祖國》第一樂章之名，是因為這座位於布拉格東南郊的城堡，是千年古城的起源之地。九世紀初，捷克人在伏爾塔瓦河東岸小山上開始建造俗稱「高堡」的城堡，並以之為核心，漸漸形成城市。此後五百年間，普熱米斯爾王朝[10]的主要官邸一直設於高堡。直到神聖羅馬帝國皇帝查理四世建都布拉格、興建布拉格城堡後，城市重心隨之遷移，高堡才從中心變成市郊。城堡在歲月侵蝕中飽經滄桑，在胡斯戰爭[11]中終被焚毀，僅僅留下聖彼得與保羅聖殿（Bazilika svatého Petra a Pavla）等少數建築。

一直保留的**高堡公墓是捷克人心目中的聖地之一**。捷克民族音樂享譽世界，代表人物史

10　一個捷克家族，九世紀起至一三〇六年統治波希米亞公國（亦稱捷克公國）、之後的波希米亞王國及摩拉維亞侯國，該家族還統治過波蘭、匈牙利和奧地利的部分領土。

11　一四一五年七月六日，歐洲天主教會以火刑公開燒死被宣判為「異端」的捷克教士揚．胡斯（Jan Hus），引爆捷克境內長年對教會腐敗和封建制度的不滿，爆發長達十五年的宗教戰爭。最後，胡斯支持者被神聖羅馬帝國鎮壓。

麥塔納和安東寧・德弗札克（Antonín Dvořák）都安葬於此。名氣更大的捷克文學並未將高堡公墓作為依歸，哈謝克、卡夫卡和赫拉巴爾都在他處安葬，但在高堡公墓仍有我想探訪的目標——卡雷爾・恰佩克（Karel Čapek）。

如今的高堡仍可見舊時城牆。因為長時間的軍事用途，高堡要塞選擇以花崗岩為地基，並建造雙城牆，兩座城牆之間的斷垣殘壁，便是舊時城堡遺跡。

相比城堡的凋零，聖彼得與保羅聖殿仍屹立不倒。即使大霧瀰漫，站在教堂廣場上，抬頭仍可見到哥德式的古樸尖頂。

與許多歐洲教堂一樣，聖彼得與保羅聖殿經過了漫長的建造期，因此疊加了不同時代的風格。它最初是羅馬式建築，建於一〇七〇年至一〇八〇年之間。一三六九年按哥德式風格重建，十六世紀和十八世紀又分別按文藝復興和巴洛克風格再次重建。最後一次重建在一八八五年至一九〇三年，變成了如今的新哥德式建築。

許多傑出的靈魂，都安眠於此

高堡公墓就在教堂旁，十三世紀便已陸續有人安葬於此。起初是貴族，一八六九年改為安葬音樂家、作家、畫家、演員、科學家和建築家等著名人物。而周邊居住的平民也可在此安息，與諸多名人為伴。

誰是高堡公墓裡最重要的安葬者？問一千個人，會得到一千種答案，而布拉格人給出的答案是德弗札克。登上高堡時，眼前城牆上有一塊指示牌，指引著德弗札克之墓的方向。

生於一八四一年、去世於一九〇四年的德弗札克曾被父親要求子承父業，成為一名屠夫，但他衝破家庭阻撓，進入布拉格管風琴學校學習音樂。二十五歲那年，他進入布拉格劇院管弦樂隊，當時的樂隊指揮正是史麥塔納。

一八七二年，德弗札克創作了合唱曲《白色山的遺產》（*Hymnus z dědicové Bílé hory*），謳歌捷克歷史。此後，他成為全球知名作曲家，九次訪問英國，親自指揮演出自己的作品。

一八九二年，德弗札克遠赴紐約，擔任美國國家音樂學院（National Conservatory of Music of America）院長，並創作出世界上最美的交響樂之一——第九交響曲《新世界》，他最經典的作品《B小調大提琴協奏曲》也在此期間完成。回國後，他創作了傑出歌劇《露莎卡》（*Rusalka*），劇中詠嘆調《月亮頌》更是傳世經典。

德弗札克以捷克民族的音樂語言和標準的古典音樂範式，實現捷克民族音樂的國際化，因此成為捷克歷史上最偉大的音樂家。在高堡公墓中，他的墓碑屹立於文藝復興風格的迴廊中。

立於正門兩側的迴廊，是高堡公墓最莊嚴的區域。早期的貴族、主教和富豪多安葬於此，每一個墓碑都奢華耀眼，巨大的墓碑上刻有名字與生平。從迴廊側面望去，雕刻精美的等人高神像各不相同，有的端坐，有的側身張望，有的做飛天狀，也因此有參差錯落的美感。

德弗札克的墓碑則簡單得多，樹狀石雕上是一座小小的半身石像。一九〇四年，德弗札克

▲ 聖彼得與保羅聖殿，大霧中仍可見其哥德式尖頂。

▲ 德弗札克墓碑，樹狀石雕上有座小小的半身石像。

▲ 迴廊中的一座座墓碑。

去世，得到國葬待遇，從此長眠於此。

相比之下，要找史麥塔納的墓碑，難度就稍大一些。因為他的墓地藏身於墓園之中，並不在迴廊處，必須回到門口查詢位置。

墓園靠近聖彼得與保羅聖殿的側門口，有三塊鐵質銘牌：一塊是墓園全景圖，標出了所有墓碑，並將其中的名人墓碑編了序號；另外兩塊銘牌則按照序號順序，標明墓碑主人和生卒年分。來訪者可以查看目錄，按圖索驥。

只是根據序號查到具體位置還不夠，若是分不清方位，走進墓園還是會迷路。墓園內分為一個個區域，每個區域內的每座墓碑都有編號，要將之與門口名人墓碑的序號對應，真是一番考驗。幸好史麥塔納的墓碑不算難找，就在最外緣的一個路口處，小小的花崗岩方尖碑，以聖彼得與保羅聖殿的尖塔為背景，碑上浮雕是史麥塔納的側面像。

史麥塔納家境殷實，幼年學習音樂。一八四八年反奧匈帝國革命是其人生轉捩點，他開始創作民族愛國音樂，即使流亡國外仍矢志不改。在音樂史上，他甚至比貝多芬更坎坷與勵志。一八七四年，他不幸兩耳全聾，對於音樂家來說，這簡直是毀滅性打擊。而且，全聾並不意味著安靜，史麥塔納兩耳全聾後患有嚴重耳鳴，一直受到日夜不休的噪音困擾，他曾自述自己永遠置身於一個大瀑布之下。史麥塔納最終住進精神病院，直至一八八四年辭世。但他一生中最經典的作品都在耳聾後完成，包括《我的祖國》。

我擔心人會變成機器，而機器會具有人的頭腦

在史麥塔納墓地的對面，是高堡墓園中最高大的墓碑。墓碑頂部是一位坐姿天使，基座兩側各有一座雕像。它是一座萬神殿，墓碑和兩側牆身上刻著五十多位藝術家的名字。

我想尋找的卡雷爾．恰佩克之墓，隱於一排墓地之中，並不起眼，害我找了半天。墓地規格不大，但樣子有趣。墓碑是一支筆的形狀，又有點像火箭，墓碑前的大理石雕成書本樣式，書頁上刻著卡雷爾．恰佩克的名字和生卒年。有筆有火箭有書，恰恰契合恰佩克的身分——劇作家和科幻文學家。

在群星璀璨的捷克文學史上，恰佩克算不上最頂尖人物，卻因極具想像力的科幻與童話故事而被一代代人所熟知。一九二〇年，**恰佩克創作了劇本《羅梭的萬能工人》**（*Rossum's Universal Robots*），是科幻文學的經典。在這部作品中，羅梭研製出一種機器人，被資本家大批製造以充當勞動，但當機器人越來越多，人類也面臨末日……。

這部轟動歐洲的劇本，**讓 robot 一詞通行歐洲，之後更通用於世界，也就是「機器人」**。恰佩克曾說過：「**我擔心人會變成機器，而機器又會具有人的頭腦**。」

在高堡公墓裡，還有一個個捷克人耳熟能詳的名字，即使冬日清晨仍有不少探訪者。歐洲人對墓地並無忌諱，不管是高堡公墓，還是鄉村小教堂旁的公墓，都會見到有人靜靜坐在墓前與逝者低語，一座座墓碑前也總有鮮花，不管是陽光之下，還是像這樣的大霧之中。

▲ 卡雷爾・恰佩克之墓，墓碑是一支筆的形狀，也像火箭，墓碑前的大理石雕成書本樣式，刻著他的名字和生卒年。

▲ 史麥塔納墓碑，碑上浮雕是史麥塔納的側面像。

10 迷霧中的特雷津集中營

大霧中，巴士停靠在廣場旁。我指著手機導航上的站名，問司機是否在這裡下車，他笑著點頭。於是，我下了車，一個人站在空曠的廣場上。這裡是捷克小城特雷津（Terezín），大霧籠罩著我，也籠罩著四周建築。廣場中央有並未噴水的噴水池，四周都是草坪，是冬季僅存的綠意。對面的教堂是特雷津地標，教堂牆身上有大大的「MDCCCV」字樣，方方正正的樣子在捷克很是少見。廣場兩側各有一棟宏大建築，分別是米色和紅色牆身，紅瓦斜頂。

廣場的格局迥異於一般的捷克小城，沒有一棟棟緊挨著的小樓房，只有這幾棟極大的建築。正值冬季週末，商店關門，街上行人極少，幾分鐘才會見到一個。

我知道特雷津，是因為一本書。二〇〇九年，捷克作家亞希姆．托波爾（Jáchym Topol）出版小說《魔鬼作坊》（*Chladnou zemí*），以暗夜逃亡為楔子，將真實歷史與小說虛構拼貼。在小說中，主角「奔向布拉格機場。奔跑著……特雷津的紅磚城牆遠遠的拋在我身後，我故鄉的城牆」。

與小說主角反其道而行之，從布拉格輾轉來到特雷津的我，目標是二戰期間捷克最大的集中營——特雷津集中營，但眼下，我要先穿越這座迷霧中的城市。

特雷津市區極小，以廣場為中心發散，不過幾條街道而已。街道不算窄，建築又矮，加上沒有行人，越發顯得空曠。

這是一座被綿延城牆所圍繞的城市，嚴格來說，它是一座建立在舊時碉堡上的城市。一河兩岸，一邊是大碉堡，一邊是小碉堡。一七八〇年，神聖羅馬帝國哈布斯堡王朝的約瑟夫二世（Josef II）下令在此建造軍事要塞，並以其母瑪麗亞・特蕾莎女王的名字為之命名。

以軍事用途為主的特雷津，最初規畫十分複雜，空拍尤為驚豔。如今特雷津市區就被大碉堡的圍牆所圍繞，小碉堡則是舊時特雷津集中營所在地。

廣場旁的一棟建築是集中營陳列館，也是我探訪特雷津集中營的第一站。一九四五年，納粹德軍撤出特雷津，人們在特雷津集中營和德軍基地裡，發現了四千多幅小朋友的畫作，它們正是如今集中營陳列館中最重要的展品。

展館入口處的大廳，四面牆上全是密密麻麻的名字和出生年月，是這四千多幅畫作的主人，令人深感震

▲ 集中營陳列館入口大廳，牆上寫滿了猶太孩子們的名字和出生年月。

撼。展館裡那一張張或寫實或稚嫩的畫作，與老照片合力記錄著特雷津集中營的點點滴滴。

當年，**納粹建立特雷津集中營，主要是為了集中波希米亞和摩拉維亞地區的猶太人，還有來自德國和西歐國家的猶太富人和特殊人才**（包括學者、作家與藝術家）。二戰期間，約有十五．五萬人被關押在此，其中三．五萬人死於這裡，更多人被轉押到波蘭奧斯威辛集中營（Obóz Koncentracyjny Auschwitz-Birkenau）後遇害。據統計，十五．五萬的關押者中，死難者達十一．八萬，而倖存者中有一位捷克文學巨匠——寫下《布拉格精神》的克利馬。

在特雷津集中營中，直接被殺害者的比例不高，更多是死於營養不良。納粹之所以未像奧斯威辛集中營那樣大開殺戒，其實是為了掩飾種族滅絕暴行，打造所謂的「隔離區」。換言之，**特雷津集中營用意是為對外宣傳，意在讓納粹標榜自己僅是隔離，而非屠戮猶太人**。可悲的是，當時許多猶太人都誤信這一點。

也正因如此，小朋友的畫作並非全是灰暗色調。即使畫面上是提著行李茫然排隊的人們，背景還有集中營的鐵窗和黑漆漆的大門，仍因豐富的色彩而不顯陰鬱。此外，因為許多猶太藝術家被關進這裡，加上特雷津集中營作為對外宣傳的用意，營中猶太人曾組織許多藝術活動，在畫作中也有呈現，例如小小的音樂會。當然，也有一望而知的絕望，像是那些描繪人之將死的鉛筆素描，生者與逝者同樣一臉無助。

這些畫作是否全部出自集中營的猶太孩子之手？會不會有一些來自納粹軍警的孩子？我不敢確定，但這個猜測讓我想起電影《穿條紋睡衣的男孩》（*The Boy in the Striped Pajamas*）。

同樣的條紋，是特雷津集中營的外牆裝飾。從位於大碉堡的市區，前往集中營所在的小碉堡，需要走過一座石橋。橋面斑駁，前方大霧瀰漫，幾乎看不清街道。過橋後直行不過一百公尺，便可在十字路口見到特雷津集中營的路牌指示，條紋圖案加上大大的字樣，指向一條霧中的石板路。弔詭的是，從河對岸市區那道紅磚城門開始，直到集中營指示牌，這將近十分鐘的步行時間裡，我沒見到任何行人，就這樣一個人跟著導航走向未知。

老實說，在這座幾乎見不到路人的城市，面對一塊如此冷酷的路牌和壓根看不到路的霧中大道，即使是大白天，我都多少有些寒意。當年被關押在此的猶太人，是否也在這樣的大霧天氣，坐在卡車上，駛入那個終結自己生命的地方或中繼站？

石板路旁是著名的特雷津集中營公墓，一塊塊長方形石製墓碑排排而立，碑面以碎石點綴，刻著死難者的名字及生卒日。一座木製十字架高聳於廣場中央，與濃霧一起籠罩著整座墓園。沿著一排排墓碑前行，一道陽光穿透迷霧，打在我的身上，多少消解了眼前的陰鬱。墓地盡頭豎立著猶太教的標誌

▲ 集中營孩子們的畫作，畫面中有著豐富色彩，還可看見集中營內曾有藝術活動。

▲ 特雷津集中營的路牌指示，條紋圖案加上大大的字樣，指向一條霧中的石板路。

▲ 特雷津集中營公墓，盡頭豎立著猶太教的標誌「大衛六角星」。

「大衛六角星」，庇護著亡魂。有參觀者正從其下經過，讓我鬆了一口氣——原來，我不是一個人。

穿過墓地，便是集中營大門。集中營的前身其實是特雷津監獄，它曾關押過一個小人物，卻是個以一己之力撬動世界的小人物——一九一四年，加夫里洛·普林齊普（Gavrilo Princip）與同伴在塞拉耶佛（Sarajevo）刺殺奧地利皇儲法蘭茲·斐迪南（Franz Ferdinand）夫婦，此事被視為第一次世界大戰的導火線。普林齊普被捕後，就被關入特雷津監獄，一九一八年因肺結核死亡。

集中營中並非只有陰冷寒意。主道兩側有兩棟大型建築相對，黃牆紅瓦，較精美的那座是舊時的監獄長官邸，外牆較舊的則是集中營博物館。集中營囚室散落在營區各處，而入口處是人們熟知的那句口號「**勞動帶來自由**」（Arbeit macht frei）。

一如其他集中營，這裡的

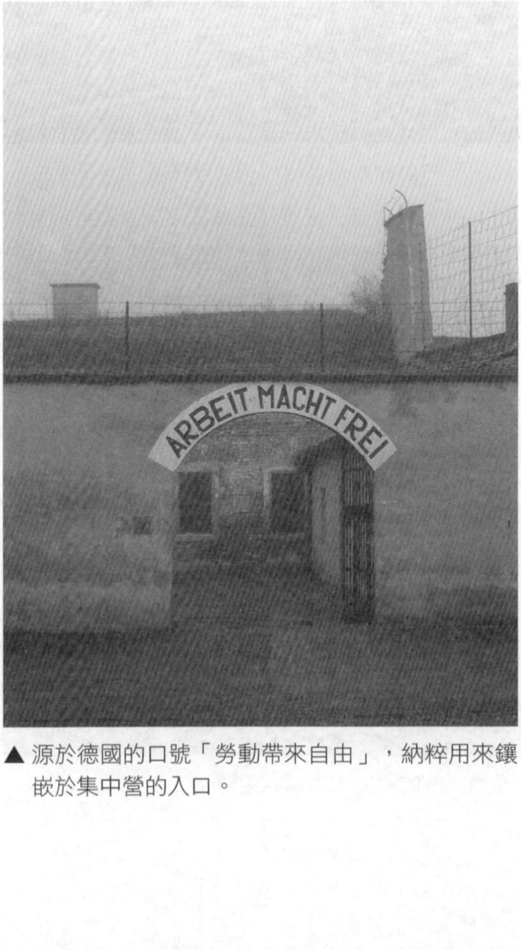

▲源於德國的口號「勞動帶來自由」，納粹用來鑲嵌於集中營的入口。

囚室陰冷簡陋。儘管層高有限，卻仍堆滿三層木板床，床板間的高度無法讓一個成年人坐直。擠入數百、甚至上千人的囚室裡，只有五、六個洗臉盆和兩間小小廁所。集中營盡頭的囚室，是舊時碉堡的地窖式建築，弧形天花板讓睡在最上層的人更為逼仄。

離開特雷津時，因為不確定前往下一站的巴士站是哪個，我便詢問一位難得遇到的路人。她十分熱心，說自己英語不好、講不清楚，所以直接帶我前往。在路上，我們用翻譯機聊天，我向她提起集中營，她指了指集中營的方向，用捷克語說了一句話，我手中的翻譯機隨即出現了這樣一行字：「**一切都過去了，我們有自信再也不會回到那個時候。**」

是的，一切都過去了。

第二章

波蘭

IT人才與他的產地

快速認識波蘭

首都	華沙
面積	312,679 平方公里
人口	3,763.5 萬人（2023 年）
語言	波蘭語
宗教	天主教

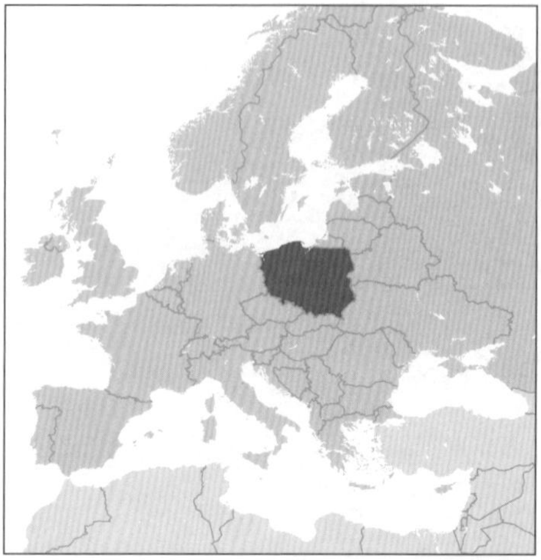

◀ 波蘭在歐洲的地理位置。

▲ 波蘭及其重要城市地圖。

歷史上多災多難的波蘭，如今是歐盟最具活力的新興國家之一，經濟穩步上揚。它也是目前歐盟內部最「純粹」的國家之一，九〇％以上的人口信仰天主教。

冷戰時期，波蘭人的信仰是蘇聯的心腹大患。當時，儘管當局為新生嬰兒提供官方核准的命名儀式，但民眾仍習慣請舊教士為嬰兒施洗。國家推動民事婚禮，但人們仍然偏好在教堂舉行婚禮。一九七五年，即使反教會宣傳已長達數十年，但七七％的被調查者仍稱他們定期參加教會活動。時至今日，若望保祿二世（Sanctus Ioannes Paulus PP. II）仍然是波蘭人最敬仰的人物，也是撼動冷戰基石的最偉大教宗。

與信仰共同支撐波蘭人的，或許還有詩歌。波蘭有「現代詩歌半壁江山」之稱，米沃什、辛波絲卡（Wisława Szymborska）、扎加耶夫斯基（Adam Zagajewski）……眾多詩人在此誕生並終老。

01

人文與科學，讓波蘭成為歐洲奇蹟

二〇二三年四月，我曾前往波蘭南部小城熱舒夫（Rzeszów）。這真是一座令人感覺十分「舒服」的城市，老城遍布歷史建築，疏朗開闊，周圍有不少新式建築，甚至也有歐洲並不常見的摩天大樓。街上人潮不少，且多半是年輕人，展現著城市的活力。

我探訪這座南部小城，是因為好奇它的物流業。因靠近烏克蘭，熱舒夫是重要的物流樞紐，大量物資集中於此、並運往烏克蘭。結果，我沒見到物流樞紐，卻意外見到熱舒夫兼具古典與現代、秀美與活力的模樣。查了一下資料，才知道熱舒夫是波蘭著名的大學城，雖然沒有特別知名的大學，但實力一點也不差。

熱舒夫資訊技術與管理大學（Wyższa Szkoła Informatyki i Zarządzania w Rzeszowie）被評為波蘭高等院校中，最具國際性標準的大學，航空管理專業排名波蘭第一、歐洲第四，在遠距醫療、機器人、光電子、資料儲存技術、虛擬實境等領域也都有不錯的表現，與思科（Cisco）、微軟（Microsoft）和甲骨文（Oracle Corporation）等科技公司都是合作夥伴。除此之外，熱舒夫工業大學（Politechnika Rzeszowska）的口碑也相當不錯。

熱舒夫只是波蘭教育的一個縮影。首都的華沙大學（Uniwersytet Warszawski）和克拉科夫的亞捷隆大學（Uniwersytet Jagielloński）才是波蘭大學的「雙璧」，兩所學校都享有世界級聲譽。

波蘭教育在歐洲有著極佳口碑，在經濟合作暨發展組織（Organisation for Economic Cooperation and Development，簡稱經合組織、OECD）及其他組織的排名中，波蘭的中小學教育水準一直名列前茅。同時，**波蘭的大學在傳統上也是所謂的「MINT」[1]學科強國，培養了許多科學家、工程師和 IT 專家。這種人才優勢也成為波蘭發展的基礎。**

從計畫經濟的深淵，躍升歐洲經濟奇蹟

在波蘭的歷史上，科學和人文可謂交相輝映。最早的大學教育可追溯到十四世紀中期，**一七七三年成立的波蘭教育部，是世界上成立最早的國家教**

1 德語的數學、資訊、自然科學與科技四個詞首字縮寫，相當於英語系國家所稱「STEM」學科。

▲ 華沙大學大門。2016 年，英國《泰晤士報》（*The Times*）大學排名將華沙大學列為「歐洲最好 100 所大學」第 61 位。

育機關，波蘭歷史上更有十八位諾貝爾獎得主。

亞當・密茨凱維奇（Adam Mickiewicz）、亨利克・顯克微支（Henryk Sienkiewicz）、瓦迪斯瓦夫・雷蒙特（Władysław Stanisław Reymont）……波蘭的文學傳統極為璀璨。到了二戰後，波蘭更是有「世界詩壇半壁江山」的美譽，米沃什、辛波斯卡和扎加耶夫斯基等人，以詩歌書寫動盪與人生。

波蘭電影的輝煌也自不待言，克里斯多夫・奇士勞斯基（Krzysztof Kieślowski）、羅曼・波蘭斯基（Roman Polański）、安德烈・華依達（Andrzej Wajda）等電影大師都來自波蘭。

科學與人文，使波蘭這個飽經滄桑的國度，呈現出迷人的堅韌。因為人文基礎帶來的信仰，波蘭人敢於抗爭，從波茲南（Poznań）事件（見第七小節）到團結工聯（Solidarność）[2]，終於迎來新生；因為對科學的孜孜以求，使得波蘭在柏林圍牆倒塌後迅速轉型，成為真正的經濟奇蹟。

東歐劇變時的波蘭，被計畫經濟體制拖入深淵，商品極度匱乏、物價飛漲、通貨膨脹率高到嚇人，還背負著巨額外債。團結工聯政府上臺後，開始推動私有化和市場經濟，率先採取「休克療法」，使自由化和市場經濟成為東歐國家經濟改革的主導思想。

休克療法必然帶來陣痛，一九九〇年和一九九一年，波蘭國內生產總值下降二〇%，但隨即迎來觸底反彈。

一九九二年，波蘭國內經濟增長二・六%，兩年後更是成為首個國民生產總值超過轉型前的國家，且增長趨勢保持至今。最可貴的是，即使團結工聯政府在一九九三年大選失利，波蘭頻頻更換政府，甚至一度十年間更換八任政府，但歷屆政府都未動搖新興的市場機制，反而使之一步步完善。歷任波蘭財政部長和央行總裁都是嚴格選拔出的精英，不管代表什麼政黨，都深諳現代經濟學原理，堅定擁抱市場。

經濟轉型必然需要社會成本。對波蘭人來說，新興民營資本、技術工人和知識分子是制度轉型的受益者，而退休工人、學徒和原公共部門的基層公務員，利益則受到損害。這就造成了兩極分化，一些原先支持體制變革的人，因其未能獲益而對新政府失去信心。

當然，這段看起來亂糟糟的時期，如今也被視為一段珍貴經歷。冷戰結束時，波蘭劇變的主力是工會，在經濟轉型過程中，這個群體暴露出自身的弱點，經常鬧出「工會嚇跑投資者」的笑話。而在工會與市場的博弈中，每個參與者都在改變觀念、逐漸進步，摸索更好的出路。

以歐洲經濟學界的主流觀點看來，**波蘭是過去三十多年中歐洲發展最快、經濟最活躍的國家，甚至將之視為真正的經濟奇蹟**。一九九一年，波蘭的人均收入比非洲的加彭（Gabon）、南美洲的蘇利南（Suriname）還低；但三十年後，波蘭人均GDP達到一萬七千兩百六十五美

2　一九七〇年代末期，波蘭陷入嚴重經濟危機，工資下降、物價上升而引發一波罷工行動。格但斯克造船廠（Stocznia Gdańsk）成立工會聯盟「團結工聯」，主張非暴力反抗模式，全國性抗議活動迫使當時第一書記愛德華．吉瑞克（Edward Gierek）承認團結工聯為合法政黨，後來又被迫下臺。

元，如今更是超過了兩萬美元。

波蘭也成長為歐盟第七大經濟體，一九九五年至二〇一九年的GDP年均增長率為四．二〇%，在歐盟的GDP總量僅次於德國、法國、義大利、西班牙、荷蘭和瑞典，超過比利時、奧地利和丹麥等傳統工業強國。

此外，波蘭也是歐盟第六大製造業國家，製造業占國家GDP比重為二六．三%。**雖然人均GDP還落後於傳統西歐國家，但常年的高增長率無愧「奇蹟」二字**。早在二〇〇六年，波蘭就被**《商業週刊》譽為全球第一的最佳投資國家**。

與德國、捷克形成「晶片三角」

二〇〇四年加入歐盟，是波蘭的重要發展契機。從二〇〇四年初到二〇一三年底，波蘭共獲得歐盟各種援助基金超過七百億歐元，也讓波蘭從冷戰時期孱弱的基礎建設，實現飛越性的發展。波蘭也是前東歐國家中外資發展最為迅速的國家，加入歐盟後，與歐盟的雙邊貿易額在十年之間，實現超過七〇〇%的巨幅增長。即使是二〇〇八年的全球金融危機，波蘭也無懼風險，一度是歐盟區唯一正增長的國家。波蘭的失業率也始終維持在低位，是歐盟表現最好的國家之一。

作為信仰堅定的天主教國家，波蘭的安定目前也是歐洲最佳國家之一。根據二〇二二年全球和平指數（該指數涵蓋社會安全程度、國內外衝突程度與軍事化程度），波蘭排名世界第二十四位，超過法國、英國、義大利等國家。在治安方面，它甚至比當年的歐洲優等生德國和瑞典更出色。

如今，波蘭的生活也十分便利，行動支付早已普及，各種手機應用程式可以解決生活所需。這顯然與波蘭發達的IT產業有關，借助較低的人力成本和物價，還有在前東歐國家首屈一指的教育，波蘭的IT產業飛速發展，目前已有超過五萬間軟體公司。

半導體公司英特爾（Intel）在波蘭投資興建新工廠，計畫在此進行半導體組裝和測試，是中歐和東歐地區第一個如此大規模的半導體專案。而聯發科也在華沙設立研發中心。**德國、波蘭、捷克三國形成的「晶片三角」，讓臺灣晶片巨頭們極為看好。**

波蘭同樣進展迅速的，還有新能源車領域。早在二〇一六年，電池巨頭LG化學就在波蘭弗羅次瓦夫（Wrocław）開設電池工廠，使波蘭成為歐洲最大的動力電池生產中心。位於格但斯克（Gdańsk）的波蘭本土電池生產商Northvolt也極具潛力。

而在上下游產業中，SK Innovation在波蘭設有鋰電池隔離膜工廠，電池正極材料供應商優美科（Umicore）的波蘭工廠，負責為LG化學生產提供必備的原料，來自韓國的Foosung也為LG化學提供電解液。中國企業新宙邦於二〇一八年初決定在波蘭投資建廠，生產電解液等電池材料。二〇二一年初，LG化學參與波蘭新宙邦的新一輪增資，獲得一五%股權。這使得波蘭成為歐洲鋰電池的重要供應國之一，服務的客戶包括BMW、福斯汽車、奧迪

（Audi）和保時捷（Porsche）等主流品牌。

而在汽車組裝領域，福斯汽車集團在波茲南擁有四家工廠，斯泰蘭蒂斯（Stellantis）[3]的波蘭工廠能提供四十萬輛的年產能，賓士（Mercedes-Benz）於二〇一六年在波蘭建設發動機工廠，豐田（Toyota）在波蘭同樣擁有生產混合動力發動機的工廠。

目前，波蘭已是歐洲第三大、世界第五大氫生產國，加上各種產業鏈，未來值得期許。而在其他製造業領域，例如航空製造業、食品飲料、金屬製品、橡膠和塑膠、焦炭和精煉石油、化工產品、電子設備等，也都是波蘭的強項。為了推動工業4.0，波蘭建立工業4.0平臺和國家技術研究院，並組織工業4.0垂直產業能力中心，藉以在創新的基礎上建立競爭優勢。

對波蘭不熟悉的人，很難想像這個歷史上曾三次被瓜分、二戰時滿目瘡痍的國度，如今如此安定祥和又充滿活力。但如果想想，這是一個誕生了科學家哥白尼與瑪麗·居禮、音樂家弗雷德里克·蕭邦（Frédéric Chopin）、教宗若望保祿二世的國度，一切又是必然。

3 跨國汽車製造商，旗下汽車品牌有克萊斯勒（Chrysler）、吉普（Jeep）、瑪莎拉蒂（Maserati）等。

02

風雨中抱緊自由——來自鐵幕之後的教宗

一九七八年十月中旬，冷戰期間，一位英國記者前往波蘭。她在波蘭克拉科夫見到了街頭歡慶場面。這次歡慶不同於當時東歐國家慣有的組織慶祝，而是群眾自發。與之類似的是電臺報導，主播並沒有使用字正腔圓、照本宣科的腔調，也沒有使用假資料，而是帶著發自內心的興奮與自豪。

後來，記者這樣記錄歡慶場面：「當天晚上，沒人上床睡覺。年輕人和老年人都聚在歷史悠久的中央集市廣場（Rynek Główny w Krakowie），那裡有著從中世紀存在至今的服飾館，十分迷人，四周有好幾座富麗堂皇的哥德式和文藝復興時期興建的教堂，許多人稱它是歐洲最美麗市集。克拉科夫市民稱它為『客廳』，白天的花市吸引著客人，鴿群在廣場悠遊，市民三五成群坐在服飾館的拱門下。這天夜裡，廣場燈火通明，群眾通宵達旦的高談闊論……。」

波蘭民眾的慶祝，源於一九七八年十月十六日的一個消息：克拉科夫大主教嘉祿・若瑟・沃伊蒂瓦（Karol Józef Wojtyła）當選羅馬天主教第兩百六十四任教宗，也就是人們所熟知的若望保祿二世。

當時並沒有多少人能預見到，這個自一五二二年哈德良六世（Hadrianus PP. VI）後的首個非義大利籍教宗，將在未來的日子動搖整個東歐世界的統治基石。

七月的克拉科夫，陽光普照，英國記者筆下的市集廣場遊客洶湧。這是克拉科夫的中心，磚紅色的聖母聖殿（Kościół Mariacki）矗立在廣場一角，廣場中央是一棟白色的文藝復興式建築，這便是記者筆下的「服飾館」，人們更習慣稱其為紡織會館（Sukiennice）。

這是嘉祿・若瑟・沃伊蒂瓦成長的地方，也是他第一次獲取神職之地。他的出生之地離克拉科夫不遠，是個叫做瓦多維采（Wadowice）的小城。

他出生的天主教家庭充滿許多不幸：母親在他八歲那年因難產而死，有個嬰兒時期即夭折的姐姐奧德加（Olgę），而比他大十五歲的醫生兄長在他十一歲那年，因照顧病人而染病去世。一九三八年，十八歲的他與相依為命的父親一起移居克拉科夫，並進入波蘭最古老的大學亞捷隆大學學習。

沃伊蒂瓦的人生也遭遇了各種動盪。他進入大學後不久，也就是一九三九年，波蘭遭納粹德國占領，大學被關閉，學業就此中斷。也因為納粹德國的規定，他與其他波蘭男子一樣被劃為勞力，在採石場和化工廠工作。

▲ 瓦多維采聖母升天教堂（Bazylika Ofiarowania Najświętszej Maryi Panny）內的若望保祿二世畫像。

一九四一年，沃伊蒂瓦的父親病故，孑然一身的他希望從事神職，並私下學習神學。一九四六年，他進入盧布林天主教大學（現已更名為盧布林若望保祿二世天主教大學〔Katolicki Uniwersytet Lubelski Jana Pawła II〕）任教，一九六三年被委任為克拉科夫總教區總主教，一九六七年成為樞機主教，直至一九七八年繼任天主教第兩百六十四任教宗，成為人們口中的若望保祿二世。

來自鐵幕之後的他，有著歷任教宗都從未有過的經歷，他曾見證法西斯的殘暴，也曾見證冷戰陰暗。面對冷戰格局，許多人曾寄望於宗教，希望它能成為對抗世俗化的力量。若望保祿二世這位在當選前籍籍無名的新教宗，居然完成了這種期望。

在若望保祿二世當選教宗七個月後，即一九七九年六月，他回到波蘭訪問。那時，沒

▲ 瓦維爾城堡，照片中間為主教座堂，外觀如積木，由多個不同年代的建築物組合而成。

有人會想到，這次訪問能觸發一場非暴力抵抗運動。不過，在克拉科夫時期便與波蘭當政者鬥智鬥勇的若望保祿二世，早已做好「作戰準備」——在他當選教宗後的第一次出訪，人群中有人喊道：「別忘了沉默的教會。」意指東歐各國的天主教會，而這位新教宗的回答堪稱振聾發聵：「**有我發聲，今後再也沒有沉默的教會。**」

我們不需要畏懼

從克拉科夫市集廣場出發，沿著繁華的Grodzka大街直行，便可抵達這座城市的另一個地標——瓦維爾城堡（Zamek Królewski na Wawelu）。

瓦維爾城堡是波蘭最古老的宮殿，從十世紀起就成為國王宅邸，見證了眾多加冕儀式。最吸引人的是城堡內的瓦維爾主教座堂（katedra wawelska），外觀如積木，為不同年代的建築組合而成。歷代波蘭國王的棺木都陳列於主教堂，波蘭著名詩人密茨凱維奇，以及因空難罹難的前總統卡欽斯基（Kaczyński）夫婦的靈柩也安放於此。

此外，歷任克拉科夫主教的棺木也放在這裡。當然，若望保祿二世是例外，儘管他與這個城市有數十年交集，但身為教宗，他被梵蒂岡教廷安葬在聖伯多祿大殿（Basilica Sancti Petri）下的地下墓室中。

在瓦維爾城堡的山腳下、Grodzka大街的一個小庭院裡，我發現一處若望保祿二世的故跡。院中有一座紀念碑，碑後是若望保祿二世的大幅照片，這個院落是他的故居。

若望保祿二世在克拉科夫居住時，已經是波蘭祕密員警的監控對象。當時，波蘭當局對宗教信仰始終持高壓姿態。但**波蘭人對天主教的信仰是根深柢固的傳統**，幾百年來，儘管波蘭歷經強大帝國的瓜分，但波蘭人始終堅持將國族認同與宗教信仰結合。

一九七九年，若望保祿二世回訪波蘭。在華沙勝利廣場（Plac Zwycięstwa，現已改名為畢蘇斯基廣場〔Plac marsz. Józefa Piłsudskiego〕）前，在這個象徵波蘭當局統治者從不允許宗教活動的地方，若望保祿二世舉行露天彌撒。他講話後，民眾們舞動著旗子，吟唱聖歌。

在訪問波蘭的九天中，若望保祿二世所到之處，都有數十萬人到場。在克拉科夫，儘管警方在城市周圍各處設置檢查哨，想方設法堵截參與者，但仍然擋不住狂熱民眾。在訪問的最後一天，克拉科夫竟湧入了三百萬人，當時波蘭人口也僅三千五百萬。面對民眾，若望保祿二世說：「我們有上帝聖靈護持時，我們對人的信心也最強，因此不需要畏懼。」

心懷畏懼的也許是反對他的人，波蘭電視臺在當局授意之下，雖然報導了新教宗的露天彌撒，卻不讓他的身影出現在鏡頭裡。而這樣做，當然只是自欺欺人。

創下許多第一的教宗

當我離開克拉科夫時，車上響起了香港搖滾樂隊 Beyond的〈光輝歲月〉。身在異國他鄉，這首二十多年前的歌讓我心潮起伏。一生反對戰爭的若望保祿二世，儘管也曾因保守立場而遭遇質疑，但終究無愧於「風雨中抱緊自由」這句話。

一九七九年的訪問，無疑為波蘭、乃至於整個東歐世界的未來埋下一顆種子，並在不久的將來迅速發芽。

後來的若望保祿二世，成為歷史上出訪次數最多的教宗，甚至比所有前任教宗加起來還要多。有人統計，他總計兩百四十五次、一百二十九個國家和地區的訪問，總里程可繞地球二十八圈。

他創下無數個第一：他是一〇五四年東西教會分裂之後，第一個拜訪東正教國家的教宗，是近千年來首位到訪希臘的教宗，也是歷史上第一個訪問英國的教宗、首位探訪清真寺的教宗。千禧年時，他以教會的致歉聲明震撼了世界，在聲明中，他祈求天主寬赦歷代天主教會犯下的罪行，包括歧視猶太人、十字軍東征燒殺擄掠、宗教裁判所鎮壓異端、向第三世界傳教時侵害當地原住民、貶抑女性地位與尊嚴等。

這是一種莫大的勇氣，而這種勇氣，在他年輕時便已具備，因為愛。

▲ 若望保祿二世紀念碑，碑後是他的大幅照片。

03

這座城市，人們仍在寫詩

如果不留心城市差異和背後故事，很容易產生這樣的錯覺：在歐洲，咖啡館千篇一律。但是，歐洲城市的文化靈魂怎麼可能千篇一律？

克拉科夫的咖啡館，總能讓人想到詩歌。米沃什、辛波絲卡和扎加耶夫斯基都在這座城市終老，也常常在咖啡館裡寫詩、讀詩。它的千年風華，總能以詩歌呈現。波蘭也因為這樣，成為現代詩歌的第一重鎮。

克拉科夫還是一個迷離之地。在克里斯多夫．奇士勞斯基的電影名作《雙面薇若妮卡》（*Podwójne życie Weroniki*）裡，維羅妮卡（Véronique）就是在克拉科夫遇見與自己一模一樣的人薇若妮卡（Weronika）。這位英年早逝的波蘭導演同樣酷愛克拉科夫，以它作為影片的取景地，片子的朦朧色調宛若夢境，將古城渲染至昏黃，充滿詩意。

電影中的燭光，在現實中同樣存在。夜幕落下時，維斯瓦河（Wisła）岸邊的餐廳和咖啡廳就會亮起燭光，總有詩歌朗誦會之類的活動在這裡舉行。

不想成為幫凶所以流亡

波蘭詩人米沃什曾在詩作中寫道：「於是我從大都市回到這裡。」「這裡」指的正是克拉科夫。他還告訴人們：「我的書箱也來了，這次不會再走。」

在那首詩作中，他哀吟波蘭的過往：「我的國家仍將一如既往，帝國的後院，用它粗野的白日夢撫慰它的屈辱。」他白描這座城市：「老人們常去的地方已被新的老人占據，女孩們裙裾作響閒逛過的地方，新的女孩在閒逛，驕傲著她們的美麗。孩子們滾著鐵環，已經滾了半個多世紀。牆角一個補鞋匠從他的長椅上抬頭望，一個駝背的人隱著內心的悲痛走過。」

無論是詩中的「我」還是「克拉科夫」，都是一種隱喻。一九九〇年代初，流亡大半生的米沃什終於回到波蘭定居，他的晚年正是在克拉科夫度過。在漫長歲月裡，這座城市承載過太多東西，卻美麗依舊，不為歲月所染。

建於七〇〇年前後的克拉科夫，是中歐最古老城市之一。發端於瓦維爾山，十世紀時，建於山頂的城堡和教堂使周邊地區逐漸發展為更具規模的城鎮。一〇〇〇年，克拉科夫主教區設立。一三二〇年，波蘭定都於此，直到一六〇九年都是波蘭首都，也是歐洲文化中心之一。

如今的克拉科夫是歐洲最具人氣的旅遊城市之一，市集廣場更是從早到晚都無冷場。這個形成於一二五七年、長寬均為兩百公尺的大廣場四周，遍布舊時貴族官邸和富人的住宅，廣場正中央是十四世紀重建的紡織會館。

克拉科夫過去曾是紡織業重鎮，紡織會館便是商人們最重要的交易平臺。最初是兩排相對的商鋪，一三〇〇年在商鋪上方加蓋頂棚，形成封閉市場，後來又加蓋二樓。一五五五年，市場遭焚毀，重建為石材建築，也就是現在的模樣。

如今的它，一樓是各種以遊客為目標客群的商店，紀念品中又以手工製作的銀器、琥珀、木雕、玻璃或皮革製品居多，二樓則是博物館。

傲立於紡織會館旁的市政廳鐘樓，是老市政廳的殘存部分。一八二〇年，因廣場擴建，老市政廳被拆除。建於十三世紀末、高七十公尺的鐘樓，地下室曾是監獄。如今鐘樓是克拉科夫歷史博物館的分館，頂樓平臺則是觀賞克拉科夫老城風景的最佳位置之一。

占據廣場制高點的則是外觀雄偉的聖母聖殿，它立於廣場東北角，始建於十三世紀末，最初為羅馬式建築，之後改建為哥德式，至十六世紀初擴建為今日模樣。兩座高低不一的塔樓營造錯落感，高塔名為「號角塔」（Hejnalica），高八十一公尺，塔上有一六六六年的鍍金王冠。數百年來每逢整點，號角塔都會有號手吹響長號報時。低塔高六十九公尺，為鐘塔，塔尖上鑲嵌著金色王冠。

教堂內部裝飾極其華麗，多為藝術大師之作，最著名的是聖壇上十一公尺長、十三公尺寬的彩繪木雕，出自十六世紀的德國紐倫堡雕刻大師法伊特·施托斯（Veit Stoß）之手，耗時長達十二年。

這是歐洲最大也最美麗的廣場之一，一九九〇年代，定居克拉科夫的米沃什曾舉辦多次讀書會。讀書會後，米沃什和其他參與的詩人會到廣場附近的一家咖啡廳，一人一張桌子，為讀者簽名，並和他們交談。

波蘭人的閱讀傳統在此時發揮作用，有篇文章這樣記錄：「隊伍排得很長。好奇的過路人問：『您在等什麼？』排隊的人回答：『等詩人。』他們聽了之後，就加入隊伍。」

那時的米沃什早已名滿歐洲，被譽為「波蘭的良知」。這位一九一一年出生於立陶宛的波蘭詩人，生命經歷了大時代跌宕。

在東歐知識分子中，**米沃什的流亡與眾不同。他並非被動離開，而是一種主動性的「受道德驅使」**。在流亡前，米沃什的生活狀態很不錯，收入豐厚，相對自由，可算是既得利益者，並沒有受到體制的迫害。但在他看來，他無法延續這種生活，**因為他並不想成為幫凶**。

一九四九年的一個夜晚，身為外交官的米

▲ 克拉科夫中央集市廣場，右邊的建築為紡織會館。

▲ 廣場上的聖母聖殿，占據廣場的制高點。

沃什參加一場上流聚會。凌晨回家時，他見到幾輛滿載著犯人的軍車，剎那間「明白了我是誰的幫凶」。也正因為他能以外交官身分自由來去東西歐，他可以洞悉兩個世界的差異。在他看來，西歐人個個自信坦然，內心沒有緊張感；而在東歐，人們必須戴上面具，不管在哪裡，他們都要逢場作戲。

米沃什不可能接受權力的精神控制。一九五一年，他選擇流亡，留在法國。但他並未得到真正的理解，那時是冷戰初期，連法國哲學家尚－保羅．沙特（Jean-Paul Sartre）等知識分子都被蒙蔽。甚至有巴黎的心理醫生認為，一個體制內受益者居然選擇流亡，一定是瘋了。一九六〇年，米沃什前往美國，在加州大學柏克萊分校（University of California, Berkeley）的斯拉夫語言文學系任教。

他最偉大的作品，當然是《被禁錮的心靈》（*Zniewolony umysł*）。這是非虛構寫作的傑作，試圖說明二戰後的東歐知識分子群體如何在思想禁錮中掙扎。這本書在波蘭當然成為禁書，但仍在地下廣傳，歷史學家諾曼．戴維斯（Norman Davies）曾評價這本書「完全破壞了當時東歐的文化和心理機制」。

一九八〇年，米沃什獲諾貝爾文學獎，授獎詞說他「以毫不妥協的敏銳洞察力，揭示了人在充滿劇烈衝突世界中所遭遇的威脅」。二〇〇四年，他在克拉科夫的家中去世，享耆壽九十三歲。

他生命中的大多數時間，都在忠實的記錄時間，直至最後一刻。而他時常舉辦讀詩會的市集廣場仍然熱鬧，那些曾承載文學夢想的咖啡館也依舊人來人往。街頭藝人、默劇演員和舞者，在咖啡館前吸引人們的目光。每逢夜晚，整座廣場亮起燈火，宛若夢幻。

言論箝制越強，波蘭人越大聲朗讀

扎加耶夫斯基與克拉科夫的緣分始於大學時代。一九六三年，中學畢業的他沒有遵從父母意願讀工科大學，而是考入克拉科夫亞捷隆大學，學習哲學和文學。也是在那時，他與朋友共同組織了詩歌組織「現在」（Teraz）。後來，他選擇自我流放，遠走德國，再赴巴黎。

在巴黎，扎加耶夫斯基的觀念產生了巨大改變。用他自己的話來說，便是「**我想成為一個有別於異議者的異議者**」。在他看來，深陷於反抗的熱情中，反而會導致創造力的枯竭。他還拿波蘭的社會抗爭史揶揄了一番，說「擁有一份寫著『待過格但斯克造船廠』的個人簡歷當然很好，不過我沒有」。

成名後，扎加耶夫斯基看盡浮華，最終選擇克拉科夫定居，直至生命最後一刻。這不只是簡單的重返故地而已，而是以另一種心態看待這個年少時待過的城市，重新審視人生與世界。

亞捷隆大學也在市區裡。這所一三六四年由波蘭國王卡齊米日三世（Kazimierz III Wielki）創建的名校，是波蘭第一所大學，也是歐洲第六古老的大學。大學院（Collegium Maius）是亞捷隆大學現存最古老的建築，紅磚坡頂的三層建築圍繞院子，院中還有一口水井。它是亞捷隆大學最早的校舍，歷史可追溯至十四世紀，後來作為圖書館使用，如今則是大學博物館。

曾在這所大學就讀的除了扎加耶夫斯基之外，還有哥白尼和辛波絲卡。亞捷隆大學圖書館是波蘭最大圖書館之一，藏有大量中世紀手稿，包括哥白尼《天體運行論》的原稿。

作為波蘭唯一未毀於二戰炮火的老城，克拉科夫曾見證波蘭千年來的光榮與災難，而這兩者恰恰是扎加耶夫斯基詩歌中的張力所在。

如果扎加耶夫斯基曾審視波蘭的光榮歷史，那麼他也許會為波蘭人的屢屢抗爭找到根源。在波蘭立陶宛聯邦時期（一五六九－一七九二年），曾發展出獨一無二的貴族制民主政體。在這個政體中，貴族擁有政治權利，他們透過議會立法和選舉君主。在中世紀的歐洲，能出現這種與現代憲政頗有相似之處的民主，以及宗教寬容和和平主義，實屬不易。

那時，眾多貴族雲集於帝國首都克拉科夫，為人類文明尋求新的可能，波蘭人的自由信仰就此成為一種傳統。經過瓦維爾城堡山腳下，我抬頭望向昔日王城，落日餘暉，不掩輝煌。

瓦維爾城堡倚著維斯瓦河而建，城堡以東和以南，橫跨維斯瓦河兩岸的大片土地，都是克拉科夫的猶太區。

一三三五年，卡齊米日大帝在克拉科夫附近修築了新的卡齊米日城。十五世紀，也是克拉科夫那段開放時光裡，卡齊米日曾是歐洲最大的猶太社區。

二戰期間，波蘭全境陷入戰火，克拉科夫古城幸運逃過一劫，但卡齊米日猶太區仍然遭遇重創。戰爭爆發後，**納粹德軍在卡齊米日設「隔都」**（ghetto），**逼迫周邊地區的猶太人住進隔都，以區別「管理」**。隔都牆的形狀、材質和顏色都與墳墓很像，居住其中彷如被活埋一般，牆內的艱辛與苦難都非牆外人所能想像。

這個區域如今赫赫有名，**它是電影《辛德勒的名單》**（*Schindler's List*）**故事原型的發生地，也是電影取景地之一**。辛德勒工廠在戰後由國家接管，現在則成為博物館與當代藝術區。這裡還有波蘭最古老的猶太墓地和猶太教堂。建於十五世紀的老猶太教堂，如今是加利西亞猶太博物館（Żydowskie Muzeum Galicja），曾在電影《辛德勒的名單》中亮相。

這片街區的狹窄街巷，與遊客如織的老城截然不同，它並不華麗，甚至有些許破敗。早在十五世紀，這裡就是歐洲最大的猶太人避難所，當時，黑死病肆虐歐洲，猶太人被指為病源，在各地均遭排擠，當時的波蘭國王張開懷抱，允許猶太人遷居克拉科夫。在之後的歲月裡，猶太人也創造出克拉科夫的商業繁榮。二戰前，這裡曾居住六．八萬猶太人，甚至自帶城牆，有獨立城門和自己的市政廳。二戰後，這裡僅剩幾百名倖存者。在英雄廣場（Plac Bohaterów Getta）上，擺放著六十八張椅子，代表著那六．八萬猶太人。

當然，這個區域也並非全然幽靜，它還擁有這個城市裡最興盛的酒吧街，夜晚遍布燭光，是藝術家聚集地，酒吧和咖啡廳裡都能見到寫作者，門口也常有詩歌朗誦會。二手市場也備受青睞，人們可以在這裡找到許多有關二戰的舊物，如頭盔、軍刀和子彈殼等。扎加耶夫斯基也常在此地流連，若是冬季，還會來一杯波蘭人熱衷的熱啤酒。

即使在言論箝制最深的歲月裡，克拉科夫的文學氛圍仍然熱烈。甚至可以說，官方的種種限制反而更促進其發展。那時，人們每個月都會在教堂裡大聲朗讀被禁的雜誌，地下寫作始終持續。那時，扎加耶夫斯基是其中一員，後來，他仍是其中一員，直至離世。

影響波蘭人之心者，力猶無限

在克拉科夫市集廣場的聖母聖殿對面，有一座密茨凱維奇的青銅塑像。**雕像底座有四個人像，寓意分別為祖國、詩學、勇氣和科學，這也正是密茨凱維奇一生的寫照。**波蘭許多城市都有密茨凱維奇雕像，而克拉科夫這座相當著名。其實，密茨凱維奇生前從未到過克拉科夫，不過在他去世三十五年後，遺體從巴黎運回波蘭，此後就一直停放在克拉科夫瓦維爾城堡的教堂中。

印象中，我第一次見到密茨凱維奇的雕像是在波茲南，當地還有密茨凱維奇大街和亞當密茨凱維奇大學（Uniwersytet im. Adama Mickiewicza）。第二次則是在華沙，雕像立於最繁華的皇家大道（Trakt Królewski）上。

此外，在華沙舊城廣場還有密茨凱維奇文學博物館（Muzeum Literatury im. Adama Mickiewicza），在這裡密茨凱維奇是主角，卻不是唯一。波蘭文學薪火相傳，文豪輩出，所以博物館裡也展示了許多波蘭作家的資料，如一九二四年諾貝爾文學獎得主瓦迪斯瓦夫・雷蒙特、以《被禁錮的心靈》享譽世界的米沃什，以及一九〇五年諾貝爾文學獎得主亨利克・顯克微支等。

無論是密茨凱維奇文學博物館，還是華沙的密茨凱維奇紀念碑，都與顯克微支有關。博物館原本就是顯克微支故居，據說他當年就是看著窗外廣場的市集景象、構思筆下故事。而密茨凱維奇紀念碑從籌建到落成，顯克微支始終在場。

一八九七年，顯克微支當選密茨凱維奇紀念碑籌建委員會副主席，此時，密茨凱維奇已經去世四十餘年，一八九八年是他的百年誕辰。那年四月，顯克微支完成了名作《十字軍騎士》（*Krzyżacy*）的第一卷。十一月，他前往義大利訂購用於密茨凱維奇紀念碑的大理石。一八九八年五月一日，他主持密茨凱維奇紀念碑的奠基儀式。十二月二十四日，華沙舉行密茨凱維奇紀念碑落成典禮，顯克維支原本準備演講，卻被俄羅斯帝國當局禁止，典禮在默默無聲中進行。

在那個俄羅斯帝國控制波蘭的時代，密茨凱維奇是一個象徵。這位五十七歲便已辭世的詩人，被視為畢生為國家和民族獨立而奮鬥的勇士。為他立碑，是一種明目張膽的抗爭。

那時的克拉科夫也在蒙塵之中，古老城牆被俄羅斯帝國占據，只能發出無聲抗議。

當年以瓦維爾城堡為中心的克拉科夫城，四周環繞著三公里長的壕溝和城牆，有四十六座塔樓、七個城門。如今，為了防禦入侵而建的城牆在十九世紀已被毀掉，唯有城牆北門「聖福里安門」（Brama Floriańska）仍在。

直至今日，聖福里安門仍被視為進出克拉科夫老城的主要通道，城門南面裝飾有克拉科夫守護神聖徒福里安的浮雕。這座哥德式塔樓高三十三．五公尺，是克拉科夫在一二四一年遭到蒙古人攻擊之後，所建立的防禦系統一部分，以一座橋與護城河對面的克拉科夫甕城[4]相連。

從聖福里安門延伸到市集廣場的福里安街，是克拉科夫最繁華的街道。各種餐廳、咖啡館和商店林立，也是街頭藝人的聚集之地。街道兩旁的建築相容了不同時代的印記，哥德式、巴洛克式、文藝復興式和新古典主義風格交雜。當年，歷代國王都從這條路上走向大主教教堂進行加冕儀式，接著步入瓦維爾城堡的宮殿。

瓦維爾城堡從十世紀起就成為國王宅邸，見證眾多加冕儀式。初建時為羅馬風格，後來受義大利文藝復興直接影響，擴建時吸收了文藝復興風格。以巴托洛梅．貝瑞奇（Bartolommeo Berrecci）為首的許多義大利藝術家和雕塑家，為當時的波蘭國王齊格蒙特一世（Zygmunt I Stary）服務，後者是狂熱的藝術愛好者，也樂意為科學和文藝慷慨解囊。

城堡兼具防衛和王室象徵作用，現在則為國家博物館。庭院中可以看到波蘭民族英雄塔德烏什．柯斯丘什科（Tadeusz Kościuszko）、波蘭國父約瑟夫．畢蘇斯基（Józef Pilsudski）、教宗若望保祿二世等人的雕像。

瓦維爾主教座堂是城堡裡最搶眼的存在，它也是天主教克拉科夫總教區的主教座堂，波蘭歷代君主都在這裡進行加冕儀式。主教堂座外觀如積木，為不同年代建築組合而成，十四世紀以後波蘭歷代君主大多安葬於此。

魯迅曾寫道：「雖至今日，影響波蘭人之心者，力猶無限。」指的便是密茨凱維奇。他一生顛沛流離，屢遭監禁、放逐和流亡，卻從不屈服，儼然是波蘭歷史的象徵。

一七九八年，密茨凱維奇生於當時屬於波蘭的立陶宛，一八一五年考入維爾紐斯大學（Vilniaus universitetas），大學畢業後成為中學教師。一八二三年被捕入獄，後被流放到俄國。一八二六年至一八二八年，他出版英雄史詩《康拉德・華倫洛德》（*Konrad Wallenrod*），又被俄羅斯帝國統治者所注意，只能逃離俄國，後定居巴黎。一八四〇年代，他曾在瑞士洛桑（Lozanna）和法國的法蘭西公學院（Le Collège de France）任教，一八五五年前往土耳其君士坦丁堡，想組織波蘭軍隊參加土耳其的反俄戰爭，但染病去世。

十八世紀以來，波蘭命運坎坷。**十八世紀中後期，波蘭遭俄國、普魯士和奧地利三大強國瓜分，在歐洲地圖上消失長達一百二十三年，即歷史上著名的「三次瓜分波蘭」**。

密茨凱維奇生活的年代，恰恰在一百二十三年的亡國期內。米沃什曾說：「密茨凱維奇之於波蘭人，就像歌德之於德國人、普希金（Aleksandr Sergeyevich Pushkin）[5]之於俄羅斯人。尚有一個額外因素，即他身為朝聖者、領袖、戰士的生平。」

4 為了加強城堡或關隘的防守，而在城門外（或在城門內側，為少數特例）修建的半圓形或方形的護門小城。

5 俄羅斯文學家、語言學家、歷史學家、政論家，是俄國浪漫主義文學的傑出代表、俄國現實主義文學的奠基人，被尊稱為「俄國詩歌的太陽」、「俄國文學之父」。

安葬於見證波蘭歷史的瓦維爾城堡，是密茨凱維奇最好的歸宿。

純粹的信仰，波蘭人的本質

辛波絲卡生於波蘭小鎮布寧（Bnin）的一棟新哥德式建築裡。一九二六年，三歲的辛波絲卡隨家人移居托倫（Toruń），八歲時又舉家移居克拉科夫。二〇一二年二月一日，八十八歲的她因肺癌去世於克拉科夫。她逝世後，時任波蘭總統布羅尼斯瓦夫．科莫羅夫斯基（Bronisław Komorowski）在悼詞中表示「幾十年來，她用樂觀、對美和文字力量的信仰，鼓舞著波蘭人」，她是「波蘭精神的守護者」。

一九四五年，辛波絲卡進入亞捷隆大學，此時詩歌已走入她的生命。一九四五年三月十四日，她在《波蘭期刊》（*Dziennik Polski*）發表詩歌處女作〈我搜尋詞語〉（Szukam słowa）。對於辛波絲卡來說，詩歌也是一種承諾，最終成為一生的事業。

一九九六年，辛波絲卡獲諾貝爾文學獎。在她看來，詩人是一種職業，詩人的所有嘗試與尊嚴，都來自文字與其內心。她告訴人們：「在字字斟酌的詩的語言裡，沒有任何事物是尋常或正常的。**艱鉅的任務總是找上詩人。**」在這艱鉅的任務面前，辛波絲卡從未傲慢，也從未故作高深。她只關注那些生活細處，並從中探尋人性。

在詩人享受無數榮光的波蘭，辛波絲卡始終與喧囂絕緣。她是真正的隱士，不願提及自己的私生活，不喜歡接受採訪，拒絕別人為自己寫傳記。在她看來，一個詩人的存在感應該僅僅來自於詩歌。

辛波絲卡的淡泊，本質是對詩歌的熱愛與信仰，這種純粹超越了一切。克拉科夫近郊的維利奇卡鹽礦（Kopalnia soli Wieliczka）也是如此，它是虔誠信仰的見證。我不清楚辛波絲卡有沒有去過維利奇卡鹽礦，但總會將兩者聯想在一起。

高十公尺、長五十四公尺，最寬處有十八公尺，如此規格的教堂大廳，在歐洲數不勝數。但如果它是在地下一百零一．四公尺的深處，還是以鹽礦鑿成的呢？位於維利奇卡鹽礦地下深處的聖金加教堂（Kaplica św. Kingi），於一八九六年動工，一九六三年完工。此外，鹽礦內還有三十九個教堂，最深的一個在地下兩百七十公尺處，至今沒有向遊人開放。

從十三世紀起便已開採的維利奇卡鹽礦，如今被列入世界文化遺產。礦床長四公里，寬一．五公里，厚度在三百公尺至四百公尺之間，人類所挖掘的巷道已長達三百多公里，連接兩千多個洞室。迄今為止，鹽礦已開採九層，深度達三百二十七公尺，共採鹽兩千萬立方公尺。直到一九九六年，鹽礦才宣告停產。

波蘭王室深知鹽的重要性，於是想方設法壟斷其開採和分配。十四世紀時，波蘭超過三〇%的收入來自於維利奇卡鹽業這一經濟支柱。一三六八年，國王卡齊米日三世放棄了鹽礦專有權，頒布法令，即後世所稱的卡齊米日法令。這份法令規定了個人與各種團體的權利和稅制，還成立皇家委員會以檢查地下的挖掘和建築、核查帳目等。也正因這貢獻，卡齊米日國王以先賢之身被刻為雕像，放置在一個大廳內供後人瞻仰。

奧地利控制波蘭後，曾引入新的採礦方法，建電廠為鹽礦供電，修通到克拉科夫的鐵路，地下作業開始使用風鑽，同期起用的設備還有磨鹽機和蒸汽動力起重機。

進入地下是很特別的體驗，鹽礦內有風，且味道相當清新，溫度則維持在攝氏十四度。起初是三百七十八級向下的臺階，石壁遍布白色花椰菜狀結晶體。但所謂終點，也不過是地下一百多公尺而已，如果要走到目前已經開採的最深處，還要花上數倍時間。

之後的橢圓形巷道是礦工們日積月累挖成，如今已鋪設電燈和通風系統。與之前的樓梯一樣，通道也有大量木質立柱支撐。這是因為鹽對金屬有很強的腐蝕作用，所以只能使用木材作為支撐。走著走著，還能看到木頭製成的管道，有水緩緩流過，最終流入大水缸或水池。這些鹽水可以提煉鹽，是比開鑿岩鹽更早的製鹽方法。

一路上能看到不少舊時開採的痕跡，遺留的各種工具，也能看到記錄舊時景象的鹽雕，如礦工們的工作場面。從十三世紀至二十世紀末的漫長歲月裡，維利奇卡鹽礦記錄了獨特的鹽業和礦井發展史，保留著世界上最豐富、中世紀以來的採礦技術和工具。

巷道中隨處可見鹽雕的聖母瑪利亞像，或背負十字架的耶穌像。即使地下已經修建了四十座教堂，礦工們仍然希望隨時隨地得到庇佑。十六至十七世紀，維利奇卡鹽礦平均每年都有一〇%的礦工死於坍方和爆炸，所以礦工必須尋求庇佑。擁有空闊地帶的教堂是更好的庇護地，每逢有事故，礦工們都會儘量趕往各個教堂躲避。

聖金加教堂是維利奇卡鹽礦內部最為壯觀之地，可容納四百餘人。祭壇正中是金加公主的全身雕像，周圍是與之有關的人物雕塑。教堂的四壁布滿大小浮雕壁畫，都是宗教故事，最著名的一幅是仿製達文西《最後的晚餐》。莊嚴的祭壇，精緻的神像，浮凸的壁畫，還有那奪目的吊燈，與地面上的教堂別無二致，但它們都是由礦鹽雕刻而成，也因此宛若幻境。

在一百多公尺深的地下修築教堂，簡直是神蹟。它需要一日日挖掘，並將挖出來的土石運走，直到挖出一個巨大空間，其後還得一點點雕刻，使之成為如今模樣。

完成這個奇蹟的最關鍵人物是礦工。一八九五年至一九二七年，礦工約瑟夫．馬科夫斯基（Józef Markowski）雕出主祭壇像和《聖經》故事浮雕，其繼任者安東尼．維羅德克（Antoni Wyrodek）又在礦井中一直工作到一九六三年，《最後的晚餐》等浮雕就出自其手。在一百多公尺深的地下，不見天日，藉著昏暗燈光，日復一日、年復一年完成這樣的壯舉。**除了信仰，還有什麼可以讓他們付出一生？**

維利奇卡鹽礦還肩負著療養院功效，早在一八二六年至一八四六年，礦中的鹽水就被當成溫泉使用，供王室貴族療養。一九六四年，位於鹽礦第五開採區的地下兩百一十一公尺深處，開設了研究過敏性疾病的療養所，一九七四年又在礦井下建成一座療養院，距離地面一百二十九公尺，供呼吸道疾病患者療養。

這裡的條件一點也不比地上差，有獨立房間、獨立衛浴和各種電子設備，出門就是餐廳和咖啡廳，最大的宴會廳可容納八百人用餐，絕對是歐洲地勢最低的餐廳，甚至還有郵局和電影院。這裡還經常舉辦音樂會和時裝秀，無異於一座地下城。

如果不想住在地底，也可以買點鹽製用品，例如浴鹽、鹽製檯燈和鹽製手鐲。鹽燈色彩漂亮，有粉色、藍色和白色等，都是鹽自身的顏色。鹽製手鐲僅經簡單打磨，但賣相已跟水晶無異。最有意思的不是手鐲本身，而是購物說明，商店會告訴你，只要你不經常用舌頭舔的話，鹽製手鐲能用十年。

04 奧斯威辛，數十年仍未散去的陰霾

經過一九九〇年代初的轉型期後，波蘭經濟逐步走上正軌。曾經的陰霾似乎早已散去，但人們仍記得多災多難的歷史。畢竟，這是在二戰中創傷最重、境遇最慘的歐洲國家。

所以，人們紛紛來到安靜的奧斯威辛，探訪那座「死亡工廠」。走進鐵絲網圍住的集中營，立刻就會感受到那股歷經數十年仍未消散的肅殺之氣。即使陽光燦爛，也無法掩蓋這裡曾經發生的陰霾。

二戰期間，德國建立的一千多座集中營中，奧斯威辛是最大一個。它並非孤立個體，而是奧斯威辛周邊四十二座集中營的總稱，由海因里希・希姆萊（Heinrich Himmler）[6]於一九四〇年四月二十七日下令建造。一九四五年一月二十七日，集中營解放；一九四七年，波蘭將奧斯威辛集中營改為博物館；一九七九年，列入世界文化遺產。

6 二戰期間，納粹德國的重要政治人物，曾擔任納粹德國內政部長、親衛隊全國領袖，是大屠殺的主要策劃者。

在這四十二座集中營中，以奧斯威辛、比克瑙（Birkenau）和莫諾維茨（Monowitz）為三個主要營區。如今能參觀的一號和二號集中營，便是奧斯威辛與比克瑙營區。一號營區是整個奧斯威辛集中營的管理中心，共有四十多棟樓房，以兩層紅磚營房為主，基本上仍保持原貌。這裡是遊客參觀的重點，除了每日預約導覽行程之外（與比克瑙營區相連），每日下午三點至五點則是散客免費進入時段。對於大多數人來說，這個相對自由的免費行程已經足夠。

比克瑙集中營的歷史更為殘酷，這是個占地一百七十五公頃的「滅絕營」，面積約為一號營區的四倍，主要任務是在毒氣室進行大規模屠殺，有大約一百一十萬人在此遇害。

排隊入場時，我稍微看了一下負責維持秩序和售票的工作人員，清一色都是年輕人。但在**一九九〇年之前，這裡的負責人、乃至於大部分工作人員，都是集中營的倖存者**。隨著時光推移，當年的倖存者已漸漸凋零，所幸集中營仍持續修繕和維護，並向全世界展示，歷史不至湮滅。儘管在許多人看來，集中營已經失去原有風貌，「人們最後只能看到一個在原址上人工重建的集中營」。但這也許是保留歷史印記的最重要方式之一，因為斷垣殘壁無法承擔博物館的使命。

另一種方式則是文字。著名納粹獵人西蒙・維森塔爾（Simon Wiesenthal）在其自傳《劊子手就在我們中間》（*The Murderers Among Us*）一書結尾曾寫道，納粹黨衛軍經常訓誡囚犯：「不管這場戰爭如何結束，我們都贏得了對你們的戰爭。你們沒人能活下來作證，就算有人能倖存，世界也不會相信他的話……我們會毀掉所有證據，連同你們一起……集中營的歷史將由我們來書寫。」

這話只說對了一半。遇難者固然只能沉默，無法控訴納粹罪惡，但活著的人仍會記錄與反思。二戰後，集中營罪惡被一再揭露，那些回憶文字與集中營的營房、焚屍爐一起寫著歷史。

以為只是向東遷徙，卻再也走不出去

走進營區，入口鐵門上是那句廣為流傳的標語：「勞動使人自由。」長長的鐵絲網圍住營區，與營區步道以三公尺寬的沙地相隔，囚犯可以在營區步道行走，但這片沙地便已是禁區。如果踏入沙地，便會被視為有意逃跑，崗亭中的士兵會毫不猶豫的開槍。如今仍然可以見到殘舊的木牌，上頭寫著「止步」字樣外加一個骷髏頭。

其中一棟平房前有個結構簡單的木架，三豎一橫，高兩公尺多，木頭被歲月沖刷光滑。當年，這個絞刑架吊死了多少人？會不會每夜都掛著屍體？想到這裡，著實不寒而慄。

▲ 奧斯威辛集中營大門，門上即是那句標語「勞動使人自由」。

有最早進入集中營的倖存者回憶，他剛進入營區時，這裡只有二十座破舊的磚式建築，原本是波蘭士兵宿舍。他們的工作是不斷擴大營區面積，每天的時間被勞動塞得滿滿的，最終難逃一死。看守人員曾說：「你們來的這個地方不是療養院，這裡是德國的集中營。在焚屍爐裡被燒死、化為一縷青煙從煙囪裡面飄出去，是你們離開這裡的唯一出口。」

如今所能見到的兩層紅磚囚房，外觀頗似學校宿舍，樓外藍天綠樹，景色頗美。但當年可不是這樣，囚徒們被塞進擁擠、破爛的營房裡，一個幾平方公尺的盒子狀囚室會塞進數十人，甚至到了一九四二年，一個原本僅能容納數十人的女牢，居然一度塞進了一千七百人！**大部分人死於饑餓、勞累和疾病。集中營裡有醫生，但他們並不治病救人，而是在囚徒身上做活體醫學實驗。**

最讓人震撼的是那些堆積如山的頭髮、鞋子和其他物品。即使有保護措施，歲月仍在這些老東西上留下痕跡，它們裂開、變色，雜亂不堪，無法知道每件物品的主人是誰，也不知道他們的生死。

那些男鞋、女鞋、童鞋，甚至嬰兒鞋，共計十一萬雙。有個數字更觸目驚心：奧斯威辛集中營解放時，倉庫裡剩餘的鞋子是四十．四萬雙。此外還可以見到堆積如山的餐具、牙具、剃鬚刀、鞋油、眼鏡和寫著名字的行李箱，它們無法再找到自己的主人。此外，還有許多已使用過的毒氣罐，一個個空罐子堆在展室內，無法計算這些罐子裡的毒氣究竟殺害了多少人。

最初，**大部分被押送到集中營的猶太人，仍深信自己只是向東歐「遷徙」，甚至相信德國**

人已經為他們購置土地和農場，所以他們攜帶了大量個人物品。入營後，這些東西被統一沒收「保管」，並陸續運出以供第三帝國（即納粹德國）的軍隊和平民使用。直到戰爭結束時，集中營的倉庫中仍有堆積如山的物品還未來得及運走。光是頭髮倉庫，就有一個中型飛機機庫大小，存放的頭髮達七千公斤。

這些頭髮主要用來編織毛毯，直到今天，集中營展室裡仍然存放以大量由人髮織成的毛毯。展出的頭髮同樣堆積如山，令人驚心動魄，因為年月太久，它們捲曲著糾纏在一起，無法辨認出當年顏色。

在不同主題的紀念館裡穿梭，走廊牆上掛滿集中營遇難者的照片，下面註明了他們的出生和死亡時間。許多人十分年輕，其中我看到一對十六歲的雙胞胎姊妹，她們於一九二七年十月四日出生，於一九四三年七月二十三日一起死去。

除了入營大頭照外，還有一面牆上掛滿囚犯們的手臂照片。每個囚犯都會得到一個編號，但這個編號不是縫製在衣

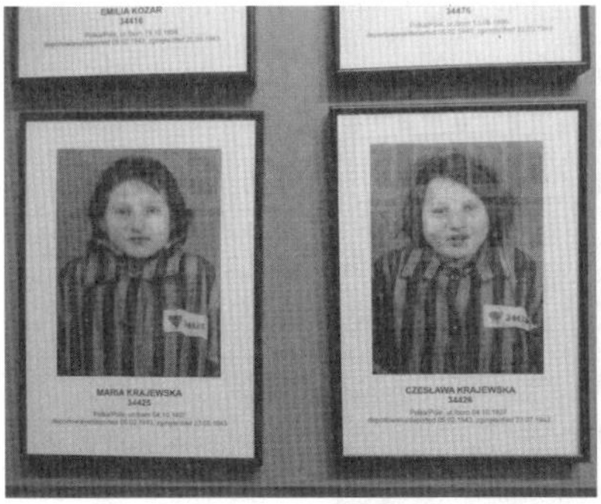

▲ 其中一對雙胞胎姊妹，同一天出生、同一天死亡。

▲ 集中營遇難者的照片，下方註明了他們出生與死亡時間。

服上，而是直接烙在手臂上，即使剛出生的嬰兒也不例外。

在集中營裡，每一天都是漫長的羞辱。納粹守衛會讓囚犯們重複無用的勞動，例如讓囚犯們在烈日下站成一圈，每人面前都有一個沙堆，接著像玩「擊鼓傳花」[7]一樣把自己面前的沙堆鏟到右邊，永無休止。又例如讓囚犯們搬運石頭，從集中營的這頭搬到那頭，再搬回原位。

其中一個展室裡，我見到許多囚犯的裸體照片。兩個成年女性坐在診療床上，肋骨突出，四肢纖細，胸部乾癟，照片下方的說明告訴我，照片裡的她們體重都僅有三十公斤。幾個孩子站成一排，腿部細如竹竿，膝蓋顯得無比巨大，肋骨一根根突出。

但即使這些囚犯骨瘦如柴，當他們死去後，納粹仍然會將他們身上僅有的一點脂肪刮下來，用於製造肥皂。紋身者甚至會被剝掉皮膚，用於製造燈罩。即使屍身被塞進焚化爐，骨灰也會被挖出，送回德國當成肥料。

營區十一號樓被稱為死亡樓，地下有監獄，

▲營區一角，兩層樓的紅磚囚房，外觀似學校宿舍。

一樓有「諮詢法庭」，進行死刑裁決。十一號樓和十號樓之間的院子豎著一面牆，也就是死刑牆，被判處死刑者會被立刻送到這面牆前執行槍決，有數千名犯人在此被槍決。如今，遊客在此駐足，牆下放有鮮花。

營區的數十棟建築，一般都配置玻璃窗，唯獨十一號和十號面向死刑牆的這一側，玻璃窗外還加裝木製擋板，使得這個院子無比陰沉。如果這是為了掩蓋罪惡，那可真是掩耳盜鈴。

奧斯威辛營區也有一個毒氣室，低矮局促，但每次實施屠殺時會塞入數百人，旁邊則有兩個焚化爐。從一九四〇年起，納粹開始使用一氧化碳毒氣進行屠殺，後來則使用氰化物齊克隆B

▲ 位於 10 號樓與 11 號樓之間的死刑牆，牆腳有遊客放置的鮮花。

7 一種中國民間遊戲，數人或幾十人圍成圓圈坐下，其中一人拿花（或小物），另有一人背對大家（或矇眼）擊鼓，鼓響時所有人開始依次傳花，直到鼓聲停止。

（Zyklon B）。

毒氣室從此成為大部分囚徒的葬身之地，一九四二年至一九四三年間，奧斯威辛集中營共消耗兩萬公斤齊克隆 B，這種物質只需要五至七公斤，就足以殺掉一千五百人。

這裡的雪，曾經是黑的

奧斯威辛營區每天下午三點開始接受免費散客入場，所以這時間遊客相對較多。比克瑙營區則須全程導覽，只有下午三點前在奧斯威辛營區入場的付費導覽遊客，才可以搭乘免費接駁巴士前往比克瑙營區，因此比克瑙營區相對安靜。

這裡曾建有近四百座房舍，但德軍撤離時為毀滅證據，摧毀了大部分建築。營區內還保留一節運送囚犯的車廂，車體全封閉，外部掛鎖，一端有崗樓，憑弔者在車廂上插上鮮花。

營房最初是馬廄，內部十分陰冷。內部的三層通鋪，有些是紅磚砌成，也有一些是簡單的木板搭成。陳舊的褥子鋪在床上，裡面摻有大量沙子，營房正中央是毫無遮擋的兩百個水泥茅坑。我無法想像，當這裡塞上數百上千個人時，會是怎樣的景象。

一九四五年，記者剛發現這裡的罪惡時，還是在冬季，有人告訴記者：**「你們有沒有留意這裡的雪是什麼顏色的？它們是黑色的**，像無煙煤。」記者這才發現，目力所及，直至天邊，雪都是黑色的，他用手一摸，手上全是汙垢。

當地人告訴他們，**這些汙垢都是沒有燃燒完全的骨灰顆粒**。猶太人在毒氣室裡被殺害後，屍體被丟入焚化爐，骨灰顆粒隨著黑煙升上天空，再隨著飄雪落回地面。

猶太人被運到奧斯威辛之後，黨衛軍會進行初次篩選，並將他們分成三組。

第一組是被認為已派不上用場的人，這組人會被告知接下來將進行淋浴，納粹甚至會給他們每人安排一個衣櫃放置衣服，並提醒他們不要忘記衣櫃號碼。但騙局隨即結束，當人們脫光衣服，進入營區建築物地下類似澡堂的房間後，噴頭根本不會噴出水，黨衛軍從天花板上預留的小孔向室內灌入氰化氫氣體，人們在絕望和痛苦中撕扯自己的頭髮，甚至抓瞎眼睛，十五至二十分鐘之後，室內的人全部中毒死亡。隨後，被害者頭髮被剃光、金牙被拔掉，隨身的戒指、耳環等也會被摘除。屍體被送入一樓的焚屍爐，來不及送入的屍體則就地焚燒。一九四二年後，因為囚犯過多，被運送而來的猶太人甚至不會稍微停留，一下車就被帶進毒氣室。

第二組是身體比較強壯的人，他們被送往各個苦役營工作。當他們生病或體弱而不能再勞動時，也會被推入毒氣室。第三組則大多是雙胞胎，也有一些侏儒，他們會被用於醫學試驗，最後拋入焚屍爐。

那天傍晚七點多，我駕車離開奧斯威辛，途經小鎮郊外的一座教堂。這座白色牆身的巴洛克風格教堂外觀尋常，不過恰好位於十字路口，十分顯眼。夏日的中歐，此時依舊豔陽高照，藍天如洗，連一絲雲彩也見不到，越發襯得教堂外牆潔白。

歐洲教堂本來就很多，我去過的也早已數不清，但不知怎麼的，就想下車看看這座尋常的小鎮教堂。走進院落，繞過已鎖上大門的教堂，便能見到後院大草地上的墓園。

這是奧斯威辛人的主要墓園吧？它與二戰無關，與集中營無關，就是當地人的埋骨之所。就像歐洲其他地方的墓地一樣，墓碑各異，擺滿鮮花，大理石在陽光下反射著光芒。

剛從奧斯威辛集中營走出來的我，望著這塵世中的「小確幸」，險些眼眶一紅。

05 存放蕭邦心臟的城市——華沙

去華沙之前，我順路前往一個譯名非常拗口的地方——熱拉佐瓦沃拉（Żelazowa Wola）。這裡位於華沙西南方，距離華沙僅六十公里。

一八一〇年，鋼琴作曲家弗雷德里克·蕭邦在這裡誕生。如今的蕭邦故居，已是一個占地相當之大的景點。一條被茂密草木夾在中間的沙土步道，夏日的草地十分漂亮，樹木並不整齊，卻頗具野趣。一路直行，便可見到那棟灰瓦白牆小屋。

這大片草地和花園都曾屬於一個貴族的府邸。因為火災、劫掠，以及後人的經營不當，這裡的宮殿式建築已蕩然無存，唯一保留下來的是一棟隱藏於花園之間的簡樸小屋，這是其家族一位遠親的住處，他在府邸內擔任法語教師，並與妻子生下一個孩子，也就是蕭邦。

出生幾個月後，蕭邦便隨著父母移居華沙。但年少時的蕭邦，仍常與姊姊路德維卡（Ludwika）一起回來探訪。在他離開波蘭、前往巴黎之前，也曾專程來向故土道別。那是一八三〇年九月，蕭邦已預感到這一去，便是與波蘭永別。在那之後，俄國占領了波蘭，蕭邦成為流亡者。終其三十八歲的短暫人生，他未能再回到波蘭。

如今的蕭邦故居，其實已不復舊觀，而是粉刷一新，白牆不染纖塵，灰瓦整整齊齊覆蓋於上。正面結構是典型的對稱式，兩側各有三扇窗戶，中間是簡樸的大門，兩根粗粗的廊柱是唯一裝飾，上方則有三角形山牆。如此簡潔的造型，卻宛若童話，大門兩側那一叢叢繡球花出力不少。

時近中午，工作人員表示暫時閉館，遊客可以坐在故居側面的那幾排長凳上等待，順便聽蕭邦作品鋼琴演奏會。小樓側面也是白牆，三角形的閣樓上開著小窗，一樓的白色木窗大開，不見人影，只聞琴聲，人們散坐在長凳上傾聽。大概二十分鐘的演奏結束後，一襲黑色長裙的女音樂家從室內走出來，向大家致意。

故居隨即開放，幾個房間均闢為展場。蕭邦曾經使用過的「長頸鹿」直立式鋼琴就擺放在這裡，還有他年少時的作品，蕭邦不僅以音樂聞名，字也出名漂亮，手稿便是見證。在老照片裡，我見到了這棟房子原來的形貌，其實結構與現在無異，只是粗陋得多，不似現在這般潔白素淨。

人死後不能埋骨故鄉，至少心臟要留在故土

小鎮不只誕生了蕭邦，還有另一位音樂家亨利克・謝林（Henryk Szeryng）。謝林出生於一九一八年，十歲時在華沙登臺演奏，技驚四座。一九三三年舉家遷居法國，一九三六

年考入巴黎音樂學院（Conservatoire de Paris），師從法國小提琴大師雅克．蒂博（Jacques Thibaud）。謝林不只有音樂才能，還有語言天賦，精通七國語言。

二戰期間，謝林從軍，擔任盟軍的聯絡和翻譯官，並為前方將士和波蘭難民舉行了三百多場戰地音樂會。一九四二年，他隨波蘭流亡政府領導人瓦迪斯瓦夫．西科爾斯基（Władysław Sikorski）將軍赴墨西哥，與墨西哥政府談判成功，安置了三千名波蘭難民。後來，謝林定居墨西哥，在墨西哥大學創辦了音樂系並任小提琴教授。

一九五六年，謝林被墨西哥政府任命為文化及親善大使，成為當時世界上唯一持外交護照從事藝術活動的職業演奏家。自一九五六年起，他重赴歐洲各國演出，再現輝煌，一九八八年在赴德國巡迴演出期間因病去世。

從蕭邦到謝林，波蘭音樂家都與自己的祖國一樣，飽經憂患但赤子之心不改，不管他們身處何方。

說到赤子之心，就不能不提波蘭的一個傳統——**如果人死後不能埋骨於故鄉，至少也要將心臟留在故土**。蕭邦便是如此，一九四五年十月十七日，他去世一週年之際，他的心臟從法國移回波蘭，安置在華沙聖十字聖殿（Bazylika Świętego Krzyża）。在這座教堂裡，還保存著一九二四年諾貝爾文學獎得主瓦迪斯瓦夫．雷蒙特的心臟。

如果粗略劃分，可將華沙城區分為新舊兩部分。舊城是二戰後波蘭人在一片廢墟上復原而成，修舊如舊，而新城則高樓林立。華沙人氣最旺的克拉科夫郊區大街（Krakowskie

▲ 位於熱拉佐瓦沃拉的蕭邦故居，如今的建築已經過一番整建，與蕭邦居住時不同。

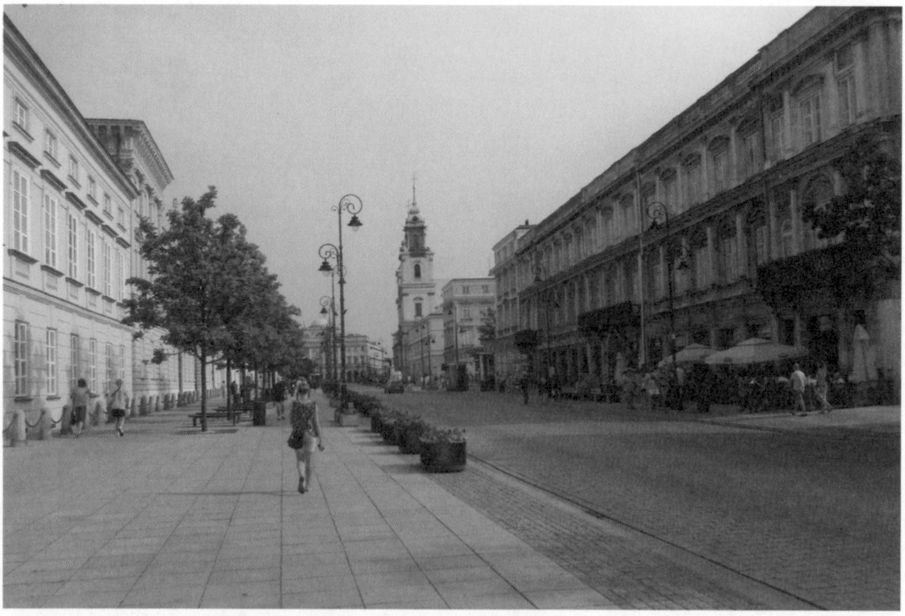

▲ 連接新舊城的皇家大道，沿途有許多華沙重要景點。

Przedmieście，也稱皇家大道），便是連接新舊城的大道。

這條長達數公里的大道始於華沙皇家城堡（Zamek Królewski），沿途囊括華沙許多重要景點，包括華沙大學、總統府、聖亞納教堂（Kościół św. Anny）、波蘭科學院（Polska Akademia Nauk）和哥白尼紀念碑等。

從皇家城堡出發，數十公尺便能到達外牆潔白、外立面極其大氣漂亮的聖亞納教堂。我抵達這裡時，這座新古典主義風格的教堂正在舉行婚禮，一對新人坐在神父面前接受大家的祝福。由於看錯地圖的緣故，我誤以為這裡便是聖十字聖殿，還不停抬頭找那根保存了蕭邦心臟的柱子，結果自然是一無所獲，折騰半天才知道是自己擺了烏龍。

前行不遠便是波蘭總統府，幾棟兩層樓宮殿式建築圍繞著一片草地，人們可以在此自由拍照。如果蕭邦能夠穿越時光，肯定會喜歡這幅安定的景象。他與這座總統府頗有緣分，總統府原先是貴族拉齊維烏（Radziwiłł）的公館，叫做拉齊維烏宮。一七六五年，公館的一部分被闢為歌劇院，波蘭史上第一部歌劇就在此上演，蕭邦的首次鋼琴演奏會也在這裡舉行，那年，他只有八歲。

再往前走，隨即經過的華沙大學同樣與蕭邦有緣。校園內最大的建築卡齊米日宮（Pałac Kazimierzowski），當年是一所音樂學院，一八二三年到一八二九年，蕭邦曾在此求學。

在卡齊米日宮，年輕的蕭邦曾經歷愛情。一八二九年，他在一次舞會上對音樂學院的女學生康絲坦雅·哥拉德科斯卡（Konstancja Gladkowska）一見鍾情。他去聽她演唱的歌劇，為她譜寫了《E小調第一鋼琴協奏曲》，但始終保持暗戀狀態。

一八三〇年，蕭邦前往巴黎時，康絲坦雅也與同學一起為他送行，並贈他一首小詩，結尾是「陌生人或許會給你更多的榮譽，但沒有誰能比這裡的人更愛你」。一年後，康絲坦雅結婚，放棄了歌劇。多年後，當蕭邦重讀此詩時，在旁邊附註了「你能」兩字。

說起蕭邦的愛情，與法國作家喬治·桑（Georges Sand）的九年時光最為人津津樂道。那被視為他人生中最重要的九年，也是創作精力最為旺盛、作品最為成熟的九年。

喬治·桑不僅是那個時代最多產的女作家，也是叛逆形象的代表，她以穿男裝和抽菸著稱，離過婚，情人眾多，獨自撫養孩子。比蕭邦大六歲的她，在自己的莊園裡提供給蕭邦一片天地，激發了他的創作欲望。儘管由於個性不同，兩人最終分手，但沒人能夠否認喬治·桑之於蕭邦的重要性。

相比這熾熱如花火的愛情，求學時代的暗戀就顯得平淡，《E小調第一鋼琴協奏曲》雖然也是蕭邦的代表作之一，但相比與喬治·桑的九年時光裡那些源源不斷的創作，終究顯得單薄。但我總覺得，它更能表達蕭邦對愛情的態度。正如《蕭邦傳》作者伯納德·加沃蒂（Bernard Gavoty）所說：「如果以愛這個詞的完整含義及其後果來衡量，蕭邦並不會愛任何人。這是一個愛情的愛戀者，他培植情感，就像要刻意與其保持距離，並將其置於音樂之中……他的愛情體驗卻化作協奏曲、敘事曲和夢幻般的圓舞曲。」

生於華沙，靈魂屬於波蘭，才華屬於世界

眼下的蕭邦之心，與華沙大學裡的卡齊米日宮和總統府也保持著些許距離，靜靜望著故地——聖十字聖殿就在馬路對面，與總統府斜斜相望。

聖十字聖殿與華沙老城區的其他建築一樣，都是二戰後依照原貌重建而成。它始建於一六八二年，耗時數十年，直到一七五七年才完成，一九四四年被毀，二戰後重建。

走進教堂，內部是典型的天主教教堂格局，與眾不同之處在於牆上掛有許多波蘭著名歷史人物的畫像。蕭邦的心臟就保存在左側一根空心柱子中，一旁還掛有蕭邦畫像。柱子上刻著一句來自《聖經》的話：「**你最珍貴的東西在什麼地方，你的心臟就安放在什麼地方。**」

蕭邦病重之時，正值一八四八年革命風暴席捲歐洲。此時的蕭邦，已不能像友人那般回國參與革命，甚至只是去車站為朋友送行，也會讓他病情加劇。

一八四九年十月，蕭邦辭世。十八年前，他將一個裝有祖國泥土的銀盃帶到法國，在葬禮上，他的朋友們將這些泥土傾灑於棺木之上。

蕭邦的心臟被取出後，經幾番輾轉，透過俄軍走私到華沙。此後，它被存放在蕭邦家中，也曾被幾位親戚相繼保管，最終被放入聖十字聖殿。

在華沙，蕭邦無處不在，除了他的故地之外，還有沿著皇家大道一路前行，便可抵達的瓦津基公園（Łazienki Królewskie）。它也是蕭邦無處不在的佐證之一，因它又名蕭邦公園。這

個別名並非官方名稱，只是遊客的習慣說法而已，因為在公園的山坡上有一座巨大的蕭邦雕像。

但公園裡最大的亮點不是雕像，而是大理石音樂凳子。這些凳子側面刻有波蘭文的「華沙」和「蕭邦」字樣，椅背上還有公園導覽圖，其上有個白色按鈕，按下去便可聽到蕭邦的鋼琴曲。

這座英式公園始建於一七六六年。當時波蘭末代國王斯坦尼斯瓦夫·波尼亞托夫斯基（Stanisław August Poniatowski）購得此地，在這裡興建花園和夏宮。著名的水宮（瓦津基宮）如今是波蘭最重要的國賓館，皇家瓦津基博物館也在公園之中。

▲ 聖十字聖殿外觀古樸，是二戰後依原貌重建。

蕭邦也曾在這座宮殿中留下過足跡：他在此為王公貴族演出。如今，人們也可以花費二十五美元購買門票，在一次只接納二十人的小劇場裡傾聽音樂家的演出。

華沙、乃至於波蘭並不缺乏偉大人物，蕭邦卻總能成為精神象徵。這與時代背景有關、與音樂有關，同樣也與波蘭人的抗爭精神有關。有人說**蕭邦「生於華沙，靈魂屬於波蘭，才華屬於世界」**，此言自然不虛，而屬於波蘭的「靈魂」，也許便是抗爭精神。即使是二戰後的波蘭，也同樣依靠著這種精神實現改變。

▲ 存放蕭邦心臟的柱子。

06 史達林送給波蘭的「禮物」

旅途中我最珍視的時光，是驅車進入一個陌生城市的那一刻。不管是魂縈夢牽的夢想之地，還是旅途中臨時起意的邂逅，我都期待那一刻的到來。如若初見美好，總能讓我感念於心。

與華沙的初見便十分美好。那天下午陽光燦爛，藍天不見雲彩，我駕車駛出一段彎道時，路面變得與維斯瓦河平行，華沙老城以最美的角度瞬間呈現在我眼前。

路左側是沉靜的維斯瓦河，右側是坡度平緩的草地，三三兩兩坐滿了人，沐浴著夏日豔陽。草地向上延伸，便是沿坡而建的華沙老城，城牆蜿蜒，與維斯瓦河相對。那沉靜之美，是我對華沙的第一印象。

我感謝自駕這一旅行方式，因為如果我選擇搭乘火車，那麼一走出華沙火車站，我對華沙的第一印象就會變成科學文化宮（Palac Kultury i Nauki）。這棟建築固然雄偉，卻讓我感到壓抑。不過，它是我在華沙新城唯一的遊覽目標。

華沙新城高樓林立，道路寬闊，一派大都市模樣。我並未選擇地鐵，而是沿大路步行。科學文化宮是華沙制高點，在城市中抬頭總可以見到它，無須導航、也不需要地圖，望著那高高的塔尖靠近即可。

史達林送給波蘭的「禮物」，反而更招致怨恨

科學文化宮始建於一九五二年，一九五五年建成，是**前蘇聯最高領導人約瑟夫．史達林（Iosif Stalin）送給波蘭的「禮物」**，高兩百三十多公尺，共三十八層，樓頂有觀景平臺。這是典型的史達林式建築，具有占地面積巨大、建築物本身宏大、絕對對稱、建築前面的廣場必有噴水池，以及頂端有細長尖塔等幾個特點。

對於這份禮物，波蘭人一向不喜歡。他們對科學文化宮的反感，源於對俄國的反感。波蘭有句名言：「**如果德國入侵波蘭，那麼波蘭喪失的是領土；如果是俄羅斯入侵波蘭，那麼波蘭則會喪失靈魂。**」可見宿怨之深。

十八和十九世紀，波蘭兩度滅國，俄國均參與其中。二戰時，蘇聯更曾與德國合謀，由兩側夾擊波蘭，並約定以布格河（Bug）為界，西面歸德國，東面則為蘇聯所有。

蘇聯圖謀波蘭，史達林的態度起了決定

▲ 從遠處看科學文化宮。

性作用，這是因為史達林將二十多年前的波蘇戰爭視為其人生最大挫折。

一戰後期，俄羅斯帝國皇帝退位，俄國陷入動盪。波蘭趁機復國，夢想恢復昔日橫跨波羅的海和黑海的王朝，於是攻入烏克蘭和白俄羅斯。但此時俄國內戰已近尾聲，出兵反擊。

一九二〇年，俄軍兵分兩路進攻波蘭，起初勢如破竹。南路軍中的哥薩克（Cossacks）騎兵所向披靡，北路軍也直抵華沙城下，只待哥薩克騎兵前來會合。

波蘭人未曾絕望，他們計畫以俄軍最薄弱處為突破口。俄軍也預見到危險，蘇俄紅軍總司令謝爾蓋・加米涅夫（Sergey Kamenev）和西部戰線司令米哈伊爾・圖哈切夫斯基（Mikhail Tukhachevsky）等人，均反覆催促哥薩克騎兵軍迅速北上填補空缺。但哥薩克騎兵卻意外選擇南下利沃夫（Lwów）[8]。

這一決定與史達林有關。他不願讓圖哈切夫斯基立下大功，決心將戰火擴大。但利沃夫人眾志成城，哥薩克騎兵不但未能攻克利沃夫，還遭重創。

而波蘭軍隊也抓住機會，成功將華沙城下的俄軍擊潰。哥薩克騎兵如夢方醒，放棄利沃夫，北上增援，但途中被波蘭槍騎兵攔截，雙方展開人類歷史上最後一次騎兵大會戰，哥薩克騎兵損失慘重，當年年底被解散。

這場戰爭以蘇俄失敗告終，雙方於同年十月簽訂和約。延誤戰機的史達林當然應為此負上責任，這也成為他一生心魔。他在一九二四年調走了有關這次戰爭的所有高層文件，未再歸還。在一九三〇年代中期的農業集體化[9]運動裡，史達林下令將哥薩克人遷出居住數百年的頓河（Don）草原，致其大批餓死，哥薩克文化也隨之消解。

之後，波蘭和俄國的恩怨始終沒有停過。

科學文化宮原名是「以約瑟夫．史達林之名的科學文化宮」，後來移除了史達林的名字。三千五百名工人修建了這棟建築，其中十六人在建築過程中意外喪生。

當時，二戰雖已結束數年，但華沙仍隨處可見廢墟，正在艱難復建中。在此窘迫狀況下，史達林送來這樣一件耗費四千萬塊磚、八萬立方公尺混凝土、二．八萬平方公尺大理石，以及二．五萬噸鋼材的「禮物」，即使如傳言所說，有「含蓄的向波蘭人道歉」之意，也不會讓波蘭人歡欣鼓舞，反而加深他們的怨恨。

建築師列夫．魯德涅夫（Lev Rudnev）是莫斯科許多宏大建築的重要設計師之一，他最知名的作品便是「七姐妹」[10]之一的莫斯科國立大學主樓。

而在華沙，他希望將巴洛克風格與哥德式風格統一折衷，用於這棟鋼結構大樓。應該說，

8 現為烏克蘭第六大城市。波蘭立陶宛聯邦時期為聯邦的第二大城市，一七七二年波蘭被瓜分後隸屬奧地利，一戰後回歸波蘭。一九三九年德國、蘇聯和入侵波蘭後，此地成為蘇聯領土，直到一九九一年蘇聯解體、烏克蘭獨立。

9 史達林於一九三〇年推行的政策，目標為實行集體經濟，同時也為提高農業生產效率、提升農業生產技術水準、推廣農業機械化，減少自然災害對農業生產的影響。

10 Stalinskiye vysotki，直譯為「史達林的高樓」，是位於俄羅斯莫斯科的一系列史達林式建築，結合巴洛克式和哥德式的建築風格，與美國一九三〇年代摩天樓的建築技術。建造於史達林執政的最後十年間，主要目的是為了宣揚國威。

即使波蘭人再不喜歡這棟建築，它仍然代表了魯德涅夫的美學思維，從某種意義上來說，這種思維超越了意識形態。**即使自己的美學觀點與當時蘇聯的美學理念有所抵觸，魯德涅夫仍然堅持**。他甚至去了波蘭克拉科夫和扎莫希奇（Zamość）這兩大古典名城，研究波蘭建築藝術，大樓頂端的護牆就是典型波蘭風格。

相比遊客集中的老城，新城的人明顯較少，加上街道寬闊，便更顯空曠。當年，波蘭人也如我一樣，穿行於新舊城區之間，奔向科學文化宮。即使他們再不喜歡這棟建築，它的龐雜功能仍使得人們無法迴避，這裡甚至是他們人生啟蒙的一部分，也是集體記憶。

與莫斯科的同類建築不同，科學文化宮始終是開放的，有著豐富的公共用途，許多華沙人第一次在這裡看戲劇演出、第一次在這裡上藝術課程，甚至許多人的初戀約會也在這裡，它的大理石泳池在過去曾是流行聖地。

此外，它擁有一個可

▲ 仰望科學文化宮，感受它的宏大。

容納三千人的會議廳，當年除了舉辦波共大會外，還曾舉辦英國搖滾樂隊「滾石樂隊」（The Rolling Stones）的演唱會。直到今天，其內部的劇場、體育設施和多個博物館仍在開放使用，酒吧十分奢華，還有波蘭最大的賭場。

按原貌重建被夷為平地的華沙舊城

越靠近科學文化宮，便越能在仰望中感受到它的宏大。它的外觀相當精緻，立著許多人物雕像，波蘭名人當然在其中，如哥白尼、詩人亞當．密茨凱維奇和瑪麗．居禮等。更多的卻是工人雕塑，其中最著名的一位捧著一本書，上刻馬克思（Karl Marx）、恩格斯（Friedrich Engels）和列寧（Vladimir Lenin）的名字，史達林呢？他的名字原本也在，但一九五六年後被波蘭人藉著蘇聯國內政局變化的機會移除。

▲ 從觀景臺向下望，周圍廣場十分空曠，過去波蘭的閱兵都在這裡舉行。

走入大樓，大理石地板光滑如鏡，吊燈華麗無比。科學文化宮內部共有三千兩百八十八個房間，內部樓梯如果拉直，可達十三公里。乘坐寬闊的電梯前往觀景臺，需費時不少。觀景臺以防護網包圍，據說大樓建成以來，觀景臺上發生過八起跳樓事件，於是才有這樣的防範措施。不過防護網並不影響視線，繞其一周，便可見到華沙城全貌。

科學文化宮不但高，且四周以廣場圍繞，十分空曠，與其他建築均有距離，視覺落差更大。在維斯瓦河畔見到的壯觀老城，如今綿延於城市一角，如精緻玩具。此時天空已是烏雲密布、風雨欲來，站在高處望去，遠處混沌一片，真有末世大片的感覺。

也只有站在如此之高的地方，將今日華沙盡收眼底，才可以真正感受到華沙人數十年來的執著與努力。二戰後，**三十萬流亡者重返波蘭，與留守者一起創造了「波蘭速度」。面對基本上被夷為平地的華沙，他們依靠老照片和舊資料，按原貌復原老城，從未停歇。**

從這一點來說，**科學文化宮似乎一直是個「外來者」，建造它所動用的也是蘇聯工人。**當它建成後，又見證了華沙、乃至於波蘭數十年來的苦難與抗爭。因此，它被波蘭人排斥也實屬理所當然。

也正因為它是史達林的象徵，所以隱喻著權力。即使電影大師奇士勞斯基也不能免俗，在《藍白紅三部曲》（*Trois Couleurs*）的《白色情迷》（*Blanc*）中，他讓文化科學宮出現，成為一種意象——一度在巴黎遭遇妻子移情、盤纏用盡的波蘭理髮師，終於時來運轉，成為富商，他所要購買的辦公室，恰恰就在科學文化宮對面。那一刻，他望著窗外的科學文化宮，說了一句「華沙在我們腳下」，躊躇滿志。

三十多年來，波蘭國內關於拆除科學文化宮的呼聲從未平息。有人認為它維護費用高昂，消耗能源極大，定期還需要大修，將之拆除的話，每年可省下上千萬美元。也有人認為，於波蘭人而言，拆除科學文化宮的意義，等同柏林圍牆倒塌之於德國。但是，它最終作為一段歷史的見證而保留下來，並被列入波蘭歷史遺產名錄。波蘭人甚至還對它「添磚加瓦」，例如頂部四面直徑達六公尺的大鐘，就安裝於二〇〇〇年的跨年夜。

從觀景臺乘電梯回到一樓大廳，外面已是大雨滂沱，不管是遊客還是來此消遣的本地人，統統被困住。人們坐在大廳的大理石階梯上，或擠在大門口的廊柱下。

既然走不了，我便細心打量偌大的大廳。大廳裡恰好有一組漫畫展，均以科學文化宮為主題。這些漫畫極盡諷刺，其中一張讓科學文化宮在空中倒懸，如針筒般插向華沙，還有一張讓大腹便便的史達林在大樓間走鋼絲，又有一張將科學文化宮畫成了吊瓶形狀。看來，「史達林的注射器」一說真是深入人心。

07 波茲南事件，波蘭脫離蘇聯控制的里程碑

我第一次去波蘭時，首站是中西部城市波茲南。很多時候，未必會在一個城市裡找到歷史的痕跡，大時代的跌宕永遠都不是城市印記留存的必須選項。但即使明知如此，仍然想去看看。於我而言，波茲南就是這樣。

始建於九世紀的波茲南是波蘭最重要的城市之一，也是經濟重鎮。入城時，電車軌道與汽車道平行，等紅燈時，有電車緩緩駛來。這是波茲南的一條主幹道，我好奇當年波茲南事件中的罷工工人，是否曾於這條街上走過。

一九五六年的波茲南事件，是歷史上第一次波蘭人民對波共政府的大規模抗議事件。罷工歷時三天，始於六月二十八日，六月三十日被鎮壓，至少七十四人死亡，八百多人受傷。按歷史學家說法，這是**波蘭逐步擺脫蘇聯控制的里程碑事件**。

身為波蘭經濟重鎮的波茲南，最先對冷戰的東歐經濟模式感到不適應，乃至於反彈。

一九四八年至一九五三年間，波蘭政府營建了龐大臃腫但又專制的官僚系統，在經濟領域強迫推進集體化，片面發展重工業。在文化和教育領域，蘇式元素無孔不入，學校採用蘇聯教

材，俄語為必修課……。

過分看重重工業，不僅破壞環境，也影響輕工業和已被集體化嚴重拖累的農業。加上為了追求指標，分配政策高度集中，因此出現「國未必富，民一定窮」的局面，民眾消費力極低，商品緊缺。

如今在波茲南，即使偶有破敗痕跡，但進入老城後，很難想像它曾經歷物資緊缺的時光。儘管街道上行人不多，但店鋪林立，尤其是市政廳所在的舊城廣場，咖啡廳與餐廳人氣十足。

中世紀時，波茲南曾是歐洲的中心城市之一，如今仍可在二戰後復原的舊城廣場上覓得它昔日的榮光。舊城各條道路在此交匯，廣場四角各有一座洛可可風格的噴泉，分別代表冥后、太陽神、海神和戰神。

廣場四周建築都是典型的巴洛克風格，緊緊相連，顏色各異，大多為三至四層，門面狹窄，呈瘦高型。據說中世紀時，店

▲ 波茲南事件紀念碑，左邊十字架刻有波茲南事件發生的年分 1956，右邊則刻有其他幾個值得紀念的年分：1968、1970、1976、1980 和 1981。

主們要根據房子的寬度交稅，所以大家便建起這種瘦高型建築，以求最大程度利用空間，同時又能少繳一點稅。

這裡是波茲南的市中心，卻非波茲南事件的中心。我在一家餐廳坐下，一邊享受陽光下的午餐，一邊查詢資料。網路告訴我，史達林廣場如今的名字叫自由廣場。我啞然失笑，這個名字改得真好，似乎詮釋了這個國家的歷史。

一九五三年，史達林去世。在此之後，前東歐各國的政治和經濟都迎來了小幅鬆綁，並開始進行局部改革。波蘭同樣如此，一九五三年十月提出「迅速提高群眾生活水準」的新口號，提出要壓縮重工業的投資，不再提高義務交售農產品的定額，增加農村的消費品供應。但也有既得利益者抗拒改革，認為改革使他們的利益受到損害，特權被削弱。

一九五六年六月八日，波茲南策傑爾斯基（Cegielski）工廠的一萬六千名工人，率先提出增加工資和減稅的要求。由於波茲南地方政府無權答覆，工人代表團便前往華沙談判，但遭到拒絕。工人們表示將在六月二十八日舉行罷工。

此時正值第二十五屆波茲南國際博覽會開幕，波蘭政府當然不希望事件演變為國際事件，於是派官員協調，但因為官僚主義作祟，問題沒有解決，反而更激怒了工人。

一九五六年六月二十八日清晨，工人們開始上街遊行。遊行隊伍走向史達林廣場時，已聚集約十萬人，隨後遭到鎮壓。七月十八日，波蘭政府表示會實行經濟管理合理化，改善人民生活。同年十月，瓦迪斯瓦夫．哥穆爾卡（Władysław Gomułka）上臺，隨後為波茲南事件平反，釋放被捕者。

波蘭此舉使蘇聯擔心失去對波蘭的控制，十月十九日，時任蘇聯最高領導人赫魯雪夫（Nikita Khrushchev）不請自到，飛至華沙，同時調動軍隊包圍華沙，但波蘭政府不為所動。

在那段動盪歲月裡，波茲南想必是風暴漩渦，市政廳一帶也一定戒備森嚴。不過，如今的波茲南市政廳就像其他歐洲城市的市政廳一樣，靜靜立在老城廣場上，四周是比鄰而立的餐廳和咖啡廳。這是一棟典型的文藝復興式建築，主體建築分三層，立面均為拱券長廊，越往上拱窗越小越多。其上又有山牆和幾座穹頂。

它不僅僅是市政廳，也是波茲南歷史博物館所在地。每天中午十二點，居中小塔樓的小門會打開，兩隻金屬山羊會撞擊羊角十二次報時。

這裡距離自由廣場不遠。自由廣場前的那條大道也曾幾度易名，而且都帶著時代痕跡。納粹占領期間，它叫希特勒大街，二戰後叫紅軍大街，東歐劇變後，它又易名為密茨凱維奇大街。廣場旁的波茲南大學也被改名為亞當密茨凱維奇大學，密茨凱維奇的雕像立於廣場一側。

廣場上最引人注目的是紀念碑，它由兩個高大水泥十字架捆綁在一起。左邊十字架刻有波茲南事件發生的年分「一九五六」，右邊十字架則刻有其他幾個在抗爭史上值得紀念的年分：一九六八、一九七〇、一九七六、一九八〇和一九八一。歷史並未塵封，這讓我心生感動。

08 羅茲，見證工業榮光

二〇一五年與二〇二三年，我曾兩度前往波蘭羅茲（Łódź）。作為波蘭第三大城市，它的漂亮程度可能遠不及克拉科夫等名城，這是因為它的崛起始於近代工業時代。

一三三二年，羅茲首見於歷史記載。一四二三年，這個小村落被賦予城市權，此後一直是馬佐夫舍（Mazowsze，今波蘭馬佐夫舍省，首府華沙）與西利西亞貿易通道上的小鎮，但並未迎來迅速發展。十六世紀的羅茲仍不過八百人口，直至十九世紀才走上真正的城市化道路。

一八二〇年，改革家斯坦尼斯瓦夫．斯塔什伊茨（Stanisław Staszic）確立了一個計畫，打算將羅茲從農業小鎮發展為現代工業中心。此後，各地勞工與商人持續湧入羅茲，使之成為當時俄羅斯帝國的紡織製造業中心（當時的羅茲雖是波蘭城市，卻被俄國控制）。一八二五年，羅茲開辦首間紡紗廠，一八三九年，**波蘭和俄國歷史上第一間以蒸汽推動的工廠在羅茲誕生，羅茲也被稱為「曼徹斯特第二」**。

在波蘭語中，**羅茲有一個 Ziemia obiecana 的別名，意思是「應許之地」，充滿祝福的地方**。對於當時湧入羅茲的人來說，這裡確實是改變他們命運之地。不過，隨著歷史風雲變幻和紡織業的凋零，羅茲也隨之衰落，但它又不同於那些擁有悠久文化和宏偉建築的歐洲歷史名城，沒有老城可供追憶。這座曾經灰頭土臉、凋敝破敗的工業城市，卻實現了享譽世界的舊街區改造，曼菲蘿（Manufaktura）街區曾榮獲眾多大獎。

大概是二〇一二年冬天，我一邊猜想著並不會出現的世界末日，一邊讀當時剛出版不久的《羅茲挽歌》（*De fattiga i Lódź*）。作者史蒂夫・塞姆─桑德伯格（Steve Sem-Sandberg）出生於挪威，定居瑞典，《羅茲挽歌》曾獲二〇〇九年瑞典奧古斯特文學獎（Augustpriset）。

這本書主要描寫二戰期間納粹德軍占領羅茲，發生在那裡猶太人貧民區的故事，以年鑑式的寫作方式，敘述這個猶太自治區的緣起、組織、運作及結局。

三年後，當我在羅茲市博物館（Muzeum Miasta Łodzi）的猶太主題區裡流連時，那些二戰時期的殘酷照片讓我對《羅茲挽歌》一書有了更直觀的感受。博物館坐落在一棟精美奢華的建築內，主要展示羅茲從十九世紀到二戰時期的歷史。這棟建築原本是波茲南斯基宮（Pałac Izraela Poznańskiego），主人波茲南斯基是昔日羅茲首屈一指的富豪。

如果俄羅斯入侵波蘭，波蘭就會喪失靈魂

一九三九年九月八日，羅茲被德軍攻克，納粹當局在這裡設立猶太貧民區，區內住了超過二十萬名猶太人。許多人從這裡被送往集中營，遭到迫害與屠殺。二戰結束時，羅茲損失了

四十二萬人口，其中包括三十萬猶太人。

羅茲的悲劇並沒有因為德軍的潰敗而結束，這是《羅茲挽歌》裡未曾提到的。一九四五年一月十八日，蘇軍進入羅茲，他們在這塊土地上留下眾多惡行，抓捕效忠波蘭流亡政府的前波蘭反抗活動成員。這又讓我想起那句波蘭俗語：「**如果德國入侵波蘭，那麼波蘭喪失的是領土；如果是俄羅斯入侵波蘭，那麼波蘭則會喪失靈魂。**」

對於俄國的警惕，波蘭人早已有之，一九二四年諾貝爾文學獎得主瓦迪斯瓦夫・雷蒙特便是其一。羅茲市中心有一處雷蒙特廣場，周圍建築頗為殘舊，廣場中央的雷蒙特雕像倒是頗為光鮮，四周鮮花圍繞。

廣場建於一八二五年，在雷蒙特獲諾貝爾文學獎後以其名字命名。他在獲得諾貝爾文學獎一年後便去世，最知名的作品是四卷《農民》（*Chłopi*）和長篇小說《福地》（*Ziemia obiecana*）。《福地》以羅茲為背景，寫工業社會的冷漠。當時羅茲剛開始發展紡織工業，各國商人和工匠紛紛湧入，正是合適的素材。

到了一戰前夕，羅茲已經成為當時世界上人口密度最高的工業城市，每平方公里有一萬三千兩百八十人。一戰使羅茲損失了四〇％的人口，除了戰爭死傷之外，還有大量德國人被驅逐。十月革命和一九一八年至一九二二年的俄國內戰，使波蘭與東方的貿易陷入停頓。一九三〇年的大蕭條和與德國的關稅戰，更使羅茲紡織品失去西方市場。正因如此，兩次世界大戰期間的羅茲陷入經濟停滯，之後又遭遇二戰劫難。

除了人口損失，羅茲工業在二戰期間也遭遇重創。德軍徵用了羅茲所有工廠和機械，將之運回德國，剩餘部分也遭戰火破壞。

儘管羅茲的紡織工業在一戰後逐漸沒落，又遭遇二戰重創，但仍是波蘭最重要的城市之一。二戰後，因為華沙基本上已被夷平，波蘭政府和大多數行政機構一度都設在羅茲。

一度淪為鬼城，轉型最有價值的旅遊城市

如今羅茲仍可見昔日紡織工業興盛時期的痕跡，城中隨處可見紅磚廠房。波茲南斯基宮旁邊的商業中心，前身便是波茲南斯基工廠，一度供應大半個歐

▲ 1896 年時的工廠景色。

洲的紡織品。最興盛時，這裡宛若城中城，有學校、醫院和通往中東的火車站。如今，這個名為曼菲蘿的商業中心已是波蘭最大購物中心，清一色紅磚歷史建築間，搭建著由玻璃和不銹鋼組成的廊道，還有號稱歐洲最長的三百公尺噴泉，展示著這個城市的商業活力。

一八七一年，伊茲拉爾・卡爾曼諾維奇・波茲南斯基（Izrael Kalmanowicz Poznański）在這一帶購買了第一批土地，開啟自己的「紡織帝國」建設。一年後，他的第一家織造廠開始營運，擁有兩百臺英國蒸汽動力織布機。此後廠區不斷擴大，織造廠、漂白廠、紡紗廠和員工宿舍等建築拔地而起，最興盛時期擁有七千多名工人、工廠占地三十公頃，是羅茲當時最大的工廠之一。因為占地廣闊，波茲南斯基還興建了加油站和消防局，波茲南斯基家族的宮殿式住宅也正在廠區旁邊。

二戰後，工廠迎來國有化階段，為羅茲繼續提供數千就業崗位，讓當地紡織業得以持續發展。一九九〇年後，波蘭國企紛紛改制，卻因長期的低生產效率和低產品品質而無法適應市場經濟。一九九六年，工廠宣告關閉，此地一度淪為廢墟遍布的「鬼城」。

二十一世紀初，工廠終於找到合作夥伴——法國開發商 Apsys Polska，二〇〇三

▲舊時工廠大門，仍被保留在改造後的街區。

年啟動廠區改造，也是當時波蘭規模最大的工業遺址振興專案。二〇〇六年，新改造的曼菲蘿正式營運，其中有九萬平方公尺為原有建築，保留十二棟歷史紅磚建築，另外還仿建了許多新建築，成為歐洲最著名的工業遺址改造案例之一，獲得大量獎項。

漫步於這片街區，一棟棟或高或矮、或大或小的紅磚建築立於大街兩側，保持著統一的風格。舊時工廠的大門靜立於兩棟建築之間，它建於一八七八年至一八八〇年間，以紅磚配帶有精美鐵藝雕花的鑄鐵大門，頂端有機械鐘。如今所見是復刻的產物，所用的是舊時磚廠所燒製的原大門碎磚。

這種盡可能利用原有建築材料的做法，貫徹於羅茲的舊街區改造之中。被復原的建築各有功能，或是博物館與畫廊，或是商店與銀行。

羅茲對歷史建築的保護並非一味極端，曼菲蘿的規畫便是如此。針對建築極為密集、廠區幾無空地的問題，設計團隊果斷拆

▲ 曼菲蘿街區並非一味保留舊建築，而是拆除部分廠房，營造出廣場空間。

除了中心區域部分二戰後新建的蘇式廠房，還有一些低價值建築，從而營造出大約三公頃的廣場空間，也是這片街區的核心，甚至是羅茲的「心臟」。

曼菲蘿不僅是商業街區，還是羅茲的博物館區。在工廠博物館裡，展示著舊時的機械織布機，記錄著工廠從建立到發展的歷程。美術博物館分館則利用紡織廠大樓的空間，收藏大量二十世紀的藝術品。

羅茲的舊街區改造無疑是成功的。除了過往眾多建築和街區改造大獎之外，全球最權威旅遊雜誌《孤獨星球》（*Lonely Planet*）還曾將它列為最有價值目的地之一，認為工廠轉化而成的文化、休閒和商業空間令人印象深刻。二〇二二年，它又被《國家地理》（*National Geographic*）選為年度最佳可持續發展目的地之一。它的裝置藝術也令人印象深刻，是歐洲目前的裝置藝術的領頭者。

說到藝術，就不能不提羅茲與電影的淵源。雷蒙特的小說就曾被導演安德烈．華依達改編為電影，他正是一九五〇年代中後期「波蘭電影學派」的代表人物。

波蘭電影歷史悠久，早在一八九六年，克拉科夫、華沙和羅茲等地就公開舉行電影放映會，並陸續出現電影院。一九〇二年，波蘭第一家電影製片廠成立，一九〇八年，波蘭第一部故事片《安東首次到華沙》（*Antoś pierwszy raz w Warszawie*）問世。到默片時代後期，波蘭電影院已增至七百家。

二戰後，波蘭電影從頭開始，到一九五〇年代重現輝煌。波蘭電影學派的代表人物除了安德烈・華依達之外，還有安德烈・蒙克（Andrzej Munk）和傑茲・卡汶勒洛維茲（Jerzy Kawalerowicz）等人，以現實主義作品贏得世界聲譽。

在這輝煌歲月裡，**羅茲電影學院始終是波蘭電影的中心**。這所大學成立於一九四八年，孕育出眾多世界級電影人，最知名的當屬兩位大師級人物——克里斯多夫・奇士勞斯基和羅曼・波蘭斯基。

羅茲當然以他們為榮，在羅茲中心的皮奧積高華斯卡街（Piotrkowska）上就有一條星光大道。皮奧積高華斯卡街來頭不小，長達四公里。街道兩側都是老建築，街的最北端是羅茲的城市中心——自由廣場。

站在廣場裡看四周，似乎看不出什麼特別，後來我在網上看到一張高處俯瞰圖，才發現這是一座規則的正八角形廣場，即使在歐洲也不多見。在這個樸實無華的廣場上，可以看到繪有羅茲市徽的旗子，那是一艘小船的圖案，而「羅茲」一詞的原意便是小船。

當年羅茲之所以成為工業中心，也因其交通便利，波蘭的母親河維斯瓦河與瓦爾塔河（Warta）在此交錯。這座城市的榮光與黯淡，都曾被維斯瓦河所見證。它如今的活力與創造力，看似與昔日工業榮光已無關聯，卻一脈相承。

09 世界最危險走廊，三次大戰可能在此引爆

二〇一八年十月初某一天，早上七點，手機鬧鐘響起。睡眼惺忪起身關鬧鐘時，一條訊息映入眼簾，讓我瞬間睡意全無：「您從香港飛往拉脫維亞里加（Rīga）的〇〇〇次航班，因航空公司無法安排飛機，航班將推遲一天。」

第二天晚上就要出發，眼下卻說要推遲一天。我一邊吃早餐、一邊在內心權衡著，儘管租車、飯店等都可免費取消，機票也能自動轉置，但從時間和行程考量，我還是不願平白少一天，希望能按原先時間出發。

因此，我拒絕了推遲一天的航班，花半天時間查看周邊各機場航班，改訂前往波蘭華沙的機票，再駕車前往波羅的海三國。經過一番折騰，在出發前一天，我把機票、飯店和行程全部調整了一遍。

所以，這次旅途在出發前一天，突然增加了波蘭波德拉謝省（Województwo podlaskie）的行程——往返波蘭與立陶宛，波蘭東北角的波德拉謝省是必經之路。

在各路旅行攻略裡，波德拉謝省就像一片空白。它以大大小小的國家公園和自然保護區著

稱，其中最出名的是比亞沃維耶扎國家公園（Białowieski Park Narodowy），這片橫跨波蘭與白羅斯邊境的比亞沃維耶扎原始森林，是歐洲現存唯一的原始森林，已被列入世界自然遺產。關於波德拉謝有個誤傳，「波德拉謝」的古波蘭語原意是「靠近森林的地方」，其實真正答案是「靠近波蘭的地方」。直至今天，這個區域仍有三〇%以上被森林覆蓋。

我選擇從華沙經比亞維斯托克（Białystok）前往立陶宛，返程時則從立陶宛西下，經蘇瓦烏基（Suwałki）和沃姆扎（Łomża）回到華沙。

比亞維斯托克、蘇瓦烏基和沃姆扎是波德拉謝省的三大城市。波德拉謝成為省級的時間才二十多年，一九九九年，它由原比亞維斯托克省、沃姆扎省和蘇瓦烏基省的一部分組成，這三座城市恰恰是當時三省的首府。

比亞維斯托克，世界語的故鄉

旅途的第一個晚上，夜宿比亞維斯托克。第二日早上醒來，拉開窗簾，天還未亮。開窗感受一下氣溫，接近零度的清冽，反倒是我最喜歡的天氣。

在飯店餐廳吃早餐時，兒子指著牆上的一些字問我：「這是世界語嗎？」我不認得，自然也無法給他答案。

前一天，兒子還對世界語一無所知，但今天，他儼然已成為「世界語故鄉」的熟客，讓嚷著回去要寫一篇比亞維斯托克的作文，這座城市是世界語創造者柴門霍夫（Ludwik Łazarz Zamenhof）的故鄉。

比亞維斯托克是波蘭東北部最大城市，波德拉謝省首府，距離華沙兩個多小時車程。一三二〇年建市，十九世紀成為紡織工業中心，如今是波蘭東北部經濟中心和交通樞紐。

一八五九年，柴門霍夫在這裡出生，當時的比亞維斯托克還在沙俄統治之下。曾多次被侵占的波蘭，其東北角更是必爭之地。柴門霍夫年幼時就已認識到了這一點，在這座小城裡，有俄羅斯人、波蘭人、日爾曼人和猶太人，大家有著各自的語言，也因此產生隔閡。

如今在比亞維斯托克的老城廣場上，為紀念柴門霍夫而建的世界語咖啡館坐落在廣場中央，黃色塔樓不高，卻是廣場上的制高點。四周建築雖經粉刷，卻仍是舊時模樣。廣場旁的長椅上，人們閒坐休憩，與鴿子嬉戲，一派祥和。但在當年，這裡曾被不同種族區隔，匆忙腳步與冰冷目光並存。

柴門霍夫認為，語言是造成人類隔閡、甚至敵對的重要原因，因此他萌生出發明一種新語言，讓人類能互相了解，消弭隔閡、仇恨與戰爭，實現博愛大家庭的念頭。一上中學，他就開始嘗試發明新語言，但被龐大的語法和詞彙難倒。

柴門霍夫絕對是個語言天才，身為猶太人，他從小就學會了波蘭語、俄語和德語，中學時代又學習了拉丁語、希臘語、法語和烏克蘭語。隨後又學習了語法相對簡單的英語，同時也注意到了俄語詞彙尾碼的作用。英語讓他找到語法系統創建的捷徑，俄語尾碼則解決了詞彙量巨大的難題。

一八七八年，還在讀中學的柴門霍夫初步發明了「通用語」，也就是世界語的雛形。一八八五年，柴門霍夫大學畢業後成為一名醫生，在華沙執業。他仍反覆改進自己發明的通用語，並將其用於翻譯和寫作。

一八八七年，這門新語言的專業書籍得以出版，人們將之命名為「Esperanto」。二十世紀初，這門語言傳入中國，起初被音譯為「愛斯不難讀」語，其中也有一點意譯成分。後來，有人借用日本人的翻譯，將之命名為世界語。

在柴門霍夫看來，世界語絕不僅僅是一門語言，它承載著各國人民友好交流的夢想。可惜，在柴門霍夫人生的最後歲月裡，他遭遇人類歷史上最可怕的互相殘殺。一九一四年爆發的一戰，將他的祖國也捲入其中。一九一七年，他在華沙黯然離世。

從個人操守而言，柴門霍夫幾近完美。身為醫生，他擁有一顆仁心。有人回憶：「柴門霍夫博士是華沙唯一一位，每週一天免費為窮人治病的醫生。」他去世後，許多當地民眾自發前來參加安葬儀式，多半是柴門霍夫曾免費替他們醫治的窮人。

在私有財產至高無上，人們也因此非常注重智慧財產權的歐洲，柴門霍夫是個異類。儘管他為世界語付出了巨大精力，並為之傾盡家財，但他沒有將其作為盈利工具。一八八七年，**世界語第一本專著出版時，他在序言裡聲明，這是「社會的財富，作者永遠放棄對它的一切個人權利」**，包括專利權，也包括相關著作和譯作的所有版稅與稿酬。在他看來，世界語的解釋權屬於全世界，將在大家的研究中持續發展。

他幾乎沒有留下什麼遺物，包括當年故居。精緻小巧的比亞維斯托克，不愧是波蘭東北經濟中心，街道整潔，建築外牆總是粉刷一新，沿著老城廣場直行，便可見到紅磚築成的雄偉大教堂，還有庭院在陽光下美到耀眼的舊宮殿——如今的醫藥大學。在大學門口，我們向路人詢問柴門霍夫故居在何處，英語並不靈光的她說它在住宅區裡，距離不遠，但說不清楚具體方向。於是，她像我們見過的許多歐洲人一樣，直接帶我們前往。

穿過街巷、路過幾個安靜敞亮的住宅區，便到了柴門霍夫故居。其實故居早已被拆除，如今原址上建起了一棟五層住宅樓。唯一可見的柴門霍夫痕跡，是外牆上的壁畫，模擬著柴門霍夫時代的生活。樓下有一塊鐵牌，鑲著舊時故居的照片。那是一棟平凡無奇的平房，卻是世界語的萌生之地。

▲柴門霍夫故居原址，外牆上的壁畫，模擬著柴門霍夫時代的生活。

世界語如今已然式微，與自然形成的語言相比，它確實缺少根基。加上語言本來就具有多樣性，柴門霍夫的努力註定會失敗。但在世界語誕生的那個年代裡，它確實滿足了許多人對世界的美好憧憬——**對民族隔閡的反感，追求世界大同**。

歐洲最脆弱的地方，世界最危險走廊

從立陶宛海濱城市克萊佩達（Klaipėda）前往波蘭蘇瓦烏基，導航顯示車程為三小時，結果我足足開了近四個小時。原因很簡單：這段兩百公里基本上完全沒有路燈。

不管是相對寬闊的國道，還是鄉間的沙土公路，兩側都是黑壓壓一片。時值晚秋，五點半天色已開始暗沉，六點多就已天黑。以前也不是沒試過冬季時在歐洲旅行，不過多半是白天開車，偶爾才會晚上開車，也因為多半待在德國、法國這樣的國家，路燈齊全，夜間開車並無障礙。這次可好了，從立陶宛到波蘭，全程無路燈。

車子走在路上，無法辨認左右兩側景物。只知道若是大道，兩側多是田野；若走的是小路，兩側則多是密林。立陶宛人口稀少，又集中於大城市，鄉間公路十分狹窄，基本是雙向兩車道。偶爾見到對面道路有車燈閃爍，或者路邊有民宅燈影，才會覺得自己還在人間。

不過這段路並不讓人恐懼。一來既然當地居民早已習慣如此，就證明其安全性；二來雖然沿途沒有路燈，但每隔二、三十公里的交叉路口就會有圓環，圓環被高高的射燈環繞，而且旁邊必有敞亮的加油站。

我就是這樣一路摸著黑，走上著名的「蘇瓦烏基走廊」。所謂**蘇瓦烏基走廊，是一條約一百公里的狹長地帶，位於波蘭東北部與立陶宛的連接之處**。這個地帶不僅連接著波羅的海三國和波蘭，**它的西側是俄羅斯的飛地**[11]加里寧格勒州（Kaliningradskaya oblast），**俄羅斯在此布署波羅的海艦隊和導彈基地，東側則是俄羅斯的盟友白羅斯**。正因為這敏感地緣，北約和波蘭都在此駐紮軍隊。

《時代》（*Time*）雜誌曾寫道：「這裡是歐洲最脆弱的地方，它可能決定波羅的海國家的命運，和歐洲的安全走勢。」在地緣政治研究者看來，這條波羅的海三國與北約其他國家相連的唯一走廊十分脆弱。**英國《太陽報》**（*The Sun*）**和《世界政策雜誌》**（*World Policy Journal*，已停刊）**甚至認為，這裡一旦發生衝突，會成為第三次世界大戰的發源地**。

而在歷史上，這裡自然也是兵家必爭之地。

晚上十點，兩個孩子在汽車後座已經飽飽睡了一覺，我們終於抵達蘇瓦烏基市區。預訂的設計飯店口碑極佳，在訂房網站上評分高達九．六。石製基底加黃磚，方方正正，內部格局頗見創意。起初以為是舊廠房或倉庫改造，第二天早上才發現原來是舊時兵營改造。在附近遛達一下，發現類似建築頗多，可見原本是屯兵之所。

蘇瓦烏基是最普通的歐洲小城，讓人根本無法想到它地處「蘇瓦烏基走廊」的正中位置。面積僅二十四平方公里的它，綠化面積達七四％。在它周邊，有著大量湖泊和森林，還有名氣很大的蘇瓦烏基景觀公園。

相比比亞維斯托克，它有著大量社會主義時期的赫魯雪夫式建築。這是一種造價低廉、盒子式結構、三至五層的公寓樓，蘇聯一九六〇年代的赫魯雪夫執政時期大量興建，並以他的名字命名。這些方頭方腦、一格格的住宅樓，至今仍在使用，提醒著人們它曾有過怎樣的過去。

自揭傷疤，成為更健康的民族

從蘇瓦烏基出發，三個小時後，我們已坐在沃姆扎的一家小餐廳裡，叫了一杯沃姆扎啤酒廠獨家供應的 Łomża 啤酒。這是波蘭最負盛名的啤酒之一，建於一九六八年的沃姆扎啤酒廠也因此享譽歐洲。熱衷工業旅遊的我們詢問服務人員該如何前往啤酒廠，他一臉惋惜的告訴我們，生產線已經搬到了一百多公里外的奧爾什丁（Olsztyn）——正好是因時間關係而被我放棄的名城。

其實前一天晚上，我在計畫蘇瓦烏基到華沙的行程時，曾在沃姆扎和奧爾什丁這兩個點之間猶疑。前者不用繞路，可以節省時間，後者要多花兩個小時車程，但歷史更為悠久，可看之處更多。權衡之後，還是選擇了沃姆扎，因為想保持「波德拉謝遊」的完整性。

11 指在某個地理區劃境內，有一塊隸屬於他地的區域。

▲ 被稱作世界最危險走廊的蘇瓦烏基走廊，一派旖旎風光。

▲ 蘇瓦烏基的赫魯雪夫式建築，帶著舊時印記。

始建於九世紀的沃姆扎，是馬佐夫舍地區的經濟和文化中心，人口雖僅有數萬，但仍是波德拉謝省的第二大城市。

至今我仍不確定，在進入沃姆扎之前，我是否曾經過耶德瓦內布（Jedwabne）。這座小城鎮距離沃姆扎僅僅十九公里，曾因一場大屠殺震驚世界。這場大屠殺的施害者不是納粹，而是波蘭平民。

二戰期間，小鎮先被德國人統治，後被蘇聯控制。一九四一年六月二十三日，德軍重新占領這裡。七月十日，在德軍煽動之下，一群波蘭人襲擊了鎮裡的猶太人。原本互相熟識的鄰居，在這一天變成了仇人。波蘭人用磚塊砸死猶太人，挖掉猶太人的眼睛，割掉猶太人的舌頭……鎮裡幾乎一半波蘭男性參與了這場屠殺，最小的年僅九歲。

一九四九年五月，著名的沃姆扎大審判啟動。當年的暴徒被逮捕，宣判卻草草了事，僅有一人被判死刑，十一人被判有期徒刑，其餘無罪釋放。波蘭政府定調這起事件，是「殘忍的納粹唆使一小群暴徒殺害猶太人」。當時的波蘭並不願意追究這件事的責任，身為二戰最大受害者，波蘭人並不願意在道義上有瑕疵。

直到二〇〇〇年五月，記錄此事件的著作《鄰居》（*Sąsiedzi*）在波蘭出版，引起舉國震撼。二〇〇一年，時任波蘭總統的亞歷山大・克瓦斯涅夫斯基（Aleksander Kwaśniewski）出席了耶德瓦內布慘案六十週年紀念大會，並正式向猶太人道歉。波蘭教育部則組織專家將此事寫入歷史教科書。正如前波蘭外交部長瓦迪斯瓦夫・巴托舍夫斯基（Władysław

Bartoszewski）所言：「波蘭人揭開了自己的傷疤，是為了成為一個更健康的民族。」從當初的草草審判，到如今的正視歷史，波蘭人的進步顯而易見。他們願意正視自己曾經的惡，正是他們走向文明的表現。

現在的沃姆扎，乃至其周邊地區，當然包括耶德瓦內布，都平靜而富庶。遍布公園的市區小巧乾淨，建築外牆極新，體現著當地政府的雄厚財力，還有波蘭的活力。

趁著等上菜的時間，我和女兒兩個人在餐廳附近隨便走走。旁邊有一座小巧的天主教堂，因為正值中午，裡面空無一人，十分安靜。女兒就像走進其他教堂時一樣，爬到最後一排的椅子上坐好，靜靜望著祭壇。我站在後面拍照片，接著走到旁邊拍攝側廊。

女兒回頭找我時，我雖然距離她僅僅幾步，但剛好被柱子擋住。當時女兒才三歲，以她的個性，在外面一旦找不到爸爸媽媽時，總是一秒鐘就大哭，這次她卻自己跪在椅子上望向我原先站立的位置，扁著嘴、含著淚，一聲不吭。

我從側廊走回來，趕緊抱住她，問她怎麼不叫我。她說：「爸爸告訴過我，在教堂裡一定要安靜，不能大聲說話。」

當年的波蘭人，能從陰霾中走向光明和自由，堅定信仰是最大倚仗。女兒的敬畏之心，即使出於童稚，仍讓我心有所感。

10　哥白尼之城——托倫

托倫是歐洲保存最好的中世紀古城之一，也是歐洲人非常喜歡的旅行地點。常住人口二十萬的它，每年要接待超過一百五十萬遊客。我與它的初見是在橫跨維斯瓦河的鐵橋上，對岸的小城被紅磚城牆所圍繞，一個個尖頂高聳，綿延於河畔。

一二三二年，托倫由條頓騎士團（Deutscher Orden）所建立，最初只是一座城堡，後來逐漸擴充為城市，並成為重要的商業中心。二戰期間，波蘭受損嚴重，托倫卻奇蹟般完好無損。一九九七年，它被列入世界文化遺產。

一條寬闊的徒步街貫穿老城，兩側所延伸出的街道無一不美。在這樣的小城裡，唯一需要做的就是以雙腳丈量。

兩側建築多為巴洛克風格，山牆和花窗讓人目不暇給。街道上有一些雕塑，由兼做長椅的花壇環繞，有少女坐在長椅上寫生。街頭藝人也不少，有人著裝隨意，有人穿著正裝，有三五成群的樂隊，也有單人小提琴。

托倫雖不靠海，但舊時波羅的海沿岸出產的琥珀運往華沙和克拉科夫時，托倫都是必經之地。它也是眾多商貿交通要道的交匯點，維繫著北歐和西歐、中歐和東歐的貿易聯繫。這種經濟上的交融，推動了此地文化和藝術的發展，歷史上有許多藝術家都來此尋找靈感，就像我眼前所見的寫生者和賣藝者那樣。

市政廳所在的老城廣場是托倫的中心，也是人流最密集的區域。早在一二五九年，廣場上就建起了紡織市場，此後又建成了第一個簡陋的市政廳和瞭望塔樓。這些零散建築如今已難覓蹤跡，因為到了一三九三年，隨著托倫的繁華，各種行政和商業需求劇增，便有了修建宏偉市政廳的需求。

托倫老城市政廳（Ratusz Staromiejski）落成後，始終是托倫的政治和商業中心。過去，無論是波蘭國王或條頓騎士團團長，只要來到托倫，都下榻於此。

一七〇三年，瑞典軍隊占領托倫。戰火摧毀了市政廳與其珍藏的藝術品。一七二二年至一七三八年間，重建工程斷斷續續，紅磚牆身和兩側瞭望塔的格局在那時奠定。一八六九年，市政廳最搶眼的鐘樓改建為新哥德式，也就是如今所見的樣子。目前，市政廳建築已被改造為博物館，藏有各種波蘭藝術品，還有傳統行會、中世紀彩繪和宗教題材的各種展覽。

圍繞著舊城廣場還有許多歷史建築，如新文藝復興風格的亞瑟會館（Dwór Artusa）、新哥德式的郵局與如今已是藝術博物館的星星之屋等。各種餐廳與咖啡館穿插其中，極是熱鬧。

數百年前的廣場與今日廣場，區別似乎不大。拉手風琴的賣藝人背後那座雕像，或許是廣場上最「年輕」的建物，建於一百五十多年前，象徵著這座城市的靈魂——哥白尼。

這座哥白尼的青銅雕像，左手舉著天體運行儀，右手輕輕抬起，眼神望向天空。雕像基座刻著「哥白尼，托倫市民，他讓地球轉動，令太陽和天空靜止」。

在托倫，哥白尼元素隨處可見，有哥白尼街、哥白尼天文館和哥白尼大學，還有各種哥白尼餐廳與酒吧，當然少不了的是紀念品商店裡那些哥白尼紀念品。

一四七三年二月十九日，尼古拉·哥白尼出生於托倫的一個富商家庭，從小就受到人文主義薰陶。十八歲時離開托倫，入讀波蘭最古老的大學——克拉科夫大學（即現在的亞捷隆大學）。也是在大學期間，他對天文學產生興趣。此後，

▲ 托倫老城市政廳，現已改造為博物館。

他前往義大利修習天文學，在懸壺濟世的同時，利用業餘時間研究天文。他輾轉於歐洲各地觀察天象，在那個人文主義思潮興起，「政教合一」阻撓社會前行的時代，以《天體運行論》震撼整個歐洲。

在哥白尼之前，「地心說」在中世紀歐洲一直占據統治地位。哥白尼的「日心說」雖有局限，但仍推翻了「地心說」，改變了人類對自身與世界的認知，被視為現代科學的起點。

老城廣場不遠處，是托倫的另一地標——聖若翰洗者與聖史若望聖殿主教座堂（Katedra pw. św. Jana Chrzciciela i Jana Ewangelisty）。在小小的托倫老城裡，一二三三年開始興建、歷時兩百多年才正式完工的它，占據了巨大的空間，矮矮的圍牆圍出院落，院內的一棵棵參天古樹與教堂相伴。一五〇二年建造的主聖壇與珍貴壁畫，如今仍保存完好。

哥白尼正是在這座教堂受洗。此後，年幼的他每週都會與家人來這座教堂做禮拜，虔誠的宗教情結深入骨髓，也影響了他之後的人生選擇。

早在一五三〇年，哥白尼就已經完成了《天體運行論》，但直到一五四三年他去世前不久才出版。在序言中，哥白尼寫道：「在漫長的歲月裡，我曾經遲疑不決。」之所以如此，一是**為了避免宗教迫害**，因為從年輕時代開始，哥白尼就目睹了宗教裁判官對異端的各種血腥鎮壓。即使在他辭世後，這種恐怖陰影仍未消散，四處宣揚哥白尼學說的焦爾達諾·布魯諾（Giordano Bruno）就慘遭火刑。

除了恐懼，讓哥白尼遲疑不決的還有自己的心理關卡。因為從年幼起，他就是一個虔誠的天主教徒，即使他用科學觀察否定了天主教會的固有觀念，但仍然在《天體運行論》的序言中表示，天文學的本質是讓人類「見到天主管理下的宇宙所有的莊嚴秩序時，感受到一股動力，促使人趨向規範的生活，並看出造物主確實是真美善之源」。

從聖若翰洗者與聖史若望聖殿主教座堂，步行前往哥白尼街，不過數分鐘時間，這也是昔日哥白尼做禮拜時往返之路。哥白尼故居就位於大街中段，這棟建於十四世紀的紅磚哥德式建築，立面呈階梯形，如今故居一樓的舊廚房裡，仍可見昔日哥白尼家中使用的銀質餐具，可以窺見他年少生活的優渥。故居二、三樓展示各種學術手稿和儀器，是故居管理方由義大利等地尋來。

哥白尼在托倫所生活的十八年時光，正是托倫歷史上最繁華的時期。它富足且包容，市民階層在商業氛圍中逐漸形成，崇尚真理，有務實態度。對這一切耳濡目染的哥白尼，也因此對科學孜孜以求。

當時護衛這座商貿之城的是綿延城牆，也就是當年的托倫要塞。要塞的修築可以追溯到十三世紀。而如今所見的城牆和堡壘，則是十六世紀的成果。到了十九世紀，普魯士人占領托倫，更使之擁有了十五座堡壘和百餘個不同規模的防禦工事。如今要塞保存最好的部分，恰恰在維斯瓦河畔，圍繞著舊城南端。厚重的城門向河而立，頂端有瞭望塔，下端有一大兩小共三座拱門，是前往維斯瓦河畔的最佳通道。

城門附近有一座防禦塔樓，是十四世紀所建城牆的一部分。由於根基不穩，在歲月滄桑中漸漸傾斜，成為古城裡著名的「斜塔」（Krzywa Wieża），也是寫生者熱衷的目標。

夜幕低垂時，沿城門走向維斯瓦河畔的堤岸。這裡是托倫人熱衷的去處，維斯瓦河靜靜流淌，鐵橋橫跨兩岸，對岸綠樹成蔭，背後古城的紅磚城牆則在夕陽下折射光彩。

城牆內的天際線，被大教堂和市政廳的塔樓所占據。為了保護這座中世紀古城，托倫法律規定所有新建築必須建在老城區之外，老城建築絕無拆除或破壞性改建之虞。

也許，即使是哥白尼穿越至當下，眼前的托倫也一如他年少之時。

▲哥白尼雕像，基座上刻著「哥白尼，托倫市民，他讓地球轉動，令太陽和天空靜止」。

11
烏克蘭難民離鄉的第一站：普熱梅希爾

如果要下個釣魚標題的話，這篇文章的標題可能會是「距離烏克蘭二十公里，幾個彪形大漢突然向我衝來」。

我形容的是事實，但過程一點也不驚險。駕車來到波蘭東部城市普熱梅希爾（Przemyśl），忘記當天是週末，我停好車就往繳費機走。結果，附近幾個人彷彿心有靈犀，立刻從四面八方向我衝來，每個人都一臉急切，用波蘭語或英語告訴我：「今天週六，免費停車。」我看見他們眼中的真誠與善意，也讓我對這座邊境城市的第一印象極佳。

普熱梅希爾是我那次旅程中能前往、且距離烏克蘭最近的波蘭大城市，繼續向東不到二十公里，就可以進入烏克蘭境內，如果要前往位列世界文化遺產的烏克蘭名城利沃夫，路程也不過七十公里。

波蘭與烏克蘭的邊境長約五百三十公里，蜿蜒於中歐肥沃平原之上，罕有起伏，並無自然險阻。烏俄衝突爆發後，數百萬烏克蘭人離鄉背井、進入波蘭。

當時，波蘭政府開放了八個邊境城市，人流量最大的是距離普熱梅希爾十餘公里的小鎮梅迪卡（Medyka）。常住人口只有數千人的梅迪卡，在戰爭初期每天都要應對兩、三萬烏克蘭人入境。他們穿越炮火來到邊境，繼而經歷耗時數日的漫長排隊，才能進入波蘭。

大多數烏克蘭難民在波蘭都沒有熟悉的聯絡人，也沒有詳盡計畫，波蘭政府得為他們安排交通和住宿。邊境小鎮沒有火車站，必須靠巴士和波蘭人開車，才能將難民送到周邊交通樞紐。**距離梅迪卡很近，且擁有邊境地區最大火車站的普熱梅希爾，就承接了大多數烏克蘭難民的轉運，也成為他們真正接觸的第一座波蘭城市。**

不過，我在二〇二三年四月到訪時，普熱梅希爾火車站已不再忙碌。火車站為米色牆身，對稱結構，頂端有圓鐘，是一座十九世紀建成的巴洛克風格建築。

大門前站著幾個等待出發的旅客，一派閒適，絲毫看不出火車站在一年多前經歷過歷史上最繁忙的場面。資料顯示，當時火車站一帶擠滿了人，當地政府、國際組織和來自歐洲各國的志願者為難民提供食物和衣服，還在火車站裡改裝醫療室，為需要緊急救助的人群服務，甚至還提供寵物疫苗。

在波蘭東南部和南部，普熱梅希爾是僅次於克拉科夫的第二古老城市。八世紀時它被賦予城市權，九世紀起被波蘭、基輔羅斯（中世紀時東歐及北歐地帶的聯邦）和匈牙利屢屢爭奪。

從地理位置來說，它屬於東歐；在歷史上，它曾是抵禦鄂圖曼人漫長戰線中的一環，在宗教和軍事上都烙印著「邊界」標籤；在冷戰期間，它屬於東歐世界，又在東歐劇變後成為西方的一部分。多種文化和歷史的碰撞，讓這座城市呈現著多元面貌。猶太教、天主教和東正教與新教都曾在此發芽紮根。不過在二戰時期，宗教的多元化遭納粹德國摧殘，老城裡倖存的猶太教教堂和東正教教堂，背後藏著許多血淚。

多元化也體現於世俗建築。走在普熱梅希爾的街頭，建築體積普遍不小，且相容不同時代風格，外觀優雅，見證著曾經繁榮的貿易史。它地處克拉科夫和利沃夫這兩大中世紀名城之間，是兩者間貿易的必經之地，也因此成為當時歐洲紡織業、乃至於其他各行各業的商貿樞紐之一。

舊時貿易離不開水路，沿著老城一條長長下坡路走到盡頭，便可見到鐵橋橫亙其上的桑河（San）。桑河是普熱梅希爾的母親河，並不寬闊的河面靜靜流淌，兩側堤壩都是草地。河對岸是居民區，大型民宅和別墅新舊交雜，綿延至遠處山坡。

站在河邊，望著對岸，背後馬路車來車往，也沒有破壞這座城市的寧靜。即使一年前才承接過數百萬難民的經停流轉，它仍然保持著優雅氣質。但在普熱梅希爾的歷史上，它最著名的時刻卻充滿血腥暴力，是一戰中最殘酷的絞肉機。

戰爭從來都不只是戰爭

一戰前期，俄軍包圍普熱梅希爾要塞，希望快速拿下此地、進軍中歐。然而，在奧匈帝國孱弱守軍的抵抗之下，戰事意外持續了六個月之久，雖然最終失守，卻延緩了俄軍西進的速度，一戰的發展由此改變。

經歷一百八十一天圍困的普熱梅希爾，因此一度被粉飾為充滿奉獻精神的英雄之城，成為奧匈帝國的精神象徵。但實際上，在強行構建的英雄主義之下，城市陷入失序，饑餓讓人們陷入絕望，最終幾十萬人付出生命代價。

在殘酷戰爭中，受到侵害的不僅有死傷者，還有倖存者，沒有人能全身而退。更重要的是，**戰爭從來都不只是戰爭，它背後的地緣衝突、民族衝突，才是更複雜的**。

普熱梅希爾之圍，伴隨著戰爭的是各種仇視、迫害和遷徙。俄國企圖對被占領地區實施同化，向民眾灌輸憎恨和暴力意識的舉措，也為後來埋下了陰影。

這場戰役在戰術層面的技術含量極低，因為兩個帝國都已高度腐朽，甚至被視為一戰兩大陣營中的「豬隊友」。在普熱梅希爾，雙方都暴露了各自的無能：奧匈帝國一方坐擁堅固要塞，卻不知利用，空耗民眾熱情；俄軍同樣

▲ 一派閒適的普熱梅希爾火車站，看不出這裡曾承接了許多烏克蘭難民。

羸弱不堪，軍官腐敗、軍紀敗壞。

同時，圍城戰也凸顯了俄國和奧匈帝國這兩個多民族國家之間，複雜交錯的民族衝突，而境遇最慘的則始終是猶太人。

普熱梅希爾之圍的背後，是十九世紀末歐洲民族多元化與民族主義的興起。一八七〇年，這裡還是一座小城，人口僅一萬五千一百八十五人。在接下來的幾十年裡，因軍隊勞動力的需求，大量工人和商人湧入。到一戰前夕，約有五．四萬人居住在普熱梅希爾。這座城市人口組成極其多樣，猶太人占全市總人口的二九．七％。

民族主義在當時的普熱梅希爾是主流思維，也是「官方思維」。市政當局熱衷於強調他們城市的波蘭身分。這也是現代性的標誌之一。因為民族主義是十九世紀末興起的意識形態潮流，展望著恢復輝煌往昔，迎接更美好的

▲ 桑河，二戰時河對岸被納粹德國控制，我背後的老城則被蘇聯控制至 1941 年。

未來。當然，這只是美好預期。

當時的普熱梅希爾在經歷急速擴張後，城中的信貸機構幾乎都掌握在猶太人手中；此外，大多數新的製造業，以及幾乎所有的貿易和服務業也是如此。猶太人也買了大量房產，在以波蘭國家詩人命名的密茨凱維奇街上，一百三十九棟建築中，有七十四棟屬於猶太人。

圍城戰後，普熱梅希爾一直難以回到多民族和諧共處的狀態。種族衝突不斷，流血事件頻發，對猶太人的反感和壓迫逐步升級。**二戰爆發後，波蘭被德國與蘇聯瓜分，普熱梅希爾也沿著桑河被一分為二。河對岸被德國人占據，而我背後的舊城和猶太區，在一九四一年前歸蘇聯統治。**

這條邊境線極具象徵意義，猶如由醜陋的混凝土碉堡、炮兵陣地和纏結鐵絲網匯成的疤痕。這象徵著幾個世紀以來文化交流、民族融合和流動的終結，取而代之的是永久的恐怖和壓迫。

而邊界形成後，納粹便開啟了殘酷的意識形態變革。對於普熱梅希爾人而言，這樣的殘酷似曾相

▲ 獨立廣場上的一組雕塑，士兵坐在彈藥箱上，手持水杯，他的對面是一隻小狗和一個盤子。

識：一戰時，俄軍的「俄國化計畫」同樣如此，干涉學校和宗教、人為的民族對立、暴力、腐敗和掠奪，都是這些占領政權的共同特徵。

在二戰期間，普熱梅希爾幾度成為前線，也有許多波蘭人被運往德國充當勞動力。當納粹對猶太人的政策轉變為種族滅絕後，普熱梅希爾更是成為人間地獄。二戰結束時，城市只剩下兩萬八千一百四十四人，大約是一九三九年的一半，只有四百一十五名猶太人倖存。

老城最大的獨立廣場（Plac Niepodległości），名字記錄著波蘭光復的歷史。這個斜坡式的廣場，四周建築精美，遍布咖啡館與商店。廣場一角有一組雕塑，憨態可掬的士兵坐在彈藥箱上，手持水杯，對面是一隻小狗和一個盤子，無聲無息記錄著舊日戰爭。

站在廣場中央，可以見到周邊一個個高聳尖頂。廣場上的鐘樓建於一七七五年至一七七七年，是當地最著名的地標。此外，羅馬天主教堂最早建於十五和十六世紀，在十八世紀以巴洛克風格重建，它還有一個獨立的七十一公尺高鐘樓，是俯瞰全城的制高點。而矗立於斜坡道上的方濟各會教堂，始建於十八世紀，結合巴洛克晚期和古典主義元素。

這裡也少不了若望保祿二世的元素。在波蘭許多地方，人們都為這位我最敬仰的教宗建立雕像。獨立廣場上，若望保祿二世手持《聖經》、坐在扶手椅上。在歷史上以愛和勇氣化解分歧的他，在天之靈想必會因普熱梅希爾過去一年來接納難民的舉動而感到欣慰。

12 歐洲亞麻之都的凋零與新生

探訪日拉爾杜夫（Żyrardów）純屬偶然。它位於華沙與羅茲之間，距離兩者都只有幾十公里，面積僅為三十五．三平方公里。我在前往羅茲時，在導航上見到幾張日拉爾杜夫大教堂的照片，頗感興趣，便順路駕車前往。

入城之後，發現街道兩側都是紅磚牆建築，立刻有「找到寶」的感覺。它讓我聯想到羅茲，以它與羅茲的距離和建築風格，我第一時間猜測它也是一座工業城市。

行走於街頭，沿街建築牆身上有圖像展，展示著舊時日拉爾杜夫的城市格局。它印證了我的猜測，這座始建於一八三〇年的城市因近現代工業而生。

沿著圖像展摸索日拉爾杜夫的脈絡，便可知眼前的紅磚建築群是舊時廠房，如今已經改造為紡織博物館，展示各種古董機械。不遠處的一棟紅磚別墅，屬於紡織廠創始人之一卡爾．奧古斯特．迪特里希（Karol August Dittrich），如今也被闢為歷史博物館。

一八二八年，一間位於華沙貴族莊園的亞麻紡織廠，因時任技術總監的法國發明家菲利普．德．吉拉爾（Philippe de Girard）發明了新的亞麻紡紗機器，所以決定擴大規模，並啟動搬遷和機械化計畫，新選址正是如今的日拉爾杜夫（當時是個叫做 Ruda Guzowska 的小村莊）。一八二九年，相關公司籌備，並於一八三〇年簽署正式合約，確定將工廠建築和工人住宅等區域定名為日拉爾杜夫，命名者正是菲利普．德．吉拉爾，這也使得日拉爾杜夫成為波蘭唯一由法國人命名的城市。一八三〇年九月，建設中的亞麻紡織工廠正式啟動生產，這也被視為日拉爾杜夫的建市時間。

不過，亞麻紡織工廠的建設並未一帆風順，一八三〇年底爆發的波蘭十一月起義[12]使工程一度中斷，菲利普．德．吉拉爾更是直接參與起義。一八三三年，工廠才恢復建設。可惜，一八三八年，菲利普．德．吉拉爾與其他股東意見不合而離開，此後與這座他命名的城市再無交集。

之後，日拉爾杜夫進入高速發展期。一八四五年，華沙至維也納的鐵路

12 波蘭會議王國（Kongresówka，十八世紀末三分波蘭其中一部分，亦稱俄屬波蘭）的武裝起義，目的是解救瓜分波蘭後俄羅斯帝國所統治的波蘭人、為波蘭人爭取民族獨立。最後以失敗收場，波蘭會議王國被併入俄羅斯帝國。

▲ 城市命名者菲利普．德．吉拉爾的雕像。

經過日拉爾杜夫。一八五七年，工廠和工人聚居點被兩位奧地利企業家卡爾・奧古斯特・迪特里希和卡爾・希利（Karol Hielle）收購，城市規模迅速擴大。

至一戰爆發前夕，日拉爾杜夫已成為工業重鎮，工廠是歐洲最大的亞麻製品廠，新廠房是歐洲最早的鋼筋混凝土建築之一。二十世紀初，日拉爾杜夫更擁有了製革廠、啤酒廠、裁縫廠、醫院、教堂、慈善中心和學校等設施，還有波蘭王國最早成立的其中一間幼稚園，當時就可容納多達千名兒童。建於一八九二年的城市醫院，參照當時歐洲最現代化的德國德勒斯登卡爾醫院（Universitätsklinikum Carl Gustav Carus Dresden），提供了中央暖氣、汙水處理和電氣裝置。

此外，日拉爾杜夫的建築所使用的每塊磚頭，都帶有「H&D」字樣，它是磚廠將卡爾・希利和卡爾・奧古斯特・迪特里希的名字縮寫而成。直至今天，這些磚塊仍然保存完好，也讓城市保持著十九世紀的風貌。

一戰時的日拉爾杜夫變成前線基地，亞麻紡織工廠也因為缺乏原物料供應而關閉。一戰結束後，工廠重啟，人口一度達到歷史峰值。二戰後，日拉爾杜夫亞麻工廠轉為國營，與製襪廠、服裝廠和酒廠等一起擴建。但長期計畫經濟導致產品品質下降，使工廠逐漸失去競爭力，在一九九〇年代無法適應重新開放的市場，最終倒閉。

在十九世紀的高速發展期裡，日拉爾杜夫曾被稱作理想城市。它承載著工業時代的夢想生活：高聳的煙囪、龐大的廠房、井然有序的工人住宅區、雄偉的教堂、完整的城市生活配套、時常傳來汽笛聲的鐵路、圍繞城市的公園等。而且，城市建築物規模不大，也讓它顯得沒那麼擁擠。如今走在城市街道上，仍可見到舊時精緻的布局。即使是最尋常的工人住宅區，也並非密密麻麻，而是保持著較大的樓距，使每一棟樓都能擁有相當的公共空間和綠地。

這裡會是下一個羅茲嗎？

經歷一戰、二戰和冷戰後，日拉爾杜夫所承受的不僅有戰爭，還有全方面的社會摧殘。一九九〇年代工廠倒閉後，城市一度凋敝，失業工人在街頭遊蕩。在圖像展中，我看到了當時的場景，那些木訥神情正是時代的倉惶見證。

但隨著波蘭經濟的迅速恢復，日拉爾杜夫也迎來新生。舊時工廠和其他建築始終保持原貌，圖像展中有一幅為一八九九年巴黎世界博覽會準備的日拉爾杜夫全景圖，旁邊是一幅如今的城市航拍圖，兩者並無太大的差別。

無論老照片還是新照片，聖母大教堂（Parafia p.w. Matki Bożej Pocieszenia）都是日拉爾杜夫最搶眼的存在。它占據著城市天際線，雙塔高聳，挺拔秀美。我到訪時，教父和唱詩班正在唱聖歌，祈禱的人們靜靜坐在教堂中。一九二九年至一九三一年興建的主祭壇，兩側有新藝術風格的彩色花窗，簡潔拱頂營造著幾何之美。

教堂始建於一九〇〇年，三年後完工。與之隔廣場相對的便是舊時紡織廠。老城中唯一與紅磚牆有別的建築坐落於教堂附近，白牆綠瓦，兩座圓頂塔樓各占一角。如今，它是日拉爾杜夫的文化中心，二十世紀初，卡爾・奧古斯特・迪特里希的兒子興建了這棟龐大建築，作為「人民之家」，為當地民眾提供文化娛樂，裡面有一個可容納六百人的劇院。

教堂與市政廳周圍有大量紅磚牆住宅，都是當年的工人住處，樣式不一：有些方方正正宿舍格局，可容納數個家庭，有些則如獨棟別墅，顯然有等級之分。如今，它們多半還是民宅，外牆有新舊之別。新的是近年來經過修葺，舊的仍在等待修繕。

整座城市都在這新舊之間。有些道路寬敞乾淨，有些正在改造；有些工廠建築被活化為博物館或美術館，有些工廠建築則仍在廢棄中……它的未來會不會是另一個羅茲？這牽扯到投資、魄力和機遇，也需要時間。

▲ 一片紅磚的老城中，唯一白牆綠瓦的建築，現在是日拉爾杜夫的文化中心。

▲ 聖母大教堂，日拉爾杜夫最搶眼的存在。

第三章

匈牙利

要讓歐洲再次偉大

快速認識匈牙利

首都	布達佩斯
面積	93,030 平方公里
人口	970 萬人（2022 年）
語言	馬扎爾語（Magyar，即一般所稱之匈牙利語）
宗教	羅馬天主教占多數（37.2%）

◀ 匈牙利在歐洲的地理位置。

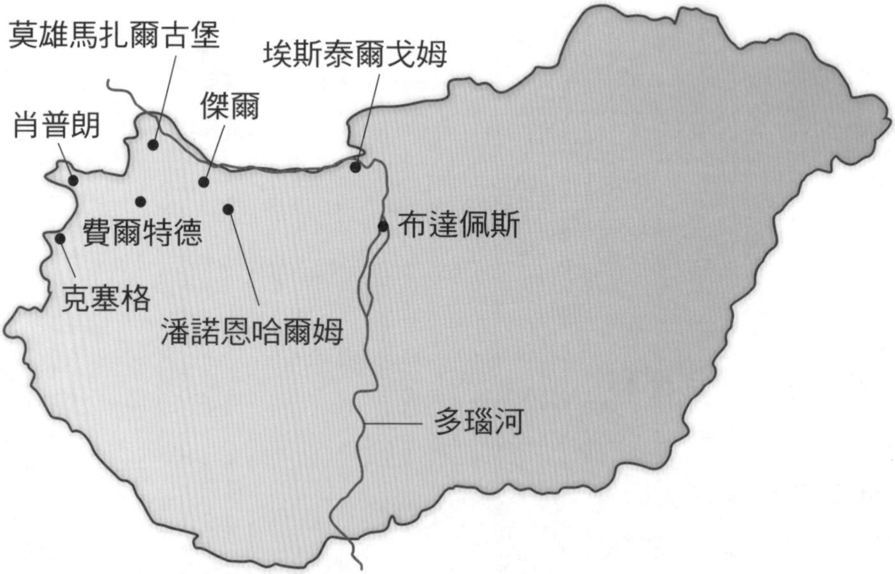

▲ 匈牙利及其重要城市地圖。

地處中歐的匈牙利，曾長期是傳統歐洲的「邊陲」。興建這一國家的馬扎爾人，原本是不折不扣的外來者，但在一〇〇一年，馬扎爾人決定接受羅馬天主教為國教。從此，遊牧民族變成了基督教世界的「匈牙利王國」。

這是歐洲歷史上的一件地緣大事，匈牙利草原、乃至整個多瑙河中游平原，從遊牧民族入侵西歐的跳板，轉變為基督教世界的保護者。匈牙利的「基督教之盾」美譽，正是由此而來。

這種「邊陲感」使匈牙利始終處於多元文化的碰撞之下。布達佩斯就是這種碰撞的集中呈現，僅以建築為例，它堪稱各種時代不同風格建築的大雜燴，這些風格甚至展現於同一棟建築。例如：雄偉的國會大廈，兼具哥德式和文藝復興式風格；馬加什教堂（Mátyás-templom）兼具巴洛克和哥德式風格；安德拉什大街（Andrássy út），古典式宮殿與新公寓的共存，帶著時代交織的烙印。

英國學者艾德溫．希斯寇特（Edwin Heathcote）這樣評價一個多世紀以來的布達佩斯樣貌：「世紀交替的都市發展背景，營造出布達佩斯特有的風格：糅合了新世紀的樂觀主義，以及沿襲自過往的憂鬱風格。」而這種「憂鬱」，是「由於國家的坎坷中，飽受衰微與挫敗的桎梏所引發」。

01 歐盟中的異類，反而獲得更多機會

二〇二三年八月某天，我旅行至匈牙利北部莫雄馬扎爾古堡（Mosonmagyaróvár）。晚上入住飯店時，櫃檯擺放著當地雜誌，頭版是匈牙利總理奧班．維克多（Orbán Viktor）的照片。見我端詳雜誌封面，櫃檯接待人員向我友善一笑，指指封面上的奧班，搖搖頭又撇撇嘴。

對我這個遊客吐槽奧班，顯然是反對他在歐盟攪局。**從匈牙利的民調可以看出，奧班雖是匈牙利政壇不倒翁，但仍極具爭議。有人認為，他可以帶領匈牙利、甚至歐洲重返偉大，有人則認為他引發匈牙利大倒退，讓匈牙利離歐盟越來越遠**。

奧班的出現並非無緣無故。東歐劇變後，匈牙利啟動轉型，新自由主義市場經濟成為主導。與捷克和波蘭一樣，匈牙利也迅速走出計畫經濟的陰霾。但**相比捷克和波蘭，匈牙利的「耐力」有些不足，經濟活力也遜色一些**。二〇〇九年的歐洲主權債務危機[1]，使得匈牙利遭遇重創，經濟上的困境引發政治危機，極右翼政黨趁機崛起。

獨立和自由發聲已成習慣，不甘心又被剝奪

這個極右翼政黨，正是奧班於一九八八年與朋友們創辦的匈牙利青年民主主義者聯盟（簡稱青民盟）。它最初只是學生組織，十年後就成長為匈牙利國會第一大黨，奧班也以青民盟主席身分首次就任匈牙利總理。二〇〇二年競選失利後，奧班重整旗鼓，於二〇一〇年再度獲勝，第二次坐上總理職位，並連續贏得二〇一四、二〇一八和二〇二二年大選，連任至今。

奧班能在政壇屹立不倒，當然少不了其政治才能和個人魅力，但極右主義與匈牙利社會、匈牙利人訴求的契合也是重要原因。

在歐盟內部，奧班是絕對的異類，例如針對烏俄戰爭，他的態度始終搖擺。而在匈牙利國內，奧班政府有意限制司法獨立，對媒體控制相當嚴格並試圖壟斷發聲權；他也反對移民、反對性少數群體，統治風格呈現明顯的威

▲ 2019 年，奧班．維克多（右）與時任美國國務卿麥克．龐培歐（Mike Pompeo，左）會面。

1 簡稱歐債危機，發生於二〇〇八年金融危機後，至二〇一〇年代中後期，部分歐洲國家面臨高政府赤字、高負債財政困境。

權化，這一切都與二戰後歐洲的多元化相抵觸。基於這一點，**有不少匈牙利人認為，正是奧班摧毀了匈牙利的民主政治**。

從歷次民調可以看出，奧班並不代表所有匈牙利人。前東歐國家轉型的最大魅力在於，不管是否喜歡，社會始終呈現多元化，即使倒退、即使有人傾向專制，但都無法改變歷史趨勢。

匈牙利的民主來之不易，一九五六年的匈牙利革命[2]代價慘痛，領導者納吉・伊姆雷（Nagy Imre）最終殉難。但抗爭並非無效，正是因為匈牙利革命的轟轟烈烈，蘇聯被迫稍微放鬆經濟上的管控，匈牙利在此後三十年間，都推行了相對周邊國家而言略為寬鬆的經濟政策。東歐劇變後，匈牙利的轉型同樣遭遇陣痛，但基於過往的寬鬆經濟政策基礎，還有優秀的教育傳統，迅速走過了轉型期。

二〇一〇年後，匈牙利在奧班的帶領下，經濟上出現大轉彎，偏離了過往基於法治和私有化的市場經濟，將戰略性部門（例如銀行）國有化，並管制公共事業企業。這當然是一種倒退，且因權力的介入而滋生腐敗，匈牙利經濟學家就毫不客氣的指出，匈牙利的國有化是「暫時國有化」，即國家先將某企業實行國有化，再將該企業賣給執政黨的親信。

雖然市場機制在匈牙利經濟中仍處於主導地位，但國家的介入更深。奧班有著「我來決定誰是寡頭」的話語權，所以匈牙利近年的道路更像「裙帶資本主義」（Crony capitalism）[3]。

從這一點來說，也無需過於悲觀，奧班的支持難免會逐漸走向弱化。因為奧班的崛起，原本是基於匈牙利轉型後存在的經濟缺陷，尤其是歐債危機帶來的重創，民眾在失望中試圖尋找解決的方法（哪怕是一條「舊路」），而奧班的威權和保守適時而來。

但是，**當匈牙利民眾感受自由權縮水、權力必然導致的專橫和腐敗時，也會重拾自己的抗爭傳統。而與之相反，長期掌握權力，必然帶來傲慢與僵化，反而是奧班越來越大的弱點。**

即使部分匈牙利人對東歐劇變後的社會狀態存在著失望和批評，也不等於他們希望自己回到那個噤若寒蟬的年代。**當獨立和自由發聲已成為習慣時，就不會甘心這一切又被剝奪。**

沒有國產車品牌，卻成為歐洲底特律

從民間狀態來看，匈牙利依然是典型的歐洲國家——安逸、穩定，美麗。行走於匈牙利的城市或鄉間，總能感受到友善和美好。

因為人力成本較低，也因為奧班的搖擺，匈牙利反而在立足歐洲的同時（雖然遭遇了歐盟內部越來越多的質疑），贏得了來自東方的大量投資機會。

在鋰離子電池領域，匈牙利目前正在興建與規畫的工廠達到三十多個，產能位居全球第

2 發生於一九五六年十月二十三日至十一月四日，匈牙利民眾為反抗匈牙利人民共和國（存在於一九四九年至一九八九年間，社會主義政權）和蘇聯而引發的革命，最後遭蘇聯鎮壓，超過兩千五百名匈牙利人死亡。

3 指在一個經濟體中，企業的成功與否並非市場經濟的結果，而是取決於經商者與政治家關係是否密切。

四，中國電池製造商寧德時代，就在匈牙利東部大城德布勒森（Debrecen）興建了工廠。同樣在這座城市，還有另一家中國企業「億緯鋰能」的工廠，專門為BMW新能源車型提供鋰電子電池。全球最大鋰電池隔離膜企業恩捷股份，同樣在德布勒森建立生產基地。正因這些投資，德布勒森的鋰電池產能在歐洲城市中穩居第一。

而在匈牙利南部，比亞迪汽車的新能源車工廠正在建設中。二〇一六年，比亞迪便已在匈牙利建立了巴士製造廠。此外，韓國和日本工廠也在這裡生產電池與相關零組件。

有趣的是，**匈牙利並沒有自己的世界級汽車品牌，卻依靠各種外來投資，成為「歐洲底特律」**[4]。匈牙利製造業總產值，汽車製造業就貢獻了近三分之一。全球二十大汽車製造商中，有十四家在匈牙利建立組裝工廠和零件生產基地；全球前一百家汽車零件供應商中，有一半在匈牙利設有廠房或代表處。

此外，匈牙利也是目前除了德國和中國外，第三個同時擁有BBA（賓士、BMW和奧迪）三大豪華汽車品牌工廠的國家。

早在二〇一五年至二〇一六年間，匈牙利就制定了《國家電池產業戰略》，計畫將匈牙利建設為「歐洲電池價值鏈中心」。近年來，匈牙利依託於新興製造業，GDP增長率保持在四%左右，在全球經濟中表現出色，漸漸擺脫了歐債危機後的頹勢。

而除了汽車與新能源，匈牙利還有一些不為人們所熟知的傳統優勢，例如在歐美國家極為昂貴的醫療。

匈牙利歷史上共培養出十七位諾貝爾獎得主。按其總人口一千萬的比例計算，它是全球人均諾貝爾獎得主最多的國家。匈牙利諾貝爾獎得主中，有五位是生理學或醫學獎得主、五位化學獎得主，還有四位獲得物理學獎。

匈牙利的醫學研究能力在全球名列前茅，布達佩斯也持續位列全球生物醫藥技術最具競爭力城市榜。而**匈牙利醫療服務中，以牙醫最為著名，每年有兩百多萬人來匈牙利享受「醫療旅行」**，即藉旅行機會順便看牙。此外，匈牙利製藥業也相當發達，賽諾菲（Sanofi）、葛蘭素史克（GlaxoSmithKline）、邁蘭（Mylan）等全球大型醫藥企業，都在此建有基地。

從地理位置來說，匈牙利堪稱連接東西方的「十字路口」，交通便利。它也擁有極為出色的基礎教育、科學研究能力，以及相比西歐地區更為低廉的人力成本。在地緣政治上的「左右逢源」，固然有令人詬病的一面，但經濟上的開放未曾改變。

相比歐盟其他國家，匈牙利在民主政治、多元化和民眾權利等面向，確實較為保守；但同樣的，作為歐盟國家、作為柏林圍牆倒塌後受益於全球化的轉型國家，匈牙利在民主政治、多元化和民眾權利方面，仍舊堅持著自己的底限，不會倒退至昔日模樣。

至於匈牙利的未來會如何，交給時間，或許是最好的方法。

4　以汽車製造與研發中心而聞名的美國城市。

02 祖國不自由，我就不回去

一九四二年，《餘燼》（*A gyertyak csonkig egnek*）在布達佩斯出版，作者桑多・馬芮（Márai Sándor）在書中寫道：「人在孤獨中能夠洞悉一切，什麼都不再害怕。」

一九八九年，他在美國聖地牙哥的家中舉槍自盡，孤獨的他確實什麼都不再害怕，包括死亡。在他離世二十五年後，二〇一四年的某一天，我在布達佩斯街頭遊走，走進每間偶遇的書店，只為印證一個「傳說」：如今，布達佩斯每家書店都有馬芮專區。

一九〇〇年，馬芮出生於奧匈帝國城市Kassa。它如今已在匈牙利版圖之外，被劃入斯洛伐克疆域，也就是斯洛伐克第二大城市科希策（Košice）。

科希策的地標是斯洛伐克最大教堂——聖伊麗莎白主教座堂（Dóm svätej Alžbety），建於十四世紀的它，是歐洲最東邊的哥德式大教堂。這似乎是一種隱喻，在宗教信仰對立的時代，這裡曾是基督教抵抗的前線。

這讓我想起距離科希策不遠的匈牙利北部名城埃格爾（Eger），在那座以釀造名為「匈牙利牛血」（Egri Bikavér）的紅餐酒著稱的古城裡，遍布巴洛克式建築，其中卻有一座突兀的伊斯蘭尖塔遺跡，筆直向上撐起了埃格爾老城的天際線，見證著埃格爾曾被鄂圖曼帝國占領的歷史。

東西文化的碰撞，在馬芮出生時便已成歷史，但遺跡仍在潛移默化中影響人的思維，乃至於情緒。如果空間的膠著尚不足以做到這些，那麼時間軸的作用力更會增加其影響力——在人類歷史上，還有什麼時刻會比新舊世紀之交更具有象徵意味？

曾有人說，馬芮的代表作《一個市民的自白》（*Egy polgár vallomásai*），堪與法國作家馬塞爾．普魯斯特（Marcel Proust）《追憶似水年華》（*À la recherche du temps perdu*）比肩，而兩者風格確實相似。

書名中的「市民」並非普通階層，特指二十世紀初的匈牙利特殊社會階層，包括貴族名流、資本家、中產階層和沒落貴族等。馬芮家族背景顯赫，祖上是貴族，父親是律師，母親也是知識女性，是毫無疑問的市民階層。但**新舊時代的碰撞，往往對這種既擁有貴族傳統、又恪守市民倫理的家庭影響更大**。

這種影響無法以精緻生活和優雅品味抵消，因為它引發的價值觀和道德觀衝突令人內心煎熬。如今的科希策中心大街，歷史建築林立，人們在此穿行，或坐在路邊的咖啡廳享受陽光。但在當年，這條大道曾一分為二，一邊供貴族散步，另一邊則由僕人和平民行走。市民階層中的新興資產階級則是在夾縫中生存，他們一方面吸收自由平等的觀念，希望能善待貧民，但另一方面又追求貴族式的生活水準，甚至被貴族式道德觀所影響，不與貧民有過多接觸。

《一個市民的自白》的第一部分便以家族史和童年生活為藍本，講述市民階層生活。與《追憶似水年華》相似的是，它詳細記錄了市民階層的種種，細緻到房間裡每件家具的雕花、書櫃中藏書的作者、大街上人們的裝扮等都有描述。

而在這種環境中長大的馬芮，選擇傾向自由與平等，這使他註定成為市民階層的叛逆者，並最終成為流亡者。

青春時代就開始流亡

在山腳下，坐上通往布達皇宮的纜車，一路向上，多瑙河的美景呈現眼前。鏈橋（全名為塞切尼鏈橋〔Széchenyi lánchíd〕）是多瑙河上最著名的一座橋，距離布達皇宮最近，它在我眼前延伸，直

▲ 在通往布達皇宮的纜車上看鏈橋。

至對岸的佩斯。

布達和佩斯原本是兩座城市，隔著多瑙河相望，後來才成為今日的布達佩斯。一九一八年，十八歲的馬芮入伍，但因身體羸弱而未被錄取。這當然不是壞事，因為受徵召入伍者多半成為一戰的炮灰。馬芮接著進入大學法律系就讀，一年後轉入文學系，並出版了第一部詩集《記憶書》（*Emlékkönyv*）。

也是在這期間，還不滿二十歲的馬芮選擇了人生中第一次逃離。一九一九年十月，為了遠離布達佩斯的革命風暴和他並不喜歡的家族階級，他前往德國。這似乎預示了他日後的人生道路：他不願成為一個既得利益者，也厭惡革命，作為一個純粹的自由主義者，他偏偏未能生活在十九世紀末的田園牧歌中，等待他的唯有流亡。

馬芮曾長期客居威瑪（Weimar）。這個德國曾經的文化中心，曾孕育作家歌德、席勒（Friedrich von Schiller）以及鋼琴家李斯特（Liszt Ferenc）的靈感，柏林則是他在德國的最後一站。

馬芮身處的時代，威瑪在德國地位崇高。就在馬芮離開匈牙利之前不久，也就是一九一九年七月三十一日，德國國民議會在威瑪通過「威瑪憲法」，並於八月十一日正式生效，這個日子也被視作「德國民主誕生之日」。

那時的柏林正在德國戰敗陰影中風雨飄搖，一戰帶來的創痛使它處於失序之中。陰冷破敗、傳染病橫行與及時行樂式的狂歡交織，馬芮也曾一度放浪形骸。但他也在德國找到了理想，成為一名記者，並在《法蘭克福報》（*Frankfurter Zeitung*）擔任專欄作家。

一九二一年，他出版了第二部詩集，同年還翻譯了卡夫卡的《變形記》和《審判》，成為卡夫卡的第一位匈牙利語譯者和評論者。也是在德國，馬芮結識了妻子伊蘿娜・馬茨納（Matzner Ilona），從此廝守六十三年。

婚後第一年，馬芮夫妻習慣的貴族化生活方式，與德國已告崩潰的經濟顯然無法相容，以至於他們潦倒不堪，無暇寫作。於是他們移居巴黎。但在巴黎的六年間，馬芮始終未能融入。之後，馬芮遊歷佛羅倫斯、威尼斯、大馬士革（Damascus）[5]、耶路撒冷、黎巴嫩和倫敦，直至一九二八年，去國十年、已從青春少年步入中年的他決定重返祖國。只是，祖國到底在哪裡呢？奧匈帝國已經瓦解，根據一九二〇年簽訂的《特里亞農條約》（*Treaty of Trianon*），他的故鄉科希策已被劃入捷克斯洛伐克。於是，他選擇了布達佩斯。

這十年的漂泊也構成了《一個市民的自白》的第二部分。這是一戰後與二戰前的歐洲，動盪複雜，馬芮則在輾轉中成長。

喜歡布達，抗拒佩斯

一九三五年，馬芮與德國作家湯瑪斯・曼（Thomas Mann）在布達皇宮見面。此時，他們曾棲身的德國已被陰雲籠罩。一九三〇年十月十七日，湯瑪斯・曼曾在柏林發表演說，稱納粹主義是「怪癖野蠻行徑的狂潮」，而遭希特勒迫害，只能選擇流亡。馬芮也早在納粹尚未得勢時便撰文示警，當時匈牙利還是德國盟友，他自然遭到許多匈牙利激進分子仇視。這兩位故友在布達皇宮的碰面，顯然是自由主義者的反法西斯宣示。

布達皇宮居高臨下，可以一覽對岸的佩斯風光。城堡式的皇宮古樸滄桑，站在空曠的廣場上，四周顯得靜寂。走出皇宮便是如今的總統府山多爾宮（Sándor-palota），外形樸素的兩層建築，白色外牆，門口有兩名衛兵。如果沿著大路向前走，便是雄偉的馬加什教堂和遊人如織的漁人堡（Halászbástya）。

布達的精華——皇宮、總統府、大教堂和漁人堡——都在這座山上。沿著蜿蜒的道路走下去，直至多瑙河畔，入眼都是古樸建築。相比之下，對岸的佩斯較為精緻、繁華。可是，馬芮顯然更喜歡布達。

一九二八年至一九四八年，馬芮告別了青春時代的漂泊生活，一直生活在匈牙利。在布達佩斯期間，他始終居住在布達的一個偏僻街區。在他看來，佩斯的精英階層實質上粗鄙市儈，與自己格格不入。反倒是布達，那陰暗破舊的公寓，配上他從巴黎搬回的舊家具，還有滿室藏書，就構成他滿意的生活。

5 位於中東，今敘利亞首都。

就在公寓對面的小咖啡館裡，他寫出了一部部名作——一九二八年出版長篇小說《寶貝，我的初戀》（*Bébi vagy az első szerelem*），一九三〇年出版小說《反叛者》（*Zendülők*），一九三四年至一九三五年間，完成了自傳體小說《一個市民的自白》，接著又於一九四二年完成並出版了《餘燼》……馬芮以文字對抗世俗，他還說：「我寫書，是給命運納稅。」

一九三九年是個悲傷的年分，馬芮的兒子出生幾週後就因病夭折，同年二戰爆發。一九四四年三月，馬芮與妻子前往布達佩斯附近小村避難。一九四五年二月，馬芮在布達佩斯居住的公寓大樓被炸成廢墟，留在那裡的六萬冊藏書付之一炬。他喜歡的布達與他不喜歡的

▲ 匈牙利總統府山多爾宮。

佩斯，都在轟炸中千瘡百孔。

他們不允許我自由的沉默

二戰後，匈牙利當局希望馬芮出任「匈牙利—捷克斯洛伐克友好協會」主席。馬芮不但表示拒絕，還坦言「恐怖從法西斯那裡學到了一切：最終，沒有人從中吸取經驗」。也正因此，他理所當然被斥為「資產階級殘渣」。

這似乎是一種迴圈，各方勢力都想拉攏他，被拒絕後又開始打壓他。一九四七年，他被授予匈牙利科學院院士頭銜，當局其實並不情願，只是馬芮名氣太大，不給他頭銜實在說不過去。但是，伴隨著院士頭銜的，是種種令馬芮無法容忍的壓制。次年八月，他被迫

▲漁人堡雖名為「堡」，但原本是防禦工事，中世紀時漁民行會負責守衛這一段城牆而得名。

▲馬加什教堂，後方臨近漁人堡，位於布達城堡區的心臟。

踏上流亡之路，永遠離開匈牙利。

此後，他輾轉瑞士、義大利和美國。其間完成了《地球！地球！》（*Föld! Föld!*），它也被視為《一個市民的自白》的第四部分。至於第三部分，原本只在馬芮的日記裡提到，後來才發現其手稿，二〇一三年以《我想保持沉默》之名於匈牙利出版。

在《地球！地球！》中，馬芮這樣寫道：「**我之所以必須離開，不僅因為他們不允許我自由的寫作，更因為他們不允許我自由的沉默。**」

如今的布達佩斯，乃至於匈牙利，已不再有馬芮當年面對的壓抑空氣。人們可以在布達皇宮自由行走，在總統府前與衛兵合影，在繁華的瓦茨街（Váci utca）購物，在美麗的安德拉什大街上漫步。

避開人潮，我沿著廣場旁的內街漫無目的行走，穿過一條條破敗冷清、與旅遊區大不相同的老街，直至走到又一座跨越多瑙河、連接布達與佩斯的大橋。行至橋中央，可以拾階而下，進入多瑙河中的一座小島——瑪格麗特島（Margit-sziget）。

這個有草地和樹林，還有兩家飯店的小島，是布達佩斯人的樂園。草地上和小島堤壩上坐滿了人，聊天或嬉戲。大橋的另一側，是多瑙河畔最雄偉的建築——匈牙利國會大廈。

很多年前，馬芮曾坐在紐約中央公園的長椅上懷念瑪格麗特島。於是，他在公園裡寫下了一首名為〈我這是在哪？〉的小詩：

我坐在長椅上，仰望著天空。
是中央公園，不是瑪格麗特島。
……
到底誰在照看可憐祖母的墳塚？

那時，一九五六年匈牙利革命已被鎮壓，馬芮則在次年入籍美國。

一九五六年的匈牙利革命，是布達佩斯永久的傷痕。每次在布達區的河岸邊，我的視線都會跨過多瑙河，望向對岸的國會大廈。一艘艘遊船在寬闊的河面上駛過，想必船上的人們都會驚嘆眼前的雄偉建築。一九五六年，匈牙利民眾上街遊行抗議時，開明的政治家納吉・伊姆雷曾在國會大廈前許諾民眾將爭取民主。但一切在蘇軍鎮壓之下戛然而止，一連串民眾流血事件後，納吉被捕，並被處決。

始終未等到祖國的自由

漫步佩斯街頭時，我時常感慨它滄桑中的華麗。即使是冷戰期間，匈牙利也堪稱東歐世界裡的一片樂土，正是因為一九五六年匈牙利革命的殘酷，所以統治者採取了大量彌補措施，希望以經濟發展來掩蓋窒息，也希望人們可以在收入改善的狀況下忘記曾經的慘痛。

佩斯的中央市場（Nagycsarnok）非常著名，這是歐洲最大的市場之一。這裡有琳琅滿目的商品，肉類、魚類、蔬菜、瓜果一應俱全，即使是遊客也不會空手而回，可以買幾罐享譽歐洲的匈牙利鵝肝罐頭。

即使是在計畫經濟時代，東歐世界最為風雨飄搖之際，中央市場仍能提供足夠的物質選擇。這似乎是個隱喻，揭示著一種統治模式：透過物質主義麻醉民眾，消解反抗情緒。而當經濟出現崩潰、物質難以為繼時，一切就會坍塌。

在這個過程中，**文化總是被摧殘的一方，因為只有真正的人文主義才會喚醒民眾**。在馬芮選擇流亡後，其作品就在匈牙利國內被禁。從此，他流亡四十一年，即使一九七三年與妻子前往

▲ 布達佩斯中央市場，位於佩斯這一側。市場建築共三層，地下部分和一樓主要販售食品，二樓則銷售各種手工藝品。

維也納度假，紀念兩人結婚五十週年時，也未重返距離維也納僅一百多公里的布達佩斯。當時的匈牙利政府為了改善國際形象，不但解禁了馬芮的作品，還力邀他回國。而馬芮拒絕的理由是：**只要祖國還不自由，他就不回去**。

但他始終未曾放棄母語寫作。年輕時代的他既不肯迎合資產階級，也不肯迎合革命，中年時的他將左右翼一起得罪，流亡後的他也絕不肯討好西方市場，始終堅持匈牙利語寫作，即使市場極小。如果沒有出版社肯出版，他就選擇自費。

對自由的渴望與隱忍堅持，貫穿馬芮的一生，他甚至是許多人眼中罕有的完人。與大多數生活混亂的流亡者不同，堅守貴族氣質的他始終從容，私生活也不似其他才華橫溢的同行那般複雜，馬芮與妻子相伴六十三年，以一場異常完美的婚姻應對他所遭遇的一切波折。

只是，一切都敵不過時間。一九八六年一月四日，妻子去世。同年，馬芮的弟弟去世。一九八七年春，他的養子去世。孑然一身的馬芮只能忍受孤獨。

一九八八年，東歐世界風雨飄搖，匈牙利科學院和作家協會先後聯繫他，希望這位匈牙利最富盛名的作家能夠回國。但馬芮的態度仍然如前。

他並未等到祖國的自由。一九八九年二月二十一日，他在美國聖地牙哥的家中舉槍自盡。從一九〇〇年至一九八九年，一戰、二戰與冷戰，都被他拋至身後。幾個月後，柏林圍牆倒塌。隔年，也就是一九九〇年，匈牙利政府將該國文學藝術最高獎項「科蘇特獎」（Kossuth-díj）追授給馬芮，這是該獎項第一次頒發給死者。

一九九八年，馬芮的《餘燼》登上義大利暢銷書榜，在德國更是賣出七十萬冊。德國《時代》雜誌認為「未來我們必將把他（馬芮）和約瑟夫．羅特（Joseph Roth，奧地利作家）、史蒂芬．茨威格（Stefan Zweig，奧地利猶太裔作家）、羅伯特．穆齊爾（Robert Musil，奧地利小說家），以及我們其他暗淡的半神並列，甚或與湯瑪斯．曼和法蘭茲．卡夫卡比肩」。與《一個市民的自白》一樣，《餘燼》也如輓歌。兩位四十一年未曾見面的古稀老人重逢，徹夜長談往事。亨利克將軍是奧匈帝國遺老，一戰後隱居莊園，堅守當年的生活與道德觀，故友康拉德則在二戰期間前來探望他，這場對話直至餘燼。

最讓我動心的細節是他們的年輕時代，那時，他們在維也納就讀軍校。一個午後，他們在美泉宮（Schloss Schönbrunn）散步，見到打著白色蕾絲花邊太陽傘、孤獨且貌美的婦人，那是著名的茜茜公主[6]。《餘燼》提醒了我，茜茜公主的生命中，最榮耀和愜意的時光都在布達佩斯，而非維也納。

這種大時代的符號式記憶，有時會為小說添色，但有時則會束縛作者，使之被宏大敘事綁架。而馬芮屬於前者，因為他沉迷於各種細節描寫，不為大時代所局限。他曾這樣寫道：「我以自己的方式親歷了戰爭和革命，時間及其所有的歷史意味，不留痕跡的從我身上濾過，黯然消逝。」

這種「自己的方式」，在《偽裝成獨白的愛情》（*Az igazi*）中同樣展現。一九四一年，馬芮寫下《真愛》，講述一對已經分開的夫婦，站在各自立場、以獨白形式講述失敗婚姻。

一九八〇年，馬芮續寫這一故事，再度以一對情人獨白的方式鋪陳《尤迪特……和尾聲》，講述逝去時代。書中可以見到馬芮自己的影子，例如站在被炸毀的公寓廢墟上，站在幾萬卷被炸成紙漿的書籍中，便是當年他在布達的經歷。這兩個故事合一，便是《偽裝成獨白的愛情》。

在四段獨白中，那個逝去的時代時隱時現，只是續寫部分更加老辣，甚至諷刺。例如馬芮對平等的理解，他堅信沒有自由的平等是虛假的，忽視人類自身差別的極端平等，必然導致道德淪喪。

馬芮對舊日傳統的尊重始終未變，正如他所說：「悲劇的根源不是一時的軟弱，而是世界秩序坍塌時人們傳統道德觀念的動搖。」

6 伊莉莎白・亞美莉・歐根妮（Elisabeth Amalie Eugenie），奧地利皇帝兼匈牙利國王法蘭茲・約瑟夫一世之妻，奧地利皇后、匈牙利王后，被稱為「世界上最美麗的皇后」。家人與朋友暱稱她為茜茜（Sisi），世人也以「茜茜公主」稱呼她。

03

千年前，匈牙利在此成為基督宗教國家

在很長一段時間裡，埃斯泰爾戈姆（Esztergom）都是匈牙利的宗教中心。時至今日，聖母升天聖阿達爾貝特聖殿都主教座堂（Nagyboldogasszony és Szent Adalbert Prímási Főszékesegyház，簡稱埃斯泰爾戈姆聖殿〔esztergomi bazilika〕）仍然傲立於城堡山中央，背靠多瑙河，是匈牙利人心目中的聖地之一。

我要探訪的目標正是它。將車停在山腳下，我便沿著蜿蜒的馬路向制高點走。

埃斯泰爾戈姆位於匈牙利西北部邊境，距離布達佩斯僅有五十公里。它的人居史可以追溯到新石器時代，曾是凱爾特人定居點。五〇〇年左右，斯拉夫人移居至此地。作為多瑙河流域的戰略要地，它一向被統治者所重視。

十世紀初，馬扎爾人占領此地。九六〇年，蓋薩大公選擇在埃斯泰爾戈姆建立城堡和宮殿，他的兒子伊什特萬正是在此出生，也就是後來的伊什特萬一世（István I）。

一〇〇〇年，**匈牙利第一位國王聖伊什特萬一世，在這裡舉行加冕典禮，也讓埃斯泰爾戈姆的千年城市之路得以開啟**。之後的幾百年間，國王的加冕禮多半轉移到塞克什白堡

（Székesfehérvár）進行。此後，埃斯泰爾戈姆城堡持續擴充，除了教堂之外，還有王室住所。

沿著草地間的山路走上城堡山頂，埃斯泰爾戈姆聖殿的雄偉圓頂躍於眼前。埃斯泰爾戈姆聖殿是匈牙利規模最大的教堂，在歐洲、乃至於全世界也是數一數二。教堂長一百一十八公尺、寬四十九公尺，從地下墓室到中央穹頂高達一百公尺，頂端的金色十字架高達七公尺。

眼前教堂的歷史不算長，始建於一八二〇年，完工於一八六九年。在這片土地上，最初落成的是伊什特萬一世於十一世紀初所興建的教堂，但一一八〇年毀於戰爭。

此後興建的教堂也屢受摧殘。在一五二六年摩哈赤戰役（mohácsi csata）[7]中，埃斯泰爾戈姆大主教陣亡，鄂圖曼帝國軍隊也逼近埃斯泰爾戈姆，使之繁榮不再。此後十幾年間，埃斯泰爾戈姆屢遭圍困，並被反覆爭奪，一五四三年徹底失陷，被鄂圖曼人占領。**此後，教堂被添加清真寺元素，雕像等遭到破壞，所幸整體框架仍存，成為新教堂建設的基礎**。新教堂落成後，舉行了盛大典禮，音樂大師李斯特為其譜寫彌撒曲作為獻禮，並在典禮上指揮演奏。

二戰期間，埃斯泰爾戈姆聖殿遭遇嚴重破壞，屢遭炮火攻擊，柱廊和圓頂都有極大損毀，經過多年整修後才變成眼前模樣。二〇一八年底，匈牙利政府再度啟動翻新工程。

7 鄂圖曼帝國入侵匈牙利王國，最終鄂圖曼帝國勝利，匈牙利國土一分為三。這場戰役至今仍提醒匈牙利人，面對任何困境應堅毅不屈，許多匈牙利人遇上困境時會說「在摩哈赤失去的遠比現在更多」（Több is veszett Mohácsnál），以勉勵自己面對困難。

▲ 埃斯泰爾戈姆聖殿，正好遇上維修。

▲ 埃斯泰爾戈姆聖殿正面。（攝影／ AlanFord）

教堂的外立面以科林斯柱式（Corinthian Order）撐起三角形山牆，其後是綠色圓頂，兩側各有一個小圓頂，可惜我前往參觀時正在維修。

循著參觀人群步入正廳，瞬間便被高聳穹頂所驚嘆。十字形正廳古樸大氣，穹頂布滿雕塑和畫作，祭壇上方為米開朗基羅（Michelangelo）所複製、義大利藝術家提香（Titianus）的大型油畫《聖母升天》（Assunta），畫作高十三公尺，寬六．五公尺。行走於巨大柱廊間，人顯得極為渺小，所有虔誠彷似凝聚於巨大穹頂。

教堂的地下室空曠莊嚴，巨大石柱支撐迴廊，行走於一座座石棺與厚重石牆間，只聽得到自己的腳步聲。

教堂外的花園與廣場被城牆環繞。舊時塔樓高聳於峭壁邊，望向多瑙河。廣場上有伊什特萬一世的青銅像，此外，伊什特萬一世加冕的大型白色石雕立於城牆邊，以天空為背景，顯得十分挺拔。

站在石雕旁的城牆邊，山下多瑙河靜靜流淌，埃斯泰爾戈姆的居住區房屋錯落有致，偶有教堂塔尖

▲ 伊什特萬一世加冕雕像。

「脫穎而出」。一條五百公尺長的綠色鐵橋橫跨多瑙河，它名為瑪麗瓦萊里橋（Most Márie Valérie），以奧匈帝國皇帝法蘭茲．約瑟夫一世的女兒命名。大橋建於一八九五年，但在一九四四年，遭節節敗退的納粹德軍撤退時炸毀。二〇〇一年，大橋在歐盟支持下重建。

若是步行穿過鐵橋，河岸對面便是斯洛伐克的小城什圖洛沃（Štúrovo）。有趣的是，目前它的主要居民以匈牙利人為主。

離開城堡山，穿過一條條遍布巴洛克式風格精美建築的街道，便可抵達塞切尼廣場（Széchenyi tér）。埃斯泰爾戈姆曾是手工業雲集的繁榮城鎮，廣場上的建築如調色板般色彩明豔，咖啡館的大大玻璃窗裡是對談甚歡的顧客，餐廳與糖果店一字排開。

廣場的核心是黑瓦黃牆、兩層樓高的市政廳，陳舊中不失典雅。它原本是一位在十八世紀初匈牙利人反抗哈布斯堡王朝的獨立戰爭中，極具號召力的將軍宅邸。一七五〇年代，宅邸因火災被燒毀，隨後重建為市政廳，建築拐彎處有將軍的騎馬雕像。市政廳前的三位一體雕塑造型簡潔，完成於一九〇〇年。

在千年時間裡，塞切尼廣場一直是埃斯泰爾戈姆的世俗中心，承載著市集和集會等經濟、政治功能，站在廣場上，望向山頂的埃斯泰爾戈姆聖殿綠色圓頂，世俗中心與宗教中心彼此似乎觸手可及，保持著千年聯繫。

04

千年修道院，見證國家動盪歷史

位列世界文化遺產的潘諾恩哈爾姆千年修道院（Pannonhalmi Bencés Főapátság），在歐洲眾多修道院中可謂獨一無二。潘諾恩哈爾姆（Pannonhalma）位於布達佩斯西北方，城市僅有數千人口，修道院則位於山頂。九九六年，來自波希米亞地區的傳教士，在蓋薩大公的資助下到這裡傳教，修道院開始運行，如今是**匈牙利境內唯一保存完整的傳統本篤會建築群**。

蓋薩大公之子、匈牙利王國的創立者伊什特萬一世，對修道院更是提供了極大的庇護和支援，他賜予修道院大量土地，此後幾百年間，修道院一直依靠土地收入養活自身。直至今天，潘諾恩哈爾姆千年修道院仍擁有世界第二大的修道院自治土地，面積僅次於義大利卡西諾山（Montecassino）修道院。

作為家族中第一位真正的基督教信徒，伊什特萬一世竭力將潘諾恩哈爾姆千年修道院打造為匈牙利王國培育傳教人才的關鍵地。修道院在匈牙利文化史上的地位也極高，現存最早的匈牙利文文件就在這裡誕生，它是百公里外的蒂豪尼修道院（Tihanyi Bencés Apátság），於一〇五五年創始的文件。

駕車上山，停車場旁有一道門，兩根石柱中間是精美的鐵藝雕花大門。我以為這就是修道院的入口，走進去才知道，它是修道院高中與職業學校的大門。

正確的路是沿著修道院的高牆，順著草地與樹林間的小路蜿蜒而上，然後在售票中心乘坐電梯進入修道院區域。

有趣的是，售票中心外的花園與修道院學校的球場相連。六層樓的學生宿舍傲立於藍天之下，緊緊挨著球場，一、二樓是外廊結構。球場上有學生正在比賽，一個個青春洋溢。

耳邊的導覽機器告訴我，修道院高中與職業學校歷史悠久，修道院啟動不久後，學校就已成立，是匈牙利最古老的學校，也是其第一所國家學校，象徵著匈牙利正規教育的開始。如今仍舉國聞名。它對學生的選拔非常嚴格，畢業生也備受歡迎。

站在廣場的圍牆邊，視線可以放得很遠，景致極美。山腳下的村莊有大片紅瓦斜頂的民居，綠樹夾雜其間。再遠處是稍有起伏的無盡原野，草地與樹林散落其間，延伸向下一個村莊。目力所及之處，有矮矮的綿延山脈與藍天相接。

▲在潘諾恩哈爾姆城裡，抬頭總能望見修道院。

我身後的修道院建築古樸大氣，建築

群綿延相連。最早的修道院建築早已不存，如今所見的建築群在十三世紀確立，後世經過多次維修和擴充，一四八六年增添各種哥德式元素，十七和十八世紀則大量使用巴洛克式裝飾。

聖馬丁教堂（A Szent Márton-bazilika）的古樸鐘樓高聳，占據著修道院的制高點，也是山腳下望向修道院時最搶眼的存在。教堂大門上方有精美的人物畫像，頂端的圓形塔樓以羅馬柱圍繞。

教堂外觀既有羅馬式風格，又融合早期哥德式元素。它始建於一二二四年，至今屹立不倒。教堂內部莊嚴，兩側拱廊幽深。一道道拱門廊柱支撐著穹頂，一道道弧線在頂端彙聚，中間的星形拱頂呈現著對稱之美。抬頭望向穹頂，神聖感迎面而來。簡潔的祭壇和管風琴十分古樸，坐在

▲ 聖馬丁教堂祭壇與花窗。

▲ 聖馬丁教堂，大門上方有精美的人物畫像，頂端的圓形塔樓以羅馬柱圍繞。

教堂長椅上，耳畔寂靜無聲，讓人只想沉浸於這寂靜之中。雖然教堂不大，也沒有十分華美的花窗、管風琴或祭壇，但樸拙中的莊嚴感卻是我人生中所僅見。

教堂的地下室，則沿襲了卡洛林式和奧托尼式的建築風格，一根根八角形底座的古老石柱支撐天花板，柱頭上裝飾著葉子圖案。

教堂旁的迴廊異常幽靜，一扇扇造型精美的拱窗面向中庭花園，拱窗頂端的小花窗繪製著不同的宗教畫。迴廊轉角處最為別緻，穹頂勾勒的線條與對稱拱窗營造出和諧之美。

穿過教堂，沿內院前行，便可到達千年修道院裡最華美的所在——圖書館。這個擁有古典主義風格大廳的圖書館，收藏了數十萬冊書籍。

▲ 千年修道院的圖書館，天花板繪有智慧女神米娜瓦。

早在修道院建立之初，圖書館就已存在，館址多次變化。十九世紀初，如今所見的圖書館正式啟動設計工作。步入其間，一抬頭便是橢圓形耳堂的大教堂式風格。穹頂和側翼上方的窗戶吸納了大量陽光，天花板頂端是智慧女神米娜瓦（Minerva）的壁畫，天花板兩側的一個個圓形花環裡，是一位位匈牙利先哲的雕像，古樸的手工書架層層疊疊，承載著人類文明史。

在修道院附屬的商店裡，葡萄酒、精油和各種草藥茶放在最顯眼的位置。修道院花園千年以來，一直生產著藥用植物。而葡萄的栽培同樣有千年之久，葡萄酒是修道士們在工作之餘的重要飲品。

修道院和花園在這千年時間裡並非一帆風順。一五八六年，鄂圖曼人占領潘諾恩哈爾姆，修道士們只能逃離，直至一六三九年，鄂圖曼人才被驅逐。

一七八六年，約瑟夫二世頒布法令，解散本篤會社區，包括潘諾恩哈爾姆在內的眾多修道院都被迫終止。直至一八〇二年，法蘭茲一世下令恢復修道院。二戰期間，修道院備受摧殘，一九四五年後，教會土地又被國有化，學校也一度關閉，直至一九五〇年才重新開放，但只能在國家導向下進行照本宣科的教學。東歐劇變後，修道院和學校才恢復正常，並在一九九六年成為世界文化遺產。這些波折都已成為過去，如今的潘諾恩哈爾姆千年修道院宛若世外桃源，沉靜中綻放著華彩，也是真正的聖地。

05 柏林圍牆倒塌，跟這座城有關

晚上九點多，駕車進入肖普朗（Sopron）市區，街上連一個行人都看不到。夏日歐洲，日落時間極晚，此時仍有斜陽。下榻的飯店位於山坡上，推窗遠眺，剛好能見到老城那些斜斜的屋頂，還有高聳而出的教堂尖塔。

眼前的肖普朗古城，確實擔得起一個「美」字。因為時差緣故，當我次日踏足老城中心的主廣場時，還是清晨五點半，所幸天色已亮。長條形的主廣場拉遠了我的視線，無人的街道沐浴在霞光之下。三位一體聖柱幾乎是中歐古城標配，原本並不稀奇，可後來才知道，它是中歐地區第一座配有螺旋形圓柱的戶外雕塑。

最搶眼的建築當然是肖普朗的標誌——防火塔，巴洛克風格的圓柱形高塔，配有綠色洋蔥頂和圓柱拱廊，曾日夜守護城市，預報火警。

沿著廣場向李斯特大街和李斯特博物館方向走去，可以見到老城牆的遺跡，雖是斷垣殘壁，仍可見昔日榮光。途經被宏偉古典建築環繞的塞切尼伯爵廣場，可見到匈牙利政治家和作家塞切尼伯爵[8]的青銅雕像。如果熟悉匈牙利，便會知道許多城市都有塞切尼廣場。如今的塞切尼廣場，還有一座才剛建立不久的一九五六年匈牙利革命紀念碑——二〇一六年完工，正是匈牙利革命爆發六十週年。

古羅馬時代這裡便曾建城，後被遺棄。九至十一世紀，匈牙利人將遺留的古羅馬城牆加固，建起新城。到了一一五三年，肖普朗已是重要市鎮，也曾是波羅的海至亞德里亞海琥珀之路（Amber Road）、東西方貿易的交匯點。直到今天，**它仍是匈牙利保留最多中世紀古蹟的地方**。

也正因地處邊境，它曾為自身歸屬猶疑。它曾屬匈牙利，一五二九年歸屬哈布斯堡王朝，一戰後併入奧地利的布根蘭（Burgenland），一九二一年還曾舉行過公投決定歸屬，最終肖普朗人選擇了匈牙利。

在此後的一些歲月裡，或許肖普朗人曾後悔這個公投選擇。作為匈牙利西部邊境城市，它與奧地利一「牆」之隔，可是這道牆，偏偏就是冷戰之牆。

▲ 清晨的肖普朗中央廣場，中間高聳的塔樓就是防火塔。

8 塞切尼．伊什特萬（Széchenyi István，一七九一—一八六〇年），他致力於讓匈牙利現代化，匈牙利的五千元福林（forint）紙幣印有他的頭像。

直到一九八九年五月，匈牙利社會主義工人黨宣布放棄執政黨地位，實行多黨制。奧、匈兩國外交部長在肖普朗舉行會議，給予匈牙利人自由出入奧匈邊境的自由。六月二十七日，兩國外交部長還象徵性的一起剪斷了一小節邊境鐵絲網，預示邊境線將被取消。

這一消息引來了不少東德人，他們試圖從這裡越過邊境逃往奧地利，卻失望的見到了仍然存在的鐵絲網和哨兵。雖然哨兵並未執行原有的射殺命令，但東德人依然無從過境。

匈牙利反對黨適時挺身而出，決定在肖普朗郊區的一塊草地上舉辦「泛歐野餐」，號召歐洲人停止分裂，建立統一的歐洲。奧、匈兩國政府也極有默契，約定開放邊境三小時。

一九八九年八月十九日下午，約萬名匈牙利民眾聚集在肖普朗郊外，一邊野餐、一邊聽演說。**數百名東德人也來參加野餐會，在現場熱烈氣氛下衝入奧地利，假道前往西德。**

此後，大量東德人借旅行之名來到肖普朗，試圖在此出境、逃往西方。匈牙利政府乾脆於九

▲ 被眾多古典建築圍繞的塞切尼廣場，立有塞切尼紀念碑。

月十一日正式宣布開放邊境，此後幾週內，就有**超過七萬東德民眾借道肖普朗逃到奧地利，接著繞道前往西德**。此事大大動搖了東德社會，同年十一月九日，柏林圍牆倒塌，歐洲長達半世紀的分裂宣告結束。

泛歐野餐雖然發生在匈牙利，卻被視為推倒柏林圍牆的先聲，這個最終促成兩德統一的里程碑事件，至今仍被人銘記。

▲ 泛歐野餐發生地，現在豎立一座匈牙利藝術家創作的紀念作品「開放的門」。（攝影／ Cuchulainn）

06 匈牙利的凡爾賽宮

埃斯特哈希宮（Eszterháza）位於匈牙利西北部城市費爾特德（Fertőd），是匈牙利最精美的洛可可式建築，被稱作「**匈牙利的凡爾賽宮**」。宮殿花園免費參觀，內部則必須購票後參與導覽行程。

隨著導覽員走入埃斯特哈希宮的鐵製大門，U型宮殿便在眼前。背後的鐵製大門繁複精美，兩個側門頂端各有一個鐵製花盆，裡面長滿鐵枝製成的枝葉與花朵。前方的宮殿，兩側有弧形平房，是舊時馬廄、倉庫、警衛崗亭和僕人居所等，正前方是主建築。

如此龐大的貴族宅邸，依託的是埃斯特哈希家族的顯赫地位。一六八七年十二月，埃斯特拉希．帕爾（Esterházy Pál）伯爵以匈牙利王國巴拉丁（palatinus，即首相）的身分，親手將匈牙利王冠獻給神聖羅馬帝國皇帝約瑟夫一世，因此獲得世襲親王爵位，埃斯特拉希家族也從地方貴族門第，躍升為神聖羅馬帝國的顯赫家族，且是當之無愧的首富，甚至超過各國王室。

在此之前，埃斯特哈希家族的地位已經相當重要，埃斯特拉希．帕爾的父親埃斯特哈希．米克洛什（Esterházy Miklós），於一六二五年就已成為匈牙利王國的巴拉丁，次年更是晉封伯爵。稱這一家族為「世代宰相的家族」毫不為過。

在獲得親王爵位後，埃斯特哈希家族迅速擴充產業，遍布如今的德國、奧地利、捷克、斯洛伐克和匈牙利等地區。一七七〇年，埃斯特哈希家族第五代親王埃斯特哈希．米克洛什．約瑟夫（Esterházy József Miklós）以自己的頭像在奧地利發行貨幣 Thaler，這是流通於神聖羅馬帝國和哈布斯堡王朝統治地區的硬幣。而他也正是埃斯特哈希宮的建造者，將這座原本平庸的堡壘式建築，改造為美輪美奐的宮殿式建築。

第五代親王不惜金錢，主建築的一百二十六個房間全部採用華麗的洛可可風格描金裝飾，包括一個歌劇院和一個小劇場。

隨著導覽員步入宮殿，便是裝飾華美並直通花園的門廳。花園從玻璃門灑入的光線在淺色地面折射，讓整個門廳顯得敞亮。抬頭望向穹頂，有古希臘神話溼壁畫，四面牆上都是洛可可描金花卉線條，一面面鎏金銅框的大鏡子增加了空間感，鏡前有大理石檯面

▲ 埃斯特哈希宮全景。

的洛可可式邊桌。

海頓超過半數作品都在此完成

走上二樓，首當其衝的是一間會客廳。白色牆身相當簡潔，一個個拱門拱窗上方有描金雕飾。廳中擺有古董座椅和茶几，兩側各有一座白色描金陶瓷壁爐，供冬日取暖之用。在當時的歐洲，這樣的壁爐不僅講究製瓷技術，還需要專用管道連通鍋爐房，造價昂貴，非一般宅邸宮殿所能擁有。

再向前走便是最華麗的音樂廳，面向花園的拱窗接納了大量陽光，天花板的溼壁畫是義大利畫家繪製，丘比特與賽姬（Psyche，希臘、羅馬神話中的人物）在奧林匹斯山眾神祝福下進行婚禮的場景。

▲ 宮殿中最華麗的音樂廳。

各種描金裝飾點綴於牆壁之上。音樂廳四角各有一個雕塑，真人大小，精美絕倫，分別代表春夏秋冬。兩側壁爐上方各有一個華麗的鑲嵌式時鐘，還有精美的花環形燭臺。直至今天，它仍然被音樂界視為全世界最美、音響效果也最完美的音樂廳之一。

一七六六年至一七九〇年，「弦樂四重奏之父」約瑟夫．海頓（Franz Joseph Haydn）及其管弦樂隊常常在這裡演奏，著名的「告別交響曲」（第四十五號交響曲）於一七七二年秋天首次在此演出。因為海頓，這裡便成為埃斯特哈希家族最重要的宴客之所，最著名的訪客當屬瑪麗亞．特蕾莎女王，她於一七七三年來到這裡小住，期間欣賞了海頓的演奏。她還在埃斯特哈希宮殿的歌劇院裡看過歌劇，讚嘆：「如果我想看一部好的歌劇，就必須去埃斯特哈希宮。」

除了海頓，埃斯特哈希家族還從當時的歌劇重鎮米蘭，聘請著名的布景和服裝設計師彼得羅．特拉瓦利亞（Pietro Travaglia），讓他在這裡揮灑創作能量。歌劇院的掌控者則是古典芭蕾舞的創作者讓—喬治．諾維爾（Jean-Georges Noverre）。

歌劇院的座上客不僅有權貴名流，慷慨的埃斯特哈希家族為了傳播藝術，每週都會開放幾場歌劇，讓人們自由欣賞。

海頓舊時住所位於宮殿之外，如今被

▲ 音樂廳角落的雕塑。

闢為音樂之家。埃斯特哈希家族為這位音樂大師提供了優渥的生活條件，讓他可以盡情創作。雖然海頓偶爾會在信件中發發牢騷，認為埃斯特哈希宮太過偏僻，但這二十多年的時光，仍為他提供了難得的創作空間。**海頓的弦樂四重奏和五十多部交響曲中，有一半以上在這裡創作，並在埃斯特哈希宮音樂廳裡首度演出**。

宮殿一側的小小教堂僅供埃斯特哈希家族使用，同樣精美。大理石牆身營造出橢圓形穹頂，天花板上的壁畫十分精緻，呈現匈牙利王國開創者伊什特萬一世將王國獻給聖母瑪利亞的場景。

可惜的是，埃斯特哈希宮的榮光持續時間並不長，一七九〇年，埃斯特哈希．米克洛什．約瑟夫去世，兒子安塔爾（Antal）繼承了家族產業，但無論是安塔爾還是後來的繼任者，在這個相對偏僻的宮殿所居住的時間越來越少，家族總部也搬往奧地利艾森施塔特（Eisenstadt）。

後來，埃斯特哈希家族逐漸走下坡，不少產業因債務被迫抵押，部分珍寶出售給匈牙利政府。一八七一年，匈牙利政府向埃斯特拉希家族購買六百三十七幅油畫、三千五百三十五幅素描、五萬一千三百零一幅版畫和三百零五

▲ 花園裡的海頓雕像。

本圖書。一八九五年成立的匈牙利美術博物館裡，埃斯特哈希家族藏品占比極高。

一九〇二年，埃斯特哈希家族再度搬回埃斯特哈希宮，一直住到二戰結束。在戰爭期間，它曾先後被當地居民和蘇軍洗劫。一九四五年後，匈牙利將宮殿收歸國有，建築更是凋零破敗。儘管一九六〇年代和一九七〇年代曾經有過修復工程，但規模都很小。真正大規模的重建於二〇〇六年啟動，二〇一一年開啟第二階段。

被修復的不僅是建築本身，還有背後占地三百公頃的廣闊花園。站在音樂廳窗前，便可見到仿照凡爾賽宮建設的花園。花園沿宮殿的中軸線而建，草地上布滿精心修剪的圓錐體草堆。宮殿與花園的光鮮來之不易，單單上個世紀，它就經歷了無數波折與摧殘，隨著人類的大時代浮沉。所幸的是，今日的它隱然已恢復昔日榮光。

撥開歷史跌宕，再看埃斯特哈希宮，會發現它的許多妙處：

它的位置相當獨特，位於奧、匈邊境新錫德勒湖（Neusiedler See，匈牙利語稱費爾特湖〔Fertő tó〕）旁的沼澤地上，當時並不是興建宮殿的好地方。不僅關乎建築難度，也關乎「風水」，但埃斯特哈希家族顯然不在意。

還有它與海頓的關係，偉大藝術家與貴族宮廷間如此持久、密切的關係，在音樂史上獨一無二，這也讓埃斯特哈希宮成為當時歐洲的音樂文化聖地之一。

從貴族層面來說，「匈牙利的凡爾賽宮」會隨著家族興衰而浮沉，但從藝術角度來說，海頓帶來的聖地效應卻是永恆的。

07 世界上相鄰最近的三國首都

二〇二三年八月的某一天，我駕車從斯洛伐克駛入匈牙利。原本目的地是布達佩斯，我卻中途繞路前往一座名為傑爾（Győr）的邊境城市，一路上心情還頗為激動。

這是一次懷舊之旅。二〇一四年，我曾在從布達佩斯前往斯洛伐克首都布拉提斯拉瓦的路上與傑爾「偶遇」，印象極為深刻。近十年後，我決定再次探訪它。

第二次探訪的時間更為充裕，也更為深入。當年令我著迷的巴洛克式舊城，如今依然沉靜美麗。早在一九八九年，匈牙利因古蹟保護而獲得歐洲諾斯特拉獎（Europa Nostra Awards）[9]時，傑爾就被視為典範。它也是一座沿河而生的城市，拉布河（Rába）和拉布卡河（Rábca）在這裡匯入多瑙河。也正是因為如此優越的地理位置，它的城鎮史非常悠久，早在一〇〇九年就成為傑爾教區中心。

傑爾是匈牙利古蹟最為豐富的城市之一，還是匈牙利西北部的經濟中心與文教中心。這顯赫地位多少有賴於「三大首都軸線」，傑爾在這條軸線上的地位，或許僅次於三大首都。

布達佩斯、布拉提斯拉瓦與維也納，最近三國首都

所謂**「三大首都軸線」，指的是匈牙利首都布達佩斯、斯洛伐克首都布拉提斯拉瓦和奧地利首都維也納，也是世界上相鄰最近的三國首都**。布達佩斯距離布拉提斯拉瓦僅一百多公里，布拉提斯拉瓦距離維也納僅有六十公里，在這條軸線上生活的人們，完全可以實現「早上在布達佩斯吃早餐，下午在布拉提斯拉瓦購物，晚上去維也納看歌劇」的行程。而在這條軸線上，傑爾是很難繞過的存在。

面積不足一百八十平方公里、人口僅十二萬的傑爾，是匈牙利的第六大城市。當年我與它的初見，從郊外體育場旁的市集開始。

當天是週末，球場周圍的空地都是市集，人潮洶湧。最讓我流連的是舊物攤，可以見到兒時常見的軍用水壺、手風琴，還有音樂盒等。各種舊勳章、徽章和明信片則帶著舊時印記，記錄著一戰、二戰和冷戰時期的歷史。最讓我感慨的是明信片，雖然看不懂匈牙利文，但泛黃字跡背後卻是可以想像的滄海桑田、世事變遷。

這是傑爾給我的第一印象，並在傑爾的古樸中得以延續。早在西元前五世紀，傑爾就已有

9　由泛歐洲文化遺產聯合會 Europa Nostra 頒發，旨在獎勵文化遺產保護的傑出成就。

凱爾特人定居，後來成為羅馬帝國的一部分。匈牙利第一位國王伊什特萬一世將此地命名為傑爾後，它就隨匈牙利的命運沉浮。

一五二六年摩哈赤戰役結束後，傑爾一度成為神聖羅馬帝國抵禦鄂圖曼帝國的重要據點，是維也納前的最後一道屏障。一五九四年，指揮官眼見敵軍勢大，認為再也無法堅守，撤退時將城市焚毀，鄂圖曼軍隊殺到時，眼前只剩一片廢墟。一五九八年，匈牙利和奧地利軍隊收復傑爾，城市啟動重建。

此後幾個世紀，傑爾迅速發展。十七世紀，實業家和商人們取代軍隊成為城市中堅力量，建造了這座美麗的巴洛克城市。一八〇九年，拿破崙的軍隊曾短暫占領傑爾城堡，並將部分城牆炸

▲ 傑爾的頭號地標——市政廳。

毀。人們意識到，告別冷兵器時代後，城牆已經失去防禦作用，於是將大部分城牆拆除，以擴建城市。

如今傑爾的頭號地標就在擴建區域的周邊，也是我十年前造訪傑爾老城時的第一站——傑爾市政廳。它為新古典主義風格，面向傑爾市區的寬闊主幹道和傑爾老城。白色牆身的它相當大氣，呈U字型結構，有一大、兩小共三個綠色塔樓。

沿市政廳旁的坡道走下去，便是傑爾火車站。我也曾心血來潮，在火車站周圍遊走，附近是密集的住宅區，清一色歐式庭院，以小路間隔，綠樹成蔭，十分清幽。火車站和鐵軌都看得出歲月痕跡，早在一八五五年，傑爾與維也納之間的鐵路建成，一八七六年，傑爾又與匈牙利西部重鎮肖普朗建立鐵路連接。鐵路建設依託於傑爾在十九世紀的紡織和機械工業發展，直至今日，這兩大工業仍是傑爾的重要支柱。

沿著市政廳對面的道路走入老城，一條條街道橫平豎直。這來自於十六世紀的建設，它一改中世紀時期七彎八拐的街道，構建了直角型街道網，並延續至今。

第一次拜訪傑爾老城時，恰值週末，又是晚冬，上午的傑爾宛若空城。從市政廳走到塞切尼廣場，一路上居然沒有遇到行人。

塞切尼廣場是傑爾最重要的廣場，周圍建築多半建於十七至十八世紀。一六八八年，匈牙利開始獵殺女巫，最後一個女巫於一七一五年在這裡被處決。

我最喜歡的是維也納門廣場（Bécsi kapu tér），周圍有幾條小街，兩側遍布各種顏色牆身的巴洛克風格建築。廣場四周最搶眼的是加爾默羅會大教堂（Karmelita templom），也是我眼中最美的傑爾教堂。它始建於十六世紀，靠近河岸。黃色牆身，巴洛克風格山牆，紅瓦坡頂外加綠色穹頂的塔樓。教堂前的河兩岸遍布垂柳，十分秀美，還有一處兩、三百公尺的古城牆遺跡，當年的傑爾舊城就是被這十多公尺高的城牆包圍。

視線越過城牆，可以見到傑爾現存最古老的建築——白色牆身、綠色尖頂的傑爾教堂（Győri bazilika）。

傑爾教堂原為羅馬式建築，後改建為哥德式。教堂南側還有海代爾瓦里（Hédervári）禮拜堂，藏有十五世紀製作的國王聖拉斯洛一世（I. László magyar király）黃金半身像，這是匈牙利最珍貴的金匠作品。

穿過維也納門廣場，沿著石板路蜿蜒向上，便可以見到它們。我看著陽光下自己的影子前行，四處寂靜無比。晃蕩了好半天，才見到一個年輕女子推著自行車，走過教堂前的石板路上。若非這一幕的存在，我真的會誤以為自己走進了無人區。

海代爾瓦里禮拜堂旁的城牆之下，是白色牆身的神學院 Brenner János Hittudományi Főiskola。高大如堡壘般的建築，位於河畔的小山坡上。我的第一次造訪因為時間緣故，便在這裡走了回頭路。

當時的我不會想到，這個地標般的宏偉白色建築，是多年後再次拜訪的起點。

廣場上的紀念柱，紀念奪回布達佩斯

二〇二三年八月那天，我從另一個方向進入傑爾。停車處臨近一道鐵橋，周圍是各種民宅。米黃色鋼拱架的鐵橋看起來相當秀美，河面水波蕩漾，河對岸的草地與樹林，簇擁著我記憶深刻的神學院。

相比近十年前的記憶，建築依舊，藍天依舊，只是初冬時的枯枝被夏季的綠意所代替。周邊的一座座教堂或修道院，也一如舊時模樣。沿著或寬或窄的石板路閒晃，恰恰是與近十年前的自己相向而行。

小城依然沉靜，即使是旅行旺季，許多街角仍然無人。直至走到那些橫平豎直的商業街區，才漸漸有人氣。

位於河畔附近的本篤會大教堂（Győri Bencések Loyolai Szent Ignác temploma）是與市政廳並稱的地標建築，走下鐵橋時，若不拐彎去神學院，直行便可進入教堂所在的塞切尼廣場。白色外牆的本篤會大教堂外觀簡潔，雙塔結構，十一世紀初傑爾主教區創立時，教堂便已奠基。其後幾經重建，十七世紀，耶穌會正式入駐傑爾後，在此基礎上建起本篤會教堂。

教堂四周遍布不同時代建築，一間間餐廳和咖啡館比肩而立。**廣場中央立有聖母瑪利亞紀念柱，大多數歐洲城鎮都有三位一體或聖母紀念柱，但多半是為了紀念黑死病，傑爾卻是為了紀念布達佩斯從鄂圖曼人手中奪回。**

周邊的步行街道有各種精美建築和街頭雕塑，道路仰賴於當年的擴城建設，相當寬闊。街邊有一間馬車車廂式的流動書店，店主坐在「馬車」一側，一臉閒適，顧客則站在「馬車」另一側挑書。

走著走著，便見到我最喜歡的加爾默羅會大教堂，換個角度看它，牆上的兩個花窗像一對大眼睛，相當有趣。教堂旁有剛剛結束的婚禮，穿著長裙的伴娘在街邊等車，吸引行人的目光。行至市政廳附近，相比近十年前的無人街道，眼前是大量過馬路的行人，以年輕人居多。如今的傑爾有三所

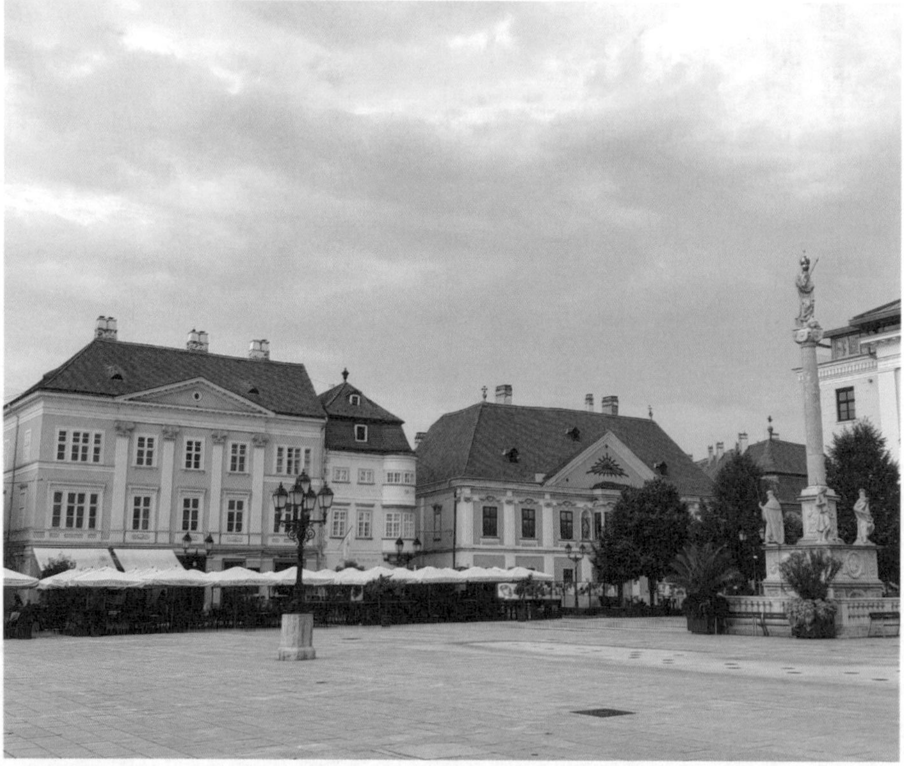

▲ 塞切尼廣場，照片右邊便是聖母瑪利亞紀念柱。

大學，年輕人占比相當高，古老街區也因此充滿活力。

教堂前的多瑙河，在中世紀時便是傑爾城堡防禦體系中極其重要的一環，後來也是傑爾貿易的關鍵樞紐。十九世紀初期，蒸汽船開始在多瑙河上航行，直至鐵路開通後，河道的交通地位才開始下降。

如今的多瑙河一派沉靜，因為時間充裕，我沿著河道一路前行，直至市郊。人們在河邊閒坐、讀書、跑步，享受著愜意與自由。冷戰時期的傑爾，曾遭遇經濟停滯，但三十多年來，隨著歐盟的發展進程，布達佩斯、布拉提斯拉瓦和維也納這三大首都的經濟聯動，在「申根無國界」的助力下變得更為頻繁和暢通。傑爾作為三座首都軸線上的關鍵城市，也在這合作的巨變中迎來新生。

唯一不變的，是我兩度拜訪的老城，還有它所依偎的多瑙河。

▲ 加爾默羅會大教堂的一對大眼睛。

08 工業記憶，散落在古樸的城市

駕車駛入莫雄馬扎爾古堡，第一印象就很好。最先見到的是城郊民宅區，一幢幢典型的匈牙利平層尖頂民宅清幽可喜。接近市區，街邊建築鬆散得多，教堂、民宅和商業建築錯落而立，花園與綠地穿插其間。雖然沒有特別搶眼的建築，但勝在雅緻廓落。停好車、走出停車場，眼前是一個街心花園，幾條道路在此交匯。花園的草地與花圃修剪整齊，中間豎著一座白色方尖碑，上有「一九一四—一九一八」字樣，顯然是一戰紀念碑。

我有點茫然，不知從何處走起，因為這是一座在中文網站僅有數十字資料的城市。**莫雄馬扎爾古堡並非一座古堡，而是城市名字**。網路上僅有的資料寫道：「Mosonmagyaróvár 是匈牙利的一座城市，距離奧地利和斯洛伐克邊境約十五公里。這座城市由多瑙河上的莫松（Moson），和主要陸路貿易路線上的馬扎爾古堡（Magyaróvár）兩個城鎮組成。」

之所以要探訪這座幾乎沒有資料的城市，是因為我心有執念。多年前，我第一次前往匈牙利旅行，規畫行程時，其中一天是從布達佩斯前往布拉提斯拉瓦。我的習慣是在兩個重要旅行點中間，添加一到兩個休息點，一是因為不知名小城鎮常帶給我驚喜，二是便於途中吃飯、補給，萬一行程有變，找飯店也方便一些。

在地圖上尋找中繼點時，我第一個看中的便是位於匈牙利西北邊境的莫雄馬扎爾古堡，因為它的名字夠特別。但查不到資料，我最後便另覓他處，就此與莫雄馬扎爾古堡錯過。

多年後，我終於與這座城市相見。因為同時得到三大首都經濟圈輻射，莫雄馬扎爾古堡相當光鮮。它也有自己的優勢產業，因為地處邊境，加上匈牙利物價遠低於奧地利，也低於布拉提斯拉瓦，所以當地以「牙科旅遊」著稱，**每年都有許多歐盟其他國家的民眾來到這裡，住進各種飯店或度假村，尋求低價但優質的牙科服務**。

從停車場旁的街心花園出發，我隨意選了一條路。沿途有巴洛克風格、對稱式結構的宮殿，造型簡潔的白牆灰瓦斜頂建築，沿溪而建的古堡式宅邸，街角有著橢圓塔樓的船型建築，近年重新修繕的白牆小教堂……隨便一個角落都可以讓我駐足。

一條寬闊的步行商業街貫穿老城中心，石子路帶著歲月痕跡。前半段的建築普遍不超過百年，以商店為主，後半段則是典型的中歐大斜頂建築，外牆五顏六色，以童話感配合一間間咖啡館和餐廳。

眼前這平靜愜意來之不易，莫雄馬扎爾古堡曾經歷無數動盪。它的人居史可以追溯到羅馬時代，當時是駐軍碉堡。被古羅馬占領後，逐漸形成市鎮，以多瑙河畔的莫松城堡為中心，曾抵禦蠻族入侵。此後，莫松城堡的地位越發重要，也從木製城堡逐漸變為石堡，見證一段段風雲。十三世紀，它依託多瑙河的貿易路線，發展了造船廠等工業。

商人城市莫松、工業和貿易城市馬扎爾古堡

一二七一年，蒙古大軍入侵，莫松城堡被摧毀，後來城鎮得以重建。一三五四年，莫雄馬扎爾古堡被授予城市權。儘管中間有短暫中斷，但在莫雄馬扎爾古堡持續時間最長的統治者仍是哈布斯堡王朝，一五二九年開始便擁有此地。一七六三年至一九四五年間，它更一直是哈布斯堡家族的私人領地，即使有拿破崙帶來的小插曲——一八〇九年，它曾被拿破崙軍隊占領。

構成今日莫雄馬扎爾古堡的莫松和馬扎爾古堡，舊日有著不同的發展軌跡。**在奧匈帝國時期，馬扎爾古堡發展為工業和貿易城市，莫松則是小商人和牧民的聚居地。**一九三九年，兩地才合併。

雖然城鎮發展方向不同，但合併仍水到渠成，這多少跟共同信仰有關。十六世紀，馬丁・路德（Martin Luther）揭開宗教改革序幕，對抗教皇權威。十六世紀中葉，莫松和馬扎爾古堡的大多數居民都已皈依新教。到了一六七二年，當地決定禁止信奉新教，並關閉新教學校和教堂，不過歷史趨勢很難改變，沒有新教徒改變信仰。

▲ 舊時工廠遺址。

如今徒步街區的制高點是一座白牆紅瓦教堂，建於十八世紀中期，內外都是新教的簡潔風，並利用街邊斜角建造出一個小廣場。種滿各色鬱金香的花圃位於廣場側面的草地上，與教堂白牆、紅瓦和藍天相襯。

街道盡頭是一片錯落建築，粗大高聳的煙囪立於其上。這是一處合成絲綢廠的遺址，也是匈牙利第一間合成絲綢工廠。當地的近現代紡織業可以追溯到一七七六年，一位名叫瑪麗亞．克莉絲蒂娜（Mária Krisztina）的女士創辦紡織廠，主要加工其莊園出產的羊毛，工廠在十九世紀前期便已結束營運。

此外，當地還種植甜菜，一八四二年成立的製糖廠就專門加工本地甜菜，不過一八七三年便已關閉。一八五五年，鐵路開始經過莫雄馬扎爾古堡，打通了水運和陸

▲ 城中的德克廣場，廣場中央矗立著梟玻穆的若望紀念柱。

運。次年，當地的機器修理廠創辦，後來成為匈牙利最著名的農業機械廠之一。後來興建的還有彈殼廠和鋁製品廠等，可惜它們在二戰時都變成了軍工廠。

這些工業記憶，如今在莫雄馬扎爾古堡以遺址的姿態呈現，真正有生氣的是一條條街巷，歷史與現實在一棟棟建築中交匯。我最喜歡的是城堡區，這是一座平地城堡，舊時護城壕溝如今是大片綠地。一道石製長橋在綠地之上通向城堡，橋上有一人一狗的雕像。

如今所見的城堡始建於十三世紀，位於古羅馬時代定居點的廢墟之上，此後進行多次重建。米白色牆身的城堡呈不規則形狀，正門兩側各有一座塔樓，大門前有兩座半身雕像，紀念兩位大學的學者。

城堡門外有一座石棺，碑上有「一九一四—一九一八」字樣，紀念一戰死難者。與城堡隔石棺相對的，是一座L形的白牆紅瓦斜頂建築，窗戶以長方形為主，也有橢圓形大窗，門和窗櫺都是綠色，相當典雅。城堡旁的草地一側還有座巴洛克風格建築，白牆上有金色花紋，山牆上有精美雕刻。

這些建築都是大學的一部分，一八一八年，瑪麗亞・特蕾莎女王的女婿阿爾貝特・卡西米爾（Albert Kasimir）親王，在城堡中建立了一所農業高等院校，後來成為西匈牙利大學的農業和食品工業系，二〇一六年自西匈牙利大學分離，併入塞切尼・伊什特萬大學（Széchenyi István Egyetem）。

在城堡中遛達，處處都是綠地，藍天下極是愜意。壕溝的坡度被充分利用，步道和一張張長凳構成相當美妙的公共空間。

與城堡相鄰的德克廣場（Deák tér），很長一段時間都是莫雄馬扎爾古堡的行政中心。廣場中央矗立著一七四四年為紀念臬玻穆的若望（Jan Nepomucký）而建的巴洛克雕像，對稱結構的巴洛克風格市政廳與舊時大公宮殿，均位於廣場四周。它們當然有著華麗的一面，但我更愛的是它們的古樸安靜。

這片街區與我停車的街心花園，由一條長街相連，車來車往相當熱鬧，行人卻寥寥可數。街道兩側的建築承載著不同功能，一側由德克廣場延伸而來，建築物體積較大，另一側則多是兩、三層的小巧公寓，偶爾有人從公寓中走出，見到我這個小城裡難得一見的東方面孔，總會微笑點頭致意。

這座城市沒有驚心動魄的歷史，沒有宏偉教堂和華麗廣場，也沒有吸引遊客的名氣，但一路行來的清幽愜意，還有不經意見到的微笑，都讓我這場遲到多年的約會曼妙無比。

09

戰爭是親身經歷，也是集體記憶

克塞格（Kőszeg）是匈牙利西部邊境小城，臨近奧地利。沿克塞格山麓而建的它，至今鐵路不通，更沒有機場，班次不多的巴士也只通往周邊的肖普朗和松博特海伊（Szombathely）等城市，基本上阻絕了遊客前來——當然，自駕者除外。

站在城市中心的尤里西斯廣場（Jurisics tér）前，立刻就會被它的精緻所吸引。一八九二年，由維也納建築師路德維希·舍內（Ludwig Schöne）設計的聖心教堂（Jézus szíve plébániatemplom），有著童話般的外形。它瘦而高，主殿對稱，外觀尖塔高聳，米色外牆自帶柔美氣質。在卡通裡見到的教堂，往往就是這個樣子。

小巧的廣場中間是袖珍噴水池，人們圍坐在噴水池邊的長凳上，多半是遊人模樣。地處奧匈兩國邊境的它，是許多遊人的選擇。

圍繞廣場的多半是小巧的巴洛克式建築和文藝復興式建築，最高不過兩層，外牆並不光鮮，帶著舊時氣質。一間間小店開著門，但毫不主動，你不走進去，都無法確定是否真的在營業。這慵懶氛圍很容易讓人走入舊日世界的謎境中，這座寧靜的邊境小城，曾在往昔經歷過怎樣的動盪？

突然想到一句話：「我們其中的一個跑到另一個國家去。另一個留下來的人，就回到了外婆家。」

那是《惡童日記》（*Le Grand Cahier*）裡的一句。「惡童三部曲」的作者克里斯多夫・雅歌塔（Kristóf Ágota），就在克塞格度過童年時光。

一九三五年，克里斯多夫・雅歌塔生於奇克萬德（Csikvánd），九歲時搬到克塞格。一九五六年匈牙利革命後，她被迫流亡，隨丈夫避難至瑞士納沙泰爾市（Neuchâtel）定居。很長一段時間，她是一名流水線工人，過著機械、單調的生活。直至一九八六年，她的處女作《惡童日記》在法國出版，獲得歐洲圖書獎。此後，《二人證據》（*La Preuve*）和《第三謊言》（*Le Troisieme Mensonge*）分別於一九八八年和一九九一年出版，與《惡童日記》構成「惡童三部曲」，雅歌塔也得以享譽世界。

雅歌塔曾在訪談中提到：「我寫的就是我的故事，**《惡童日記》寫的是我一九四四年在克塞格市的親身經歷**。那對雙胞胎的原型就是我和哥哥，那年我九歲，他十歲。但是，那本書不能說是自傳，因為寫的不只是我自己，我還寫進了別人的故事，那時在克塞格市就有一個迫害猶太人的集中營，我親眼見到許多恐怖的事。戰爭很可怕，我一個朋友就是踩到地雷而被炸死。所以應該說，**我是寫了所有人的記憶**。」

《惡童日記》冰冷殘酷講述戰爭隱痛，《二人證據》講述雙胞胎兄弟兩人在不同國家的命運，《第三謊言》中則以五十年後的重聚回溯舊事真相，雅歌塔的簡單文字如手術刀，剖開那段滄桑歷史。

就在雅歌塔離世那年（二〇一一年），她獲得了匈牙利文壇的最高獎項——科蘇特獎。她的祖國承認了自己的棄兒，在文學巨星璀璨但歷史顛沛動盪的匈牙利，這並非第一次。

令人悲傷的是，在離開祖國多年後，雅歌塔重返故鄉，曾感慨小城再無一個認識的人。當然，這座城市仍是舊時容貌。即使是這座城市的起源之地，歷經滄桑後也沒有太大變化。

「基督教之盾」稱號，克塞格有功勞

老城廣場之所以叫尤里西斯廣場，正因古老的尤里西斯城堡，也是城市最初的發源地。從廣場旁一條名為尤里西斯街的小路穿過，眼前是英雄城門（Hősök kapuja）。這座模仿哥德式城塔而建的城門，下有拱門供人穿行，穿過後便可見到天主教堂所在的廣場。黃牆紅瓦斜頂外加綠色洋蔥頭塔尖的天主教堂，是典型的匈牙利天主教堂模樣，幾乎可以在每個城市見到。小小的廣場上，有餐廳和咖啡廳，還有外牆紅黃色相間的市政廳。

再向前行，便是尤里西斯城堡。克塞格雖小，歷史卻久。尤里西斯城堡由一座邊境碉堡擴張而成，其故跡已不存，原址上矗立的變成了尤里西斯城堡。時至今日，十四世紀時建成的古城牆依然完好，圍繞著克塞格老城。

作為奧匈邊境之地，克塞格戰略地位重要。一五三二年，如日中天的鄂圖曼帝國大舉進軍維也納，正是在克塞格被擊退，無功而返。當時，克塞格城堡的駐防將領尤里西斯率領七百多名士兵，面對百倍以上的鄂圖曼軍隊，固守城堡二十五日，直至鄂圖曼人退兵，城堡也因此得名。匈牙利的「基督教之盾」稱號，有克塞格的一份功勞。直至今日，尤里西斯城堡每天上午十一點仍會鳴鐘，紀念當年以寡敵眾的英勇。

離開克塞格的那天早上，因為時差緣故，我起得很早，甚至還不到飯店早餐時間，於是我決定再在小城裡走一圈。

儘管是夏季，清晨仍顯得清冷。走在聖心教堂旁的石板路上，左近無聲，晨光灑在身上，看得到空氣中的微塵。

原本人就不多的老城，此時更是只有我在遊蕩。也正是這樣，我才得以見到一個更加完整清靜的克塞格。大門緊閉的古堡，窗臺總有鮮花盛開的老房子，路邊的草地與果樹，還有散落在城中的大小教堂，若非路邊停滿了汽車，簡直就像幾百年前的模樣。

因為對克塞格的第一印象來自聖心教堂，我內心已替這座城市打上「童話」的標籤，這晨光裡的老城更是加深這一印象。直到我漫無目的走到一個小小的市集時，才彷似回到人間。

市集位於人行道上，一側的房舍一樓都是店鋪，另一側有幾個環形尖頂的封閉小亭子，也是店鋪，有販售肉食的攤位，也有雜貨鋪。因為時間尚早，多數店鋪都未開門，只有一家早早開張，擺放著新鮮蔬菜和瓜果。青翠欲滴的蔬菜，五顏六色的水果和彩椒，還有店主親切的招

▲ 沐浴在晨光中的聖心教堂。

呼，一下子把我拉回到可愛的塵世中。
不管經歷過多少滄桑，這座小城的當下都是幸福的。

第四章

斯洛伐克

全球代工生產鏈的強將

快速認識斯洛伐克

首都	布拉提斯拉瓦
面積	49,035 平方公里
人口	549 萬人（2022 年）
語言	斯洛伐克語為主
宗教	羅馬天主教為主

◀ 斯洛伐克在歐洲的地理位置。

▲ 斯洛伐克及其重要城市地圖。

相比捷克、波蘭和匈牙利，斯洛伐克像個小透明。它沒有璀璨的文學與詩歌，沒有捷克的超強工業基礎，沒有匈牙利的「基督教之盾」地位，沒有波蘭的經濟活力……它更能詮釋「邊緣」二字，總像一個配角。

西歐地區轟轟烈烈的宗教改革、工業革命，在斯洛伐克這裡都姍姍來遲。但也正因為這樣，它沉靜的保持了舊時模樣，多山的地形也造就城堡之國的美譽。

01 隱藏的汽車工業大國，電動車的急先鋒

在曾被蘇聯控制的前東歐國家，赫魯雪夫式建築仍隨處可見，是最尋常的冷戰歷史遺跡。所謂赫魯雪夫式建築，就是指低成本、易建造、盒子式的公寓。二戰後的蘇聯，城市人口激增，但住房資源短缺，一九五〇年，赫魯雪夫提出新方案——拋棄傳統磚瓦建築，改用預鑄混凝土[1]建造房屋。

一九五四年開始，這條流水線作業開始在蘇聯全國各地展開。工廠製造好窗戶、牆壁、樓板、內部隔板等零件，接著送到各地拼裝。這種拼接工作使建築師完全失去用武之地，根本不需要繪製設計圖，且效率驚人，只需一、兩週就能建成一棟樓。

當時蘇聯規定，高於五層的建築物須安裝電梯，因此蘇聯的赫魯雪夫式建築均為五層。不過，在其他前東歐國家就無此限制，波蘭、捷克和斯洛伐克都有超過十層的赫魯雪夫式住宅。

赫魯雪夫式建築確實解決了燃眉之急，但它毫無美感可言，內部結構也過於擁擠（例如縮小廚房和浴廁面積），加上預鑄混凝土本身的品質問題，無法滿足人們長期的正常生活需求，更與「舒適居住」無緣，在冷戰後逐步被淘汰。

如今在捷克，赫魯雪夫式建築遺留不多，波蘭較為常見，而最多的是國土面積最小的斯洛伐克。布拉提斯拉瓦、科希策等大城市周邊，往往有數十棟綿延成片的赫魯雪夫式住宅，密密麻麻如城市屏風一般。

站在布拉提斯拉瓦的城堡山上，望向多瑙河對岸，就可以見到大量這類建築。雖然現在這些建築都有局部塗上了顏色，遠遠望去，紅黃藍綠各自成片，但仍對美觀毫無幫助。若想像一下原先清一色灰濛濛混凝土森林的效果，只能倒吸一口氣，甚至有種末世的恐怖感。自駕時，也常見一片赫魯雪夫式建築，在鄉野間突兀而立。

國土小、人口少，赫魯雪夫式建築卻最為密集，這種強烈反差背後，是斯洛伐克艱辛的經濟歷程。

捷克與斯洛伐克分手，與人民差異有關

一五二六年，捷克與斯洛伐克都被納入哈布斯堡王朝的統治之下。不過，捷克受奧地利影響更大，斯洛伐克則被匈牙利人控制，這便造成了兩者的不同：捷克的市鎮經濟十分發達，斯

1　一種建築半成品，在工廠中生產，將混凝土澆入可重複使用的模具中，硬化後運送到建築工地安裝。

洛伐克則始終以農業為主。

到了奧匈帝國時代，這種情況更為明顯。二十世紀初，作為**奧匈帝國工業中心的捷克，其工業產值甚至占了整個帝國的七〇％，同時得到了宗教信仰自由、出版自由和教育自由，有著發達的文學和藝術，還擁有憲政和自治經驗。而斯洛伐克則被匈牙利人牢牢控制，教育無自由，文化落後，更無憲政經驗可言。**

正因如此，捷克和斯洛伐克的第一次結合便存在頗多問題。一九一八年，面對奧匈帝國解體，捷克與斯洛伐克決定聯合組成一個新的國家——捷克斯洛伐克共和國。但這次合併從一開始就衝突不斷，直接導火線便是宗教問題。

當時，長期控制斯洛伐克的匈牙利人撤離後，公共管理出現真空狀態，法官、公務員和教師等職位都出現大量缺口。無論是人口和教育程度，斯洛伐克都無法填補，捷克人便大量接手，占據許多重要位置。很快的，捷克籍教師便與當地宗教團體發生衝突，後者認為傳統道德遭遇了冒犯。

此外，失去匈牙利這一傳統市場後，斯洛伐克工業無法與捷克競爭，而出現大量倒閉潮。捷克和斯洛伐克的收入差距也十分明顯：一九三七年，斯洛伐克人口占全國總數的二五％，工業產值僅占八％，國民收入僅占一五％。

客觀來說，二戰前的中歐地區，捷克斯洛伐克的體制建設相對最佳，但顯然不足以讓這個國家保持長期穩定。斯洛伐克人在上議院和下議院的席位相當有限，斯洛伐克人民黨也被排除在聯合執政的五大黨之外。這一切注定產生衝突，演變為斯洛伐克自治運動，但這場運動被納粹利用，最終導致捷克斯洛伐克第一次瓦解。

二戰後，斯洛伐克再度與捷克「結合」，被納入東歐陣營，不可避免的受到蘇聯影響。但是，**蘇聯同樣無法解決捷克斯洛伐克的族群問題，甚至讓一切變得更糟糕。因為蘇聯推行計畫經濟，採「平等政策」，捷克被迫要補貼斯洛伐克，這種不合理、不公平的措施，大大挫傷了捷克人的生產積極性**。

而且，蘇聯在並無工業基礎的斯洛伐克，強行推動密集型重工業，使得大量人口集中於城市周邊的工廠，當局為此打造許多赫魯雪夫式建築，以滿足工人群體的居住需求。如今，這些舊工廠多半因為設備落後、產能不濟而被淘汰，被新的農田、綠地所取代，再無痕跡，但昔日的住宅仍然是許多人的棲身之地。

在冷戰時期，即使蘇聯和捷克斯洛伐克共產黨有意向斯洛伐克實施經濟傾斜[2]，GDP呈倍數增長，但因為工業集中於鋼鐵、石油等重工業，以及由此衍生的軍工產業，造成嚴重的環境汙染。同時，又因多是原料生產，可持續性低，斯洛伐克人苦不堪言。

2 指把有限的經濟資源，不計收益的用於某方面的發展，如教育、交通、重工業、醫療等方面，使其短時期內達成飛躍性成效。

不過，如今的斯洛伐克早已不是過去模樣。它雖然國土面積小、人口也不過四百多萬，且在歐洲大陸的位置相對偏僻，但柏林圍牆倒塌後的經濟轉型，以及二〇〇四年加入歐盟等契機，斯洛伐克已經成為已開發國家。

人均汽車產量最多，電動車的急先鋒

雖然斯洛伐克沒有像捷克Škoda那樣的老牌汽車品牌，卻是隱藏的汽車工業大國。**汽車工業在斯洛伐克經濟占比極高，也是最重要的對外貿易項目**。它擁有福斯汽車、PSA汽車廠（製造Peugeot、Citroen、DS Automobiles、OPEL、Vauxhall等汽車）、起亞汽車（KIA）以及捷豹路虎（Jaguar Land Rover）四大汽車工廠，且因這四大工廠形成完備的供應網。歐洲的福斯Touareg、奧迪Q7與Q8、保時捷Cayenne和Land Rover Discovery等，都在此生產。

斯洛伐克汽車業總產出，占全國工業產值的四〇%以上，汽車及零配件出口值占全國總出口值的四〇%。早在二〇一五年，斯洛伐克汽車年產量已超過一百萬（每千人產量一百七十八輛），超越義大利、波蘭，成為世界前二十大汽車生產國。

二〇二一年，斯洛伐克汽車產業總產值占GDP的一二%，人均汽車產量持續穩居世界第一（每千人生產一百八十三輛汽車），超過捷克、日本、美國等汽車生產大國。

二〇二二年，瑞典富豪（Volvo）也宣稱在斯洛伐克新設電動汽車製造廠，以滿足未來電動車銷售持續看漲的趨勢。**歐洲在電動汽車領域發展較為緩慢，但斯洛伐克堪稱急先鋒**。早在二〇一三年，德國福斯汽車就率先在斯洛伐克生產電動車型。僅僅二〇二一年，該工廠就交付了四．一五萬輛入門款電動車 e-up。

更可貴的是，圍繞著電動汽車這一未來趨勢，斯洛伐克有相當扎實的研發和生產體系。它成立國家電池中心，致力於電池技術創新。例如專注於動力電池的研發和製造的新創企業 InoBat，擁有自己的測試實驗室和廢舊電池回收工廠，是歐洲唯一集電池生產所有流程的體系。

斯洛伐克本土的電子工業公司名氣不大，但不乏百年老字號，如 Helios、BEZ 等。二〇〇七年，台達電子前往斯洛伐克建廠，生產通訊、資訊電子、電動車、工業自動化及醫療設備使用的電源系統。富士康則在二〇一〇年收購索尼（Sony）斯洛伐克工廠，代工索尼電視。

值得一提的是，斯洛伐克早在二〇一三年就開始制定數位化發展戰略，實施數位化創新。根據《二〇二〇年聯合國電子政務發展指數調查報告》，一百九十三個國家中，斯洛伐克列第四十八名。二〇一九年，斯洛伐克政府通過《斯洛伐克二〇三〇年數位化轉型戰略》，將人工智慧、物聯網、5G 技術、大數據及其分析、區塊鏈和超級電腦等作為發展重心，使斯洛伐克成為歐洲最早通過全面數位化轉型戰略的國家之一。

行走於斯洛伐克的城市與鄉野間，感受到的總是愜意。無論是仿若中世紀的古城，還是群山綠意環繞的鄉村，都書寫著舊時光的美好。但只有真正步入其間，感受這個國家的生活細節，才會發現這一切美好，背後有著低調先進工業和數位化支持。

02 布拉提斯拉瓦，安徒生口中的童話之城

黃昏時，我漫步在布拉提斯拉瓦街頭。著名的下水道工人雕塑「工作中的男人」（原名「庫米兒」〔Čumil，意為守望者、「觀察者」〕）旁，仍聚集著大量遊客，一個踩著小單車的幼童，伸手摸雕塑的帽子，那場景只能用「萌」來形容。

石板路的電車軌上有老式電車緩緩駛過，一副不追趕時光的樣子。一八八六年興建、採用新藝術風格的國家劇院，米白色牆身與精緻雕飾沐浴在夕陽下。劇院前的赫維茲多斯拉夫廣場（Hviezdoslavovo námestie）上，人們在散步、騎行。街上攤販賣著冰箱貼一類的工藝品，其中有中世紀戰士的模型、遍布斯洛伐克的城堡、聖馬丁主教座堂（Katedrála sv. Martina）……一切都打著斯洛伐克的烙印。即使有人認為這個國家缺乏存在感，但我知道，斯洛伐克人自己不會這樣認為。

布拉提斯拉瓦這個名字僅有百餘年歷史，正式定名於一九一九年。在此之前，它一直叫做普雷斯堡（Prešporok）。位於斯洛伐克邊境的它，是世界少有的邊境首都，與奧地利首都維也納、匈牙利首都布達佩斯構成一個不等邊三角形。

布拉提斯拉瓦的人類居住史可以追溯到西元前五〇〇〇年。在西元前二〇〇年左右，凱爾特人在此建起防禦工事和造幣廠，形成了頗具規模的城鎮。一至四世紀之間，它是羅馬帝國邊境體系的一部分。五至六世紀，斯拉夫人遷徙至此，並建立薩摩（Samo）公國。這個始於六二三年的公國存在時間很短，六五八年便告終結，也是已知的第一個斯拉夫人政治實體。

九世紀時，布拉提斯拉瓦是大摩拉維亞王國的政治、軍事和宗教中心。十世紀時，它則成為匈牙利王國的一部分。當時還名叫普雷斯堡的它，不但是重要的經濟中心，也因軍事地位而日益重要。一二九一年，布拉提斯拉瓦被賦予城市權，一四〇五年被宣布為皇家自由城市。即使到了十六世紀，匈牙利王國在摩哈赤戰役中不敵鄂圖曼帝國，布達佩斯失陷，布拉提斯拉瓦也始終堅守，未被鄂圖曼人攻陷，還成為匈牙利王室的避難之地。

倒過來的桌子——布拉提斯拉瓦城堡

但無論是早期凱爾特人興建的防禦工事，還是古羅馬人建造的邊城，都早已湮滅於歷史的風沙中。當年的高地之上，如今矗立著在城中每個角落抬頭都能看到的布拉提斯拉瓦城堡（Bratislavský hrad）。

布拉提斯拉瓦城堡被戲稱為「倒過來的桌子」，因為它是一座四方城堡，城堡廣場就像桌面，而四角的塔樓則是四個桌腳。

▲ 雕塑「庫米兒」，又名「工作中的男人」。

▲ 踩著小單車的男孩，伸手摸雕塑的帽子，只能用「萌」來形容。

▲ 老城裡，隨處抬頭都可見到布拉提斯拉瓦城堡——一張倒過來的桌子。

如今所見的城堡成型於一二七八年。十四至十五世紀經過多次改建和修繕，一四三〇年，它被改造為哥德式城堡，一五六二年被改為文藝復興風格，一六四九年又變成巴洛克風格，可算是「緊跟潮流」。至於那四個「桌腳」——標誌性的四個鉛筆狀塔樓，則興建於一六三五年至一六四六年。一八一一年，城堡毀於大火，一度荒廢多年，直至一九五〇年代重建。對斯洛伐克人來說，重建是個難題：該選擇哪個時代的城堡風格？哥德、文藝復興，還是巴洛克？

斯洛伐克人選擇的是致敬女王瑪麗亞．特蕾莎。

不過，當我走上山坡，第一眼見到的被致敬者是大摩拉維亞國王的斯瓦托普魯克一世（Svatopluk I）。這座在城堡大門前策馬揚鞭、一手將佩劍指向天空的人物雕像，展示斯瓦托普魯克一世南征北戰的人生，還有大摩拉維亞王國的輝煌。

相比之下，布拉提斯拉瓦人更懷念的輝煌時代是哈布斯堡王朝時代。當時，布拉提斯拉瓦是王國的加冕城市。從一五三六年到一八三〇年，共有十一位國王在布拉提斯拉瓦的聖馬丁主教座堂加冕，其中最著名的正是瑪麗亞．特蕾莎女王。身兼奧地利、匈牙利和波希米亞三大國王之位的她是個務實統治者，她推動司法、教育和軍事改革，尋求貴族、農民和國家的「三贏」，使奧地利成為一個真正的近代國家。特蕾莎執政期間，就住在這座城堡中，也主導了古堡從軍事化向近代宮殿的轉變。

重建的城堡還原特蕾莎女王在位期間的格局。站在四四方方的內庭廣場中央，四周被紅頂白牆的主建築包圍，外觀中規中矩。當地政府計畫將城堡改造為一個大型文化娛樂中心，將歷史博物館、古羅馬文化展館、音樂廳、圖書館等集中在此，這個修復工程至今仍未結束。而我身處的中庭，隨時可成為一個容納兩千名觀眾的露天劇場。所有展館和設施的門口都十分低調，要從一個個小門進入，才會發現內有乾坤。

城堡花園裡的少女雕塑，見證著這座城市的舊日時光。這是聖麗莎（Árpád-házi Szent Erzsébet）的雕像，傳說她小時候看到窮人乞討，就偷偷帶麵包給他們吃。有次她帶著一籃麵包出宮，被大人發現，大人問她籃子裡是什麼，她說是玫瑰花。大人不信，揭開一看，滿籃麵包竟都化作玫瑰。當她出宮後，麵包又恢復原狀。

這位匈牙利公主出生於一二〇七年，四歲時與圖林根（Thüringen，位於今德國中部）領主赫爾曼一世（Hermann I.）的兒子路德維希四世（Ludwig IV）定下婚約，一二二一年成婚。但不久後路德維希四世隨十字軍東征，一二二七年因瘟疫死於途中。聖麗莎選擇離開宮廷，投奔任班貝格（Bamberg）主教的叔叔。後來，她參加方濟各會，興建濟貧院，為貧病者服務終生，直到一二三一年去世。

相比城堡，遊人們更喜歡的是城堡外的觀景臺，這也是欣賞布拉提斯拉瓦的最佳位置。山下老城紅頂綿延，街道蜿蜒，其中許多建築都是特蕾莎女王在位時期所興建。

當時，布拉提斯拉瓦迎來高度繁榮，成為如今匈牙利和斯洛伐克區域內最大的城鎮，大量新宮殿、宅邸和街道在此時興建。直至一七八三年，特蕾莎之子約瑟夫二世為了強化奧地利與匈牙利之間的聯繫，將匈牙利王冠送往維也納，布拉提斯拉瓦失去加冕地位，重要性也降低。城堡隨之沒落，一八〇二年成為軍營，直至毀於火災。

音樂家往來之城

即使如此，布拉提斯拉瓦仍然見證了許多歷史重大時刻。一八〇五年，奧地利與法國在此簽訂普雷斯堡和約。一八四〇年，這裡建起匈牙利王國的第一條鐵路。一八四八年，通往維也納的新鐵路開始使用蒸汽火車。一八四二年，這裡興建斯洛伐克第一家銀行……。

山下最雄偉的建築，是聖馬丁主教座堂。它是布拉提斯拉瓦最大也最古老的教堂，在山上可以見到金邊綠頂的鐘樓頂端，安著一個金燦燦的王冠。

教堂外觀至今仍保留著典型的哥德式風格，始建於十三世紀，工期歷時兩個世紀，一四五二年正式落成，因內部有聖馬丁雕像而得名。相比外觀對哥德式風格的堅持，內部顯然與時俱進。二十七個祭壇令人眼花繚亂，巴洛克元素為主，但也不乏新古典主義風格，例如建於一七三五年的高壇。

更讓我喜歡的是教堂周圍的景色。教堂側面建築旁有一片小草地，人們在草地旁的長椅上坐著聊天、看書，孩子們在草地上嬉戲。

教堂背後的斜坡廣場以鵝卵石鋪地，圍繞著一圈低矮的老建築。一棟黃色外牆小樓下，我見到兩個對坐的年輕女子，一個彈吉他、一個輕吟淺唱。我順手拍了張照片，得到兩人的燦爛笑容和友好點頭。

布拉提斯拉瓦的音樂傳統十分悠久，早在一七九六年，**貝多芬**（Ludwig van Beethoven）**就曾來到當時還名為普雷斯堡的布拉提斯拉瓦，舉辦多場演奏。李斯特**與這裡緣分更深，一八二〇年，**年僅九歲的他在此舉辦人生首次公開演奏會**，之後他時常來這裡，一八八四年還在聖馬丁主教座堂發表他的加冕禮彌撒曲。

大教堂旁的徒步街是布拉提斯拉瓦最重要的商店街，林立的咖啡館、餐廳和商店，用現代化招牌詮釋著繁華，而我更在意的是腳下——舊時的匈牙利國王在聖馬丁主教座堂加冕後，都會沿著這條路回到王宮，因此，路面每隔約十公尺都鑲有王冠狀銅標，用以指示行進方向。

李斯特九歲時舉辦人生首次公開演奏會的地方就在這條街上，附近還有約翰·尼波默克·胡梅爾（Johann Nepomuk Hummel）故居。**胡梅爾是奧地利古典主義到浪漫主義過渡時期的作曲家和鋼琴家，他在這裡出生**，童年時曾受教於莫札特（Wolfgang Amadeus Mozart）、海頓和安東尼奧·薩列里（Antonio Salieri）。胡梅爾的鋼琴曲清新典雅，影響了後世的舒曼（Robert Alexander Schumann）和蕭邦。一八〇四年至一八一一年，他曾接替海頓擔任匈牙利王室宮廷樂長。

海頓擔任匈牙利王室宮廷樂長期間，也常常來這裡演奏。一七七二年，他在格拉蘇爾科維奇宮（Grasalkovičov palác）**為瑪麗亞·特蕾莎女王演奏**。這座建於一七六〇年、兩層樓白色的洛可可宮殿，如今是斯洛伐克的總統府。

總統府的後花園對外開放，人們可隨意進出，坐在裡面發一天呆也不會有人干涉。這個年輕國家綿延千年的獨立夢想，三十多年前才實現（一九九三年和平分離成捷克與斯洛伐克兩個國家）。在那之前，這座城市曾見證歐洲的紛亂歷史。

從總統府走出來，沒多遠便可到達舊市政廳廣場。布拉提斯拉瓦舊市政廳（Stará radnica）建於一四二一年，一八六八年被闢為布拉提斯拉瓦市博物館。其背後樓房曾是匈牙利大主教的官邸，後也併入市政廳。

舊市政廳的黃色塔樓，占據著廣場的制高點，每層窗戶各異，設計精巧。它最初用於防禦，十二世紀時曾是市長住宅的一部分。主建築的紅瓦上開著三個粉白藍色塊搭配的小窗。一八〇五年，拿破崙與神聖羅馬帝國皇帝在此簽訂《普雷斯堡和約》，幾乎宣告了神聖羅馬帝國的終結，實質性的終結則在次年才發生。

廣場中間有一座建於一五二七年的噴泉，是城中最古老的噴泉。噴泉中央是一位重甲騎士，很多資料稱其為聖騎士羅蘭（Hruodland）。羅蘭的事蹟記載於四千行古法語長詩〈羅蘭之歌〉（*La Chanson de Roland*），七七八年，法蘭克國王查理曼（Charlemagne）大帝遠征西班牙不利，遂翻越庇里牛斯山脈班師，而在一處峽谷中遭遇伏擊，羅蘭自告奮勇斷後，最後時刻吹響號角告知查理曼大帝，再以號角斃敵一名，並將心愛的長劍砸碎，因為象徵騎士榮譽的長劍不可落入異教徒手中，然後從容赴義。

不過，若是稱之為羅蘭噴泉，那可是個美麗的錯誤，它的名字其實是馬克西米利安二世（Maximilian II.）噴泉。馬克西米利安二世是第一位在布拉提斯拉瓦加冕的匈牙利國王，一五六三年舉行加冕儀式後，城中舉辦了慶祝活動，結果不慎發生大火。馬克西米利安二世有鑑於此，便修建了這個噴泉。因馬克西米利安二世的雕像仿似騎士，人們便誤傳這是羅蘭，甚至許多當地人也搞不清。

布拉提斯拉瓦的老城與新城被多瑙河分割，從外觀來看，兩者可謂涇渭分明。新城殘留著大量前蘇聯時代的赫魯雪夫式住宅，反倒是老城裡頗多新元素，在老街中時常閃現，體現著城市的年輕與和諧。例如路邊的自行車停放設施，便是一件鐵工藝品，兩側都是古董自行車的大車輪造型。

更有趣的是遍布老城的各種雕像，其中最著名的當屬「工作中的男人」。這座一九九七年七月二十六日落成的雕像，早已成為布拉提斯拉瓦的象徵。它「偷偷摸摸」待在人行道邊，只露著戴頭盔的腦袋，正從人孔蓋處爬出來，神態悠然自得，還帶著一絲微笑。因為角度問題，也有人戲稱它為「偷窺者」，說它正在偷窺來往女士的裙底風光。

相比這些藝術雕塑，我倒是更喜歡兩座名人雕塑。

站在布拉提斯拉瓦的斯洛伐克議會大廈前，我望向不遠處草地中的杜布切克雕像，感慨萬千。當捷克斯洛伐克作為一個國家存在時，曾經歷轟轟烈烈的布拉格之春。作為領導者的杜布切克生於斯洛伐克，他在那場改革中展現一個政治家的魅力與胸懷，但在蘇軍面前，他無能為力，黯然下臺。此後他遭遇「斷崖式降級」，回到布拉提斯拉瓦，在祕密員警監視下於林業部門工作。

從一國元首變成小公務員，顯然是對一位政治家的嚴重羞辱，但捷克斯洛伐克人並未忘記他。專制瓦解後，他選擇復出，一度是總統候選人的有力競爭者，但不久後因一場眾說紛紜的車禍而不治身亡。幸運的是，在他身後，斯洛伐克擺脫了曾經的陰影。

而另一座雕像則位於綠樹成蔭的赫維茲多斯拉夫廣場上，它是童話大王安徒生（Hans Christian Andersen）。一八四一年，安徒生曾拜訪布拉提斯拉瓦，當地人問他是否會創作一部與這座城市有關的童話，他的回答是：**「沒有必要，因為這座城市本身已經是一個童話。」**

▲ 舊市政廳的黃色塔樓，每層窗戶設計都不一樣。

03 曾有過隔離，更懂得包容——科希策

從匈牙利北部重鎮埃格爾北上進入斯洛伐克，一路都是平原。經過高速公路的某個停車場時，我去了趟洗手間，出來才醒覺偌大的停車場、乃至整片曠野間，只有一輛車、只有我一個人，普普通通的停車場，居然讓我有了「天地蒼茫，唯我一人」的感覺。

我知道這種感覺在進入科希策後會立刻消失。作為斯洛伐克第二大城市，科希策有著古樸的面孔，卻人氣十足。我並非第一次探訪它，因為它總有動力讓我「再經過一次」。

高速公路停車場前方不遠處，便是匈牙利與斯洛伐克的邊境。在申根區範圍之內，邊境早已名存實亡，若不留意，就會錯過路邊那個小小的圓形歐盟鐵牌。

一百多年前，眼前與身後這片藍天白雲下的土地，都是奧匈帝國的一部分，科希策也不例外。直至一戰後，奧匈帝國逐漸解體，科希策成為當時捷克斯洛伐克的城市。

我最喜歡的作家桑多・馬芮，一九〇〇年生於科希策。其代表作《一個市民的自白》，書名中的「市民」並非普通階層，而是指二十世紀初的匈牙利特殊社會階層，包括資本家、中產階層和沒落貴族等。馬芮家族背景顯赫，祖上是貴族，父親是律師，母親也是知識女性，是毫

無疑問的市民階層。生於新舊世紀之交的馬芮，難免感受到時代的碰撞。

碰撞帶來的影響無法以精緻生活和優雅品味抵消，因為它引發的價值觀和道德觀衝突令馬芮內心煎熬。歷史建築林立的科希策中心大街，當年就曾被一分為二，一邊供貴族散步，另一邊則由僕人和平民行走。市民階層中的新興資產階級則是在夾縫中生存，他們一方面吸收自由平等的時代觀念，希望善待貧民，另一方面又追求貴族式的生活水準，甚至受貴族道德觀影響，不與貧民有過多接觸。

中世紀老城，與冷戰時期建築並存

如今的科希策中心大街早已沒有這樣的隔閡，人們可以自在穿行於道路兩側。我曾一次次橫穿這條步行大道，仔細端詳兩邊的不同建築，或者在大道中間尋找合適的拍攝角度。與我一樣在這條大街左右穿行的還有嬉戲的孩子們，他們的世界不似馬芮的童年，沒有貴族和貧民的嚴格分野，可以盡情享受這座宜居之城的愜意。在斯洛伐克，科希策的熱鬧僅次於首都布拉提斯拉瓦，但居於歐洲東部一隅、被西喀爾巴阡山脈隔絕於主流歐洲之外的地理位置，又讓它遺世而獨立，呈現著特異的邊界感。它的最大地標——聖伊麗莎白主教座堂，不但是斯洛伐克最大教堂，也是歐洲哥德式大教堂裡最靠東的一座，恰恰是這種邊界感的證明。

科希策是科希策州首府，坐落於霍爾納德河（Hornád）東部河段旁的科希策盆地，也是斯洛伐克東部的經濟和文化中心。它的人居史可以追溯到舊石器時代晚期，一二三〇年首見於歷史記載。早期科希策分為上科希策和下科希策兩座城鎮，一二四一年合併。一二九〇年，科希策依託於巴爾幹半島、亞得里亞海和波羅的海的貿易線，成為重要商業樞紐，匈牙利國王貝拉四世邀請薩克森（Sachsen，位於今德國東部）工匠興建的城牆系統也在此時成型。一三〇七年，它被匈牙利王國賦予城市特權。

一三六九年，科希策因繁榮商貿獲得城市徽章，也是歐洲最古老的城市徽章。在老城的一片草地上，城市徽章雕塑靜靜矗立，以聖伊麗莎白主教座堂為背景。那時的科希策，在匈牙利王國的地位僅次於當時的首都布達。十五世紀上半葉，各種雄偉哥德式建築在這座城市中拔地而起，其中就包括聖伊麗莎白主教座堂。

在老城的街巷中行走，總能見到聖伊麗莎白主教座堂的鐘樓尖頂。鐘樓外側的花紋十分精美，簇擁著一面面精巧的時鐘。教堂的暗沉色調外牆營造滄桑感，繁複的哥德式尖塔林立。

步入教堂，有著與一般哥德式大教堂不同的明亮感。米白色牆身與高聳穹頂相連，合力營造莊嚴感。主祭壇左側的哥德式雕塑複雜精美，正中間的木雕和畫像也極其精緻，但最吸引我的還是祭壇背後與教堂兩側的花窗，繁複花紋承托著各種宗教人物。

教堂中的一個個小祭壇同樣可觀，金箔木雕極其炫目。教堂二樓有一個小禮拜堂，耶穌雕像俯瞰教堂大廳。大門上方的管風琴同樣以哥德式風格呈現，鏤空處恰好是大門上方的梅花狀窗花，陽光從花窗灑入，教堂的長椅沐浴於其中。

教堂北塔可供攀登。大多數歐洲教堂塔樓的螺旋樓梯都十分狹窄，只容一人通過，如果遇到同時有人要往上、有人要往下，只能在拐彎位置側身相讓。聖伊麗莎白主教座堂則採用雙入口對稱樓梯，上下各不衝突。

沿著螺旋階梯一路走到頂端，就可以在氣喘吁吁中見到科希策全貌。首先映入眼中的是教堂斜頂的彩色魚鱗狀瓷瓦，花紋細膩精美，與維也納聖斯德望主教座堂（Stephansdom）和布達佩斯馬加什教堂相似。橫平豎直的寬闊街道將老城街區分割為一個個方塊，小街巷隱於其間，大片紅瓦斜頂建築綿延於街道上，外牆顏色各異。建築多為三至四層，僅有的尖塔都屬於教堂。老城之外才會見到現代建築的痕跡，尤其是冷戰時期的遺痕，成片的赫魯雪夫式住宅一直延伸至遠方的山谷。

在冷戰時期的東歐國家中，這種住宅本屬尋常，但在人口稀少、人口密度也相對極低的斯洛伐克，這樣的住宅往往成片出

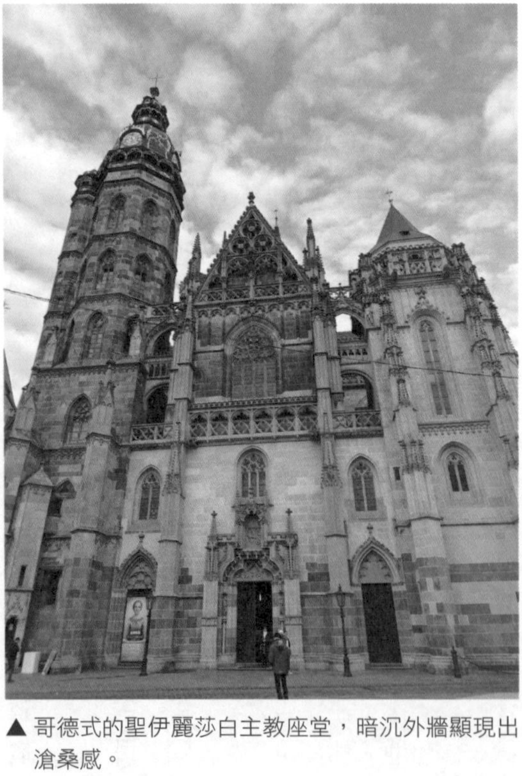

▲ 哥德式的聖伊麗莎白主教座堂，暗沉外牆顯現出滄桑感。

現，規模遠大於人口更多也更密集的波蘭和捷克，令我有些意外。或許是因為蘇聯在原本以農業為主的斯洛伐克強推重工業，需要大量工人的緣故，因此讓城市邊緣集中了大量赫魯雪夫式住宅。它們多少破壞了眼前的藝術感，但呈現出歷史的真實。

在教堂塔尖之下，最搶眼也最近的宏大建築，當屬科希策國立劇院（Národné divadlo Košice），它面對音樂噴泉，周圍環繞著花圃和樹叢。一八九九年以折衷主義風格興建的它，一九四五年重建，最初名為東斯洛伐克國家劇院。它與聖伊麗莎白主教座堂一起，構成中心大街的幾何中心。

科希策國立劇院是一座古典劇院，擁有自己的戲劇團、歌劇團和芭蕾舞團。外立面呈對稱結構，典型巴洛克式風格，綠色塔尖上有一座女性雕像。劇院前的廣場上是城市噴泉，當年的科希策城，以維也納和布達佩斯等中歐名城為標準，聖伊麗莎白主教座堂的彩色圖案魚鱗瓦是一例，城市噴泉也是一例。

它與布達佩斯瑪格麗特島的噴泉構造相同，不知道桑多・馬芮是否留意到了這一點，但可以肯定的是，坐落於多瑙河上的瑪格麗特島，是馬芮非常喜歡的休憩之地，他時常從橫跨多瑙河的瑪格麗特橋上走過，然後步入這個城市中心的小島。晚年的他定居美國，也曾以詩作回憶瑪格麗特島。

相比之下，聖伊麗莎白主教座堂下的花園廣場更為清幽，小巧的聖米迦勒教堂（Kostol svätého Michala）同樣是哥德式風格，立於廣場中央，對著擁有繁複雕飾的大教堂北門。草地上有長椅和小噴泉，老人靜坐於長椅上，行人在此悠閒路過，明明周邊全是喧囂，這裡卻顯得寧靜。聖米迦勒教堂在中世紀時曾是科希策人的重要葬禮教堂，四周花園當年都是墓地，似乎正是寧靜的緣由。

馬芮筆下的「市民階級」遺跡

中心大街兩側遍布不同時代的建築，從哥德式、巴洛克式、文藝復興式，乃至古典主義和新現代主義風格，卻十分協調。十六世紀中葉，科希策遭遇一場大火，此後開始重建。十八至十九世紀，城牆陸續被拆除，城市不斷擴大。

這條大街見證了科希策的太多「第一次」：一六五七年，科希策大學成立，這也是基督教歐洲將奧斯曼人趕出匈牙利王國（當時科希策屬於匈牙利王國）後的標誌性事件之一；同樣在十七世紀，揚·博卡蒂亞公共圖書館（Verejná knižnica Jána Bocatia）正式運作，如今它是斯洛伐克歷史最悠久和最大的公共圖書館；一九〇九年，科希策第一家電影院在此誕生。

工業革命的影響則在老城四周次第而生。一八四〇年代，科希策開始出現現代意義的工廠。一八五六年，科希策擁有了第一條電報線。

寬闊大道的中間的地面電車軌道，也是伴隨工業革命而生的產物。一八九一年十一月，科希策修建並開通了第一條有軌馬車軌道。一九一四年，這個城市公共交通系統全面實現電氣化，科希策人告別了有軌馬車，迎來了電車時代。此外，一八六〇年，科希策至匈牙利密什科茲（Miskolc）的鐵路開通，一八七〇年，科希策與西利西亞地區之間的鐵路開通，連通著普雷紹夫（Prešov）和日利納（Žilina）等斯洛伐克重鎮。

大街兩側的建築，當年都屬於桑多．馬芮筆下的「市民階層」。有貴族宅邸、富商住處，眾多商會建築、教堂和市政建築散落其間。

舊日的貴族宅邸百花齊放。只有兩層樓的查基德佐菲宮（Čakiho-Dezőfiho palác），當年是德佐菲家族的產業，以古典主義風格建造，內部華麗裝飾吸引過不少貴族前來「取經」，如今已是飯店、書店和咖啡館。外牆有繁複雕飾和鐵藝陽臺的遊客中心，當年亦是富豪宅邸。還有不少大型建築，如今或是飯店，或是民宅，看得出舊日輝煌，但已無舊時主人的印記。

至於那些普通中產階層的房舍，多半經幾度易手。也有一些留下了自己的故事，例如其中一座，哥德式山牆層層疊疊，中間有精美壁畫，大門和陽臺則有明顯的新藝術風格裝飾，可以看出不同時代的印記。建築雖然不大，卻相當精巧。當地人稱之為「乞丐的房子」，山牆頂端那個人像便是「乞丐」。

據說，當年科希策有個乞丐每日乞討，夢想能賺夠多錢買下這座房子，大家覺得他痴心妄想，誰知他居然真的實現了這個夢想，還在屋頂上加了這個舉手致意的雕像，向所有「贊助者」致敬。如果此事為真，那可真是幾百年前的科希策版群眾集資。

如果桑多．馬芮穿越到今天，眼前的中心大街或許與他的兒時記憶無異，但街上的行人肯定自在得多。從下午到黃昏，科希策人在這裡散步或閒坐，享受著老城的愜意。

在馬芮的時代，科希策經受著階層之間的碰撞，這在當時的歐洲可謂常態。從結果而言，這並非壞事，因為它意味著歐洲的變革，可算是工業革命之後的「精神轉變」。科希策早已走出階級分明的狀態，呼喚人與人之間的平等相待。儘管二十世紀屢有重大動盪，但科希策仍然走向了今日的和諧。

這或許是一種傳統，因為在歷史上始終包容多民族和宗教的共存，**科希策被稱為「包容之城」**。例如桑多．馬芮的紀念館中，就有匈牙利人、日爾曼人、保加利亞

▲ 科希策中心大街，在過去，這座城市就是以這條大街一分為二。

人、波蘭人等當地少數族裔的文化活動介紹。

二〇一三年，科希策成為當年的歐洲文化之都，二〇一七年成為聯合國教科文組織創意城市網絡的一部分，並被授予**創意城市媒體藝術之都**。這一切都基於多元化的傳統，**設計、音樂、電影、電腦遊戲和資訊科技等，固然都是現代人的創意產業，但追根究柢，仍與城市的包容性息息相關。**

▲著名的「乞丐的房子」。據傳有個乞丐每天乞討，最終得到足夠的錢買下這棟房子，並在屋頂加上舉手致意的雕像，向「贊助者」致敬。

04 「金城」克雷姆尼察，七百年來仍在鑄幣

在小鎮飯店辦理入住時，櫃檯服務人員禮貌的問我是否前來旅行，我點頭稱是。當然，我的目標並非飯店所處的小城鎮，而是位於周邊的班斯卡—比斯特里察省（Banskobystrický kraj）三大城市——班斯卡—比斯特里察（Banská Bystrica）、班斯卡什佳夫尼察（Banská Štiavnica）和克雷姆尼察（Kremnica）。

辦完入住後，我問服務人員：「這三大城市按什麼順序遊玩比較好？」她用斯洛伐克語對著我手上的翻譯器說道：「金銀銅，金最小但最舒服，銀最累但最好看，銅最大也最繁華。」

行前做過功課的我，立刻明白了她建議的順序：「金城」克雷姆尼察、「銀城」班斯卡什佳夫尼察、「銅城」班斯卡—比斯特里察。

斯洛伐克國土面積僅有四．九萬平方公里，但分為八個州，班斯卡—比斯特里察州是其中面積最大的一個，達到九千四百五十四平方公里，其中有一半被森林覆蓋，人口不到六十五萬，是八個州中最少的。駕車在這一帶穿行，堪稱極其賞心悅目的享受，高高低低的鄉間公路兩旁，散落著一個個極美的村鎮，「金城」克雷姆尼察就在這一片錯落之中。它也是「金銀銅

城」中人口數量最少的一個，僅有五千三百名居民。

如今的克雷姆尼察，以保持中世紀原貌、被城牆環繞的老城為核心，新城沿其周邊而建。但所謂的新城，其實也有數百年歷史，遍布舊時建築。老城城門對開的石子路，是克雷姆尼察唯一的商店街，兩側老建築多是咖啡館或餐廳，還有居民不可或缺的麵包店與服飾店。街上散落著幾個街頭小販，賣著看起來一點也不新潮的衣服，還有各種手作木製廚具，如木勺、木叉和各種動物頭像的調料罐。

若只有這些，克雷姆尼察其實也與歐洲大多數小城鎮無異。可是，如今看起來尋常的它，曾有極其顯赫的過去，因為這整座城鎮因金礦而生。

九世紀，人們在克雷姆尼察山脈發現金礦礦床，這裡便成為斯洛伐克第一個重要礦城。九〇六年，匈牙利王國兼併斯洛伐克地區，掌控了克雷姆尼察的金礦，克雷姆尼察也因此獲得城市權。

歐洲現存最古老的造幣廠

一三二八年，克雷姆尼察鑄幣廠正式成立。時任匈牙利王國國王查理一世（I. Károly）與波希米亞王國達成協議，在波希米亞銀礦產區聘請大批工匠前來鑄幣。當時開採的金礦，可以在這裡直接鑄為金幣，這一特權一直延續到捷克斯洛伐克時代。

時至今日，**克雷姆尼察鑄幣廠仍在營運中，是斯洛伐克唯一一間造幣工廠。除了生產斯洛伐克的歐元貨幣之外，還為歐盟其他國家壓製貨幣，是歐洲現存最古老的造幣廠。**

老城的城門經過重新修繕，外牆刷成米黃色，兩側與滄桑的石砌城牆相連。門樓上方有一個凸出的半圓帶窗陽臺，再向上則是克雷姆尼察的城徽，以劍和金幣組成，城徽兩側各有一排用於防禦的射擊孔。門樓兩側柱子上雕刻著礦工人像，各自拿著鐵鍬等工具。

走過城門，眼前便是老城的斯特芬尼克廣場（Štefánikovo námestie），建築沿廣場四周而建，多半為三、四層樓氣派的大房子，見證著舊日繁華。因為城鎮依山而建的緣故，所以整座廣場

▲ 老城外的石子路，是克雷姆尼察唯一的商店街。

有相當大的坡度，中間被草坪覆蓋，草地上有縱橫交錯的小石板路。黑死病紀念碑占據廣場中心，人像多且雕刻複雜精美。

最搶眼的還是位於廣場坡頂一側的鑄幣局，教堂塔樓居高臨下，占據著老城的制高點。看起來只有幾步路距離，走上去才知道還得繞到廣場後方，沿著坡道兜兜轉轉，才能走到入口。

▲克雷姆尼察老城城門，兩側柱子上雕刻著礦工人像。

走到鑄幣局門口，發現鐵門居然上了鎖，心立刻向下一沉，以為要吃閉門羹。回頭一看，鐵門對面是售票處兼紀念品商店，走進去問才知道，鑄幣局有遊客才會開門，想來是工作人員只有一個，無法同時兼顧商店櫃檯和大門，所以才會上鎖。

工作人員幫我打開大鐵門，順便告訴我，等一下門會鎖上，參觀完出來時記得按門鈴。被鎖的門可不只這一道，內部的教堂、鐘樓和塔樓在無遊客時都上了鎖，她先帶我走到鐘樓，幫我打開門，在我爬鐘樓時，再將其他幾道門一一打開。於是，我便一個人「獨享」整個鑄幣局。

這座鐘樓的攀爬難度不算高，雖然有相當高度，但通道在我爬過的眾多鐘樓中算是較寬的。爬到位於大鐘下的觀景臺，整個克雷姆尼察都在腳下。遠處是綿延山丘，村落散落其間，近處民居與樹林交雜，腳下老城圍繞廣場，民宅內院有著寧靜之美。至於鑄幣局，除了老城周邊城牆之外，它也自帶城牆，構築第二道防線，形成城堡，可見其舊日地位。

在塔樓博物館裡，我見到昔日的金幣。一三三五年，克雷姆尼察鑄幣局開始鑄造弗羅林（Florin）金幣[3]，小試牛刀後，又開始鑄造在歐洲貨幣史上赫赫有名、被視為標竿之作的「達克特」（ducat）金幣。

達克特金幣之所以能成為標竿，只因它是接近純金的高純度金幣，純度可高達九九．四七％，每枚重約三．五六公克。因為它便於攜帶，價值也高，中世紀時可流通於歐洲各國、用於國際支付。僅在十四世紀，克雷姆尼察鑄幣局每年生產的達克特金幣，就能達到二十五萬至五十萬枚，是當時歐洲鑄造金幣最多的造幣廠。

十五世紀末，克雷姆尼察鑄幣局又開始鑄造另一種硬幣——古爾蒂納（Guldiner）。資料顯示，克雷姆尼察鑄幣局鑄造的金幣，總數達到兩千一百五十萬枚，按如今金價計算達到三十億美元。

鑄幣局也有與時俱進的一面。早期鑄幣工藝全靠手工，以模具和錘子一下下敲出來。直至十七世紀，克雷姆尼察鑄幣局引入機器造幣技術，一六六一年引入造幣滾壓機，一七一〇年開始使用沖壓造幣機。

沿著鑄幣局的城牆繞行一周，視野不如鐘樓觀景臺那般遼遠開闊，卻也可更近距離觀察老城。金礦加上鑄幣帶來的鑄幣稅收入，曾使得克雷姆尼察高度繁榮，十五世紀更是成為匈牙利王國的第二大城市，僅次於布達佩斯，這等盛景如今已經無從尋覓。

與其他因礦業而興的城市一樣，克雷姆尼察也經歷了盛極而衰之路。十六世紀，克雷姆尼察金礦的表層礦脈就已枯竭，礦工們只能深挖以尋找新的礦床。這不可避免會遭遇地下水的威脅，採礦條件惡化，成本越來越高。

大時代的動盪則是更大衝擊。一戰後，捷克和斯洛伐克地區擺脫奧匈帝國統治，實現獨立。但奧匈帝國在撤離前，將所有造幣設備和原料都搬到布達佩斯，只留下空空蕩蕩的鑄幣局。

一九二一年，捷克斯洛伐克恢復金礦開採，重新營運造幣廠，並鑄造出捷克斯洛伐克獨立後的第一枚硬幣。但二戰時期，捷克斯洛伐克遭納粹吞併，克雷姆尼察也遭受嚴重破壞。德軍潰敗時，更是用炸藥徹底炸毀鑄幣局。

也就是說，如今我腳下的鑄幣局是重建的產物。斯洛伐克人遵循城鎮原貌重建，並重啟克雷姆尼察鑄幣局，不過這次重啟也未持續太久，**一九七〇年，鑄幣局開採了當地最後一批黃金後，克雷姆尼察金礦徹底關閉**。

失去金礦後的克雷姆尼察，雖然鑄幣局仍在營運，但已不可能再現昔日榮光。它更像一座山谷小鎮，憑藉著重建而成的中世紀風貌，以旅遊業為支柱，向世人訴說舊日華彩。

3 一種於一二五二年至一五三三年間鑄造的金幣，在歐洲大部分地區都被認可。

▲ 克雷姆尼察的教堂，內部有大量金箔裝飾，可見其往日榮光。

05 上海建築大師鄔達克的故鄉

金、銀、銅三種金屬中，「銅」看似最不值錢，但應用廣泛。「銅城」班斯卡－比斯特里察也有類似的感覺，它是班斯卡－比斯特里察州的首府，也是最大城市。

我對這座城市的第一印象非常好，與克雷姆尼察的小巧、班斯卡什佳夫尼察的錯落不同，班斯卡－比斯特里察有著繁榮、大氣的一面，整座城市延伸開展，也更符合宜居的定義。

我最初設置的導航目的地，是老城中心的斯洛伐克民族起義廣場（Námestie Slovenského národného povstania，又稱SNP廣場）。距離它還有一公里時，經過一座宏大的學院風建築，正對著一個大大的公園，孩子們在綠地上嬉鬧，公園旁還有一圈別墅，是典型的中產住宅，相當光鮮。

穿過公園，通往廣場有多條道路可以選擇，我挑了看起來最平坦的那條，直到通過一座建築下的拱形門樓，眼前豁然開朗，紡錘形的民族起義廣場躍於眼前。

我去過斯洛伐克幾座大城市——首都布拉提斯拉瓦、第二大城市科希策、第三大城市普雷紹夫，還有日利納、尼特拉（Nitra）、特倫欽（Trenčín）、巴爾代約夫（Bardejov）、萊沃恰

（Levoča）和特拉納瓦（Trnava）等名城，最讓我印象深刻的廣場，除了被列入世界文化遺產的巴爾代約夫老城廣場之外，便是眼前這個。

廣場上遍布宏大精美的建築，可以看出舊日繁榮。而這一切繁榮，都是基於銅礦。班斯卡—比斯特里察的北部山區蘊藏大量銅礦，早在十三世紀，當地就有極大規模的銅礦開採。十五世紀，著名富商圖爾佐（Turzo）家族奠基者——楊・圖爾佐（Ján III. Turzo），為班斯卡—比斯特里察引入新的探礦設備和機械。一四九四年，他與德國的福格（Fugger）家族合組企業聯盟，設立採礦工廠。十五世紀下半葉，該地區更是形成當時歐洲最發達的銅產業鏈，集開採、製造和貿易於一體，年產銅超過千噸，並大量出口到威尼斯等貿易都市。

到了十六和十七世紀，圖爾佐與福格家族合辦的採礦工廠，已成為全世界最大的銅業公司，擁有完整的礦業生產體系和先進的財務制度，實施醫療保健福利於其下超過千名員工。也正因此，它被視為世界早期資本主義企業之一。

圖爾佐家族依託雄厚財力，甚至向匈牙利國王貸款，也因此獲得克雷姆尼察鑄幣局的租賃權，因此得來的龐大利潤也成為班斯卡—比斯特里察的建設資金。廣場上的一座大宅，白色牆身，窗櫺被刷成紅色，一、二樓外牆有浮雕裝飾，四樓的圓窗十分別緻，它是當年圖爾佐家族的宅邸，如今已被闢為礦業文化博物館。

上海建築大師鄔達克，美學的啟蒙城市

民族起義廣場是整座城市的核心，多條道路在此向四周發散，其中最寬闊的是順廣場而下的商店街。班斯卡–比斯特里察並非只有古樸的一面，商店街盡頭可以見到現代化的商業建築和新式公寓大樓，展示其現代的一面。

上海人熟悉的建築大師拉迪斯拉夫．鄔達克（Ladislav Hudec），一八九三年就出生於班斯卡–比斯特里察，這裡的建築美顯然是他的美學啟蒙。

鄔達克的父親是匈牙利人，他也被歸為匈牙利裔，母親則有斯洛伐克血統。一九一〇年，鄔達克進入布達佩斯皇家學院建築系，一九一四年畢業後加入匈牙利皇家建築學會。

一戰爆發後，鄔達克應徵入伍並參與作戰。一九一六年，他不幸被俘，被流放至俄國西伯利亞一帶。一九一八年，他成功脫逃，來到遠東（Far East）地區[4]。經過哈爾濱時，他得到一位神父指點，流亡至上海。

當時的上海是世界上少有的逃亡者天堂，任何人都不需要身分證明或護照，便可以在此居留，這也使得鄔達克適逢其會，參與了城市快速發展的時期，也奠定其建築大師的地位。

4 為西方國家對亞洲使用的地理概念，通常指西伯利亞、東亞（含東北亞）、東南亞等離歐洲較遠的地區。

鄔達克在美國建築師事務所克利（Curry）洋行工作的期間，經歷了從繪圖員、業務經理至建築師合夥人的轉變，在近七年時間裡掌握建築技術、經營和管理的一整套體系，並設計了一系列著名建築。其中最為人們所熟悉的，便是位於上海徐匯區的武康大樓。

一九二四年，鄔達克在上海外灘二十四號橫濱正金銀行大樓，擁有了自己的建築設計事務所——鄔達克打樣行。此後十幾年，他又設計了沐恩堂、真光大樓、大光明電影院和國際飯店等著

▲ 班斯卡－比斯特里察的斯洛伐克民族起義廣場，周圍建築精美，還可見許多尖塔。

名建築，確立了自己的世界級建築師聲譽。其中，於一九三四年完工的國際飯店，樓高二十二層，在此後幾十年間都是北美以外的世界最高大樓。

資料顯示，直至二〇〇四年，鄔達克在自己的出生地都仍是個不為人熟知的名字。但隨著研究資料增多，當地也更加重視，鄔達克的童年生活也逐漸被挖掘出來。

從民族起義廣場的核心「班斯卡－比斯特里察城鎮城堡」（Mestský hrad v Banskej Bystrici）出發，沿上坡路 Bakossova 街前行幾十公尺，便可抵達名為庫里亞（Kúria）的咖啡館，這裡曾是鄔達克家族的居住地，也是鄔達克本人的出生地。儘管目前已改作商業用途，但仍保持著古樸面貌，並掛有「鄔達克故居」的牌子。

鄔達克的母親是位神職人員，她對小鄔達克的個性塑造顯然有很大影響。鄔達克故居所在的斜坡，距離多座教堂都只有百來公尺，總

▲ 鄔達克出生的房子，如今是咖啡館。

有鐘聲陪伴，教堂的建築美學也讓他受益。沿途作坊的銅件製造，同樣是難得的藝術薰陶。

城中還有一處典雅庭院，兩層建築，外牆有精美花紋，過去屬於斯洛伐克著名畫家多米尼克·斯庫傑茨基（Dominik Skutecký，一八四九—一九二一年）所有。這位畫家被視為鄔達克的繪畫啟蒙導師，最早指導其運用藝術技巧。也正是在這座建築裡，鄔達克獲得了第一次手工設計體驗。

一九五八年，鄔達克在美國柏克萊去世，遺願是回歸家鄉，安葬在自己於一九二一年改造設計過的家族墓地。一九七〇年，遺願得以實現。墓地與故居僅僅相隔數百公尺。

鄔達克出身於建築世家，他的父親就是出色的建築設計師，主持設計班斯卡—比斯特里察不少建築，包括博物館、教堂、商業大樓等，還有典雅的舊市政廳。

斯洛伐克人的反抗精神，濃縮在這座城市

「斯洛伐克民族起義」這個廣場名字在斯洛伐克各大城市並不少見，因為它記錄了斯洛伐克人曾經的不屈歷史。

斯洛伐克民族起義指一九四四年八月的反法西斯武裝起義。二戰期間，捷克斯洛伐克淪陷，一九四四年六月，斯洛伐克人籌劃起義，並於當年八月啟動。納粹德國投入精銳部隊鎮壓，最終起義失敗，犧牲人數達二·五萬。**班斯卡—比斯特里察是這場起義的發端地**，也使得

這座民族起義廣場被賦予了特別意義。廣場中央有一座建於二十世紀初的新藝術風格噴泉，前方的黑色方尖碑，則是為了紀念二戰城市獲得解放時犧牲的軍人。

如今的民族起義廣場，自然見不到舊時硝煙，只有一派安逸繁華。人們在商店街閒逛，在長椅上閒坐，在露天咖啡座上享受陽光……眼前的建築群，精美大氣程度在斯洛伐克也是數一數二。

一二五五年，時任匈牙利國王貝拉四世賦予班斯卡－比斯特里察充分的自治權，以吸引手工匠人。不僅是採礦者，其他行業在這裡都有了組織嚴密的公會，其中最古老的是屠夫公會。廣場兩側的不少建築，舊時都是行業公會所在地，它們共同簇擁著廣場高處的城堡。城堡旁的廣場開闊地帶上，還有一座建於一五五二年的鐘樓，站在廣場中央遠望它，會發現其角度有些傾斜，是一座斜塔。鐘樓前的黑死病紀念柱建於十八世紀，頂端是聖母瑪利亞。

班斯卡－比斯特里察城鎮城堡，曾見證匈牙利王國歷史上的安茹－西西里王朝（Maison d'Anjou-Sicile）與盧森堡王朝。

一三八五年，匈牙利女王瑪麗亞一世（I. Mária）與神聖羅馬帝國皇帝查理四世的兒子西吉斯蒙德（Sigismund）在此大婚，不過這是一場政治婚姻，雙方很快貌合神離。一三八七年，短暫失去王位的瑪麗亞一世在平定叛亂後復位，並將丈夫西吉斯蒙德立為共治國王。一三九五年，瑪麗亞一世死於一場可疑的騎馬意外，當時懷有身孕的她從馬上摔下來、傷重不治。有傳言稱她腹中孩子並非西吉斯蒙德的血脈，因此被謀殺，後者也不僅是出於妒忌，而是為了權勢不被影響。

城堡整體呈哥德式風格，一三六〇年修建，一三八二年完工，參考了十四世紀義大利城堡的風格。如今，它僅存城堡主體、鐘樓和部分城牆。城堡內被闢為一間優雅的咖啡館，城牆下方的鑿空部分，則被闢為一條小巧、精緻的商店街。

城堡旁的聖母升天教堂（Kostol Nanebovzatia Panny Márie）始建於十三世紀，最初為哥德式風格，在建設過程中融入巴洛克風格，外牆的紅白條紋十分別緻。當年，這些宏偉建築的建設資金，主要以銅業為依託。但到了十七世紀，反抗哈布斯堡王朝的起義使得當地礦井和開採設備遭受嚴重毀壞，此後銅產量也不斷減少，最後於一八八八年徹底停產。

幸好，班斯卡—比斯特里察並沒有因為礦業停滯而陷入低谷。相反的，它始終是斯洛伐克中部的文化與經濟中心，也給了鄔達克一個安定的童年。

這座老城的美好，不僅在於民族起義廣場的典雅大氣，還體現在

▲ 廣場上紀念二戰犧牲者的黑色方尖碑。

街道的細節中。餐廳門口專門為狗狗設置的飲水點、住宅區兩側錯落安靜的民宅、學校裡走出的學生、舊建築牆面上的塗鴉、民宅院落裡的雕塑，都可以在不經意間見到。

許多驚喜也來自於不經意：經過一個路口時，一棟看起來平凡無奇的兩層樓建築立於街角，若非我做足功課，就不會知道這所中學原來正是郞達克的母校。

▲ 城堡旁的聖母升天教堂。

▲ 班斯卡－比斯特里察城鎮城堡，內部被改為咖啡館。

06 在「銀城」，我入地又上天

四萬三千，這是我在班斯卡什佳夫尼察留下的步數。其實，這個步數對於一向喜歡走路的我來說不算什麼，這次卻是前所未有的累，因為這是一座動不動就出現大上坡的山城。

班斯卡什佳夫尼察是座古老的礦業城市，匈牙利王國的貝拉四世執政期間（一二三五－一二七〇年），它便已獲得採礦權，一二三八年被賦予城市權。

它依山而建，坡度極大。一條石板路延伸向上，是老城的主幹道。我早早將車子停在路邊，然後步行向上，開啟這趟「大暴走」之旅。

在斯洛伐克語中，**「班斯卡」是礦山之意**，**「什佳夫尼察」則意為「酸性的溪流」**。無論是開車進入這座城市，還是在城中行走，其實都是現代人的「福利」。因為建立在古火山口上的它，舊時道路崎嶇陡峭，車輛很難進入，步行也十分不易，幾近與世隔絕。但也正是因為這樣，它成為目前**斯洛伐克保存最完整的中世紀工業城市**。

道路兩旁的建築相當精美，一座座教堂夾雜其間。相比一般的歐洲城鎮，這裡的建築普遍「尺寸偏大」，可見舊時興盛。

將班斯卡什佳夫尼察老城串連的是新城堡與舊城堡。舊城堡就位於主幹道一側的山坡上，新城堡則遠一些，傲立於不遠處的山坡之上，與幾條橫向街巷相連。

十三世紀初始建的舊城堡，見證著班斯卡什佳夫尼察的早期發展。當時的班斯卡什佳夫尼察已成為工業重鎮，在城市規畫和礦業方面，均以當時享譽歐洲的波希米亞「銀城」庫特納霍拉為目標。一三〇〇年，造幣廠順應貨幣改革而生，專門鑄造著名的格羅申（Groschen）[5]硬幣，班斯卡什佳夫尼察由採礦點搖身一變，轉型為工業城市。

舊城堡最早其實是一座仿羅馬式教堂，十三世紀末擴建為哥德式修道院，與造幣廠成立於同一時期。十四世紀為抵禦鄂圖曼帝國，在周邊加建城牆而形成堡壘，留存至今的哥德式鐘樓十分挺拔，是一七七七年重建的產物。幾條階梯小路延伸至老城各處，行走其間，總能見到塔尖與屋頂構成的錯落畫面。大多數住宅舊時都是礦工所居住，構成一個個街區。

遠處的新城堡是這個畫面的終點，說是「新城堡」，實際上只是相對舊城堡而言，一五七一年興建的它，年紀也已不小。白色外牆、尖頂高聳的它，四角築有四座圓形稜堡，頗似一架火箭。

新舊城堡興建的「空檔」裡，班斯卡什佳夫尼察正值顛峰，人口大增，城市空前繁盛。不

5 約在十三世紀出現，流行於中世紀德意志地區。最早的格羅申材質是金，但後來鑄造的格羅申大多是銀幣。

過，當時的德意志國王、匈牙利國王和波希米亞國王阿爾布雷希特二世（Albrecht II）於一四三九年戰死沙場後，班斯卡什佳夫尼察也遭遇戰火破壞，一五二六年的摩哈赤戰役後，這裡落入鄂圖曼人之手。

為了採礦，開發出水力動力系統

如今走在老城街巷間，仍可見到將民居相連的低矮城牆，這正是鄂圖曼人統治期間，將分散房屋連接起來的防禦系統。不過，不到一年時間，鄂圖曼人就被驅離。後來，斯洛伐克地區的七大礦業城鎮組成反鄂圖曼聯盟，新城堡正是那時所興建，成為重要的信號兼防禦系統，也是班斯卡什佳夫尼察的採礦火藥倉庫。

面對露天礦藏開發殆盡，開採深層礦

▲ 相較於舊城堡而言的「新城堡」，外型像火箭。

▲ 舊城堡鐘樓，為 1777 年重建後的產物。

藏亟需改進排水和挖掘技術的局面，班斯卡什佳夫尼察的從業者們將火藥引入礦業。一六二七年，他們將火藥裝進圓木桶運入坑道，以炸開岩石，大大提升效率。

至於礦坑滲水難題，塞繆・米可維尼（Samuel Mikovíny）和馬太・赫爾（Matej Hell）共同設計、開發出一套名為Tajchy的採礦動力系統，即在礦山周圍興建水壩和圍堰系統，利用其間以地下涵管連接、總長度達一百三十公里的六十個蓄水池，藉水力推動水車，驅動機器抽出礦洞內的積水，多餘動力也可以供應給冶煉部門和磨坊等。這不但改善了滲水問題，也提供了沖洗礦石的水源。

這套水利系統的創造者塞繆・米可維尼，也是匈牙利史上第一套全國各城鎮地形圖的繪製者。另一位設計者馬太・赫爾去世後，他的兩個兒子接手了系統的管理和維護工作。次子馬克西米利安・赫爾（Maximilian Hell）更是大名鼎鼎，作為數學家和天文學家，他曾在特拉納瓦大學任教，也曾擔任皇家天文臺總監，並受丹麥國王邀請，在瓦德島（Vardø，位於挪威北端）設立基地觀測日蝕，是第一個測出地球與太陽距離的人。一七五七年，他出版發行了世界首個國際天文學刊物。

雖然曾被鄂圖曼人短暫統治並經歷戰火，但充裕的銀礦還是讓班斯卡什佳夫尼察迅速恢復。一六九〇年，這裡的礦物開採量達到顛峰，當年出產銀達二十九噸，占全歐洲的二五％。

從舊城堡走到新城堡，高高低低間所見的是班斯卡什佳夫尼察的過往。一座小教堂旁是古樸墓園，高低新舊的墓碑記錄著一段段生死，墓園外有個觀景臺，可以見到對面山坡上的一棟棟民居，也可以見到主街上的一個個塔尖。

查閱資料可知，塔尖下的教堂、市政廳和聖三一廣場（Námestie svätej Trojice）等，都是十八世紀時所重建。最搶眼的聖母升天教堂是巴洛克風格，位於陡峭斜坡之上，更顯得高聳。當地人稱之為「德國教堂」，因為它是來此採礦的日爾曼工程師集資建立，地下室曾被當作金庫使用。

當時的班斯卡什佳夫尼察，已重新成為哈布斯堡王朝的採礦業中心，並在特蕾莎女王支持下，於一七六二年成立礦業學院（Banícka akadémia）。這是世界上第一個礦業高等院校，也是歐洲第一個技術學院。學校師資強大，來自歐洲各地，最著名的便是於一八四二年提出「都卜勒效應」的物理學家克里斯蒂安・都卜勒（Christian Doppler）。

礦業高等院校的建立，意味著當地政府對資源勘探的重視。後來，學院更名為礦業與林業學院，設有礦業、非鐵金屬冶煉、鋼鐵工程、力學工程、建築學和林學等科系。礦業的興旺和礦業學院的集聚效應，使得眾多礦工、學者、繪圖師、建築師、鍊金術士皆雲集於此。

從舊城堡旁的斜坡步入聖三一廣場，它因為巨大坡度和建築格局而呈倒三角形，廣場中央是黑死病紀念柱。紀念柱以當地含礦物質的砂岩建造，因此呈紅色。因為地勢過於陡峭，所以紀念柱一直在下滑，兩百多年間足足下滑了五公尺。

沿途巴洛克風格建築多半是十八世紀興建，當年都依託礦業學院而生。礦業學院舊址位於廣場盡頭延伸的一條街上，一九一九年，學院各院系遷移到如今的匈牙利肖普朗和密什科茲等地。

雖然這被視為衰落的象徵，班斯卡什佳夫尼察仍保持產業慣性，直至二十世紀中葉，這裡的礦產仍在大量開採中。但到了一九九〇年代，斯洛伐克政府決定停止採礦，班斯卡什佳夫尼察持續數百年的礦業史就此終結。

對這座城市來說，礦業的結束也意味著新開始。一九九三年，班斯卡什佳夫尼察老城及其礦業工程建築區、Tajchy 水利系統被列入世界文化遺產名錄。

礦工在地底勞苦，而地上的人享受

距離聖三一廣場不遠處，便是斯洛伐克採礦博物館。自十六世紀以來，這棟黃牆綠瓦坡頂的建築便是班斯卡什佳夫尼察的礦業管理機構所在地。如今它陳列著各種礦石樣本、採礦工具和礦車，還可以展開一場入地之旅。

舊時的地下礦坑，如今部分可以參觀。若是夏秋兩季，每週有六天開放，工作時間的每個整點都可組團進入。而在早春的四月，它的開放時間非常有限，每週只有四天開放，每天只有三個整點集合的參觀時間，運氣不好的話就會錯過，甚至誤以為它並不開放。

進入礦坑的準備工作相當繁瑣，工作人員會分發安全帽、大衣和手電筒式的礦燈，礦洞道路大多寬闊但陰沉，與我常見的鹽礦大不相同，還有些地方則相當低矮，只能彎腰通過。舊時通行礦車的窄軌仍在，一個個洞穴四通八達、仿似迷宮。

即使只是參觀，也能感受到礦工的艱辛，在純以人力挖掘的時期，一年的開鑿長度僅為十公尺。礦坑的坍方事故屢見不鮮，採用火藥後又屢有爆炸事故，博物館中留存一間舊時辦公室，當年就是專門為死去礦工的家屬發放撫恤金。至於那些不堪壓迫的礦工，往往被投入地下室的監獄中。據說直至今日，當地還有一種每逢節慶都會上演的女性舞蹈，名為「三百寡婦舞」，以紀念在十七世紀一次礦難中被埋於地底的三百名礦工。

入地之旅結束後，我咬咬牙，又開啟上天之旅。相比新舊城堡的高高低低，與老城遙遙相對的山頂才是班斯卡什佳夫尼察的真正制高點。傲立其上的受難教堂（Kalvária），我駕車入城時便已被其驚豔。

受難教堂是一組巴洛克風格建築群，竣工於一七五一年。它由一位耶穌會牧師倡議，小鎮居民合力興建。整體設計非常獨特，教堂占據著山的中軸線，紅色牆身的小教堂位於山腳下，兩側有對稱洋蔥頭。再向上則是一座小小的圓頂禮拜堂，山頂則是主教堂，同樣是紅色牆身和兩側洋蔥頭的設計，近年來顯然經過修繕，整面牆身上有兩個圓形徽章，是主要捐款者

▲ 聖三一廣場上的黑死病紀念柱，因地勢陡峭，兩百多年間已下滑 5 公尺。

的族徽。沿途還有一座座黃色祭壇，裡面有雕像和畫作，記錄著耶穌受難和復活的故事。

上山並不容易，大多數地方沒有階梯，只能在沙土路上攀爬。我來的前幾天剛下過雨，有些地方還頗為泥濘。地上沒有什麼腳印，想必很少有探訪者。一個人走在這荒山上，隨風傳來的陣陣腥氣讓我心裡有點發毛，擔心是什麼猛獸。好在很快就答案揭曉，腥氣的來源是山坡上的一片草地，當地居民在那裡放養了幾匹馬。

好不容易爬上山頂，班斯卡什佳夫尼察和周邊景致悉數呈現在眼前。高低錯落的建築、綿延山脈和大片原野，構成一幅宜居畫面。

忍不住有點感慨，舊時礦工在地底暗無天日工作，地面上的人們則依靠這些財

▲ 往山上走，沿途有一座座黃色祭壇，裡面的雕像和畫作展示耶穌受難與復活故事。

▲ 位於山腳、受難教堂最下層的小教堂。

富享受精緻生活，如今眼前的中世紀城鎮風貌和無盡綠意，都是那時打下的基礎。

當然也有幸運的一面：作為礦城，班斯卡什佳夫尼察沒有在礦產枯竭後走向破敗，也躲過了上世紀的戰火侵襲，被列入世界文化遺產更是它重生的契機。被保留下來的那些老建築，還有高低錯落的街道，記錄著靜止的時光，也記錄著一代代礦工的艱辛。

07 錯過工業革命的東斯洛伐克

與斯洛伐克萊沃恰的初見，從一場愉快的午覺開始。

駕車進入萊沃恰市區範圍後，眼前豔陽高照，路上安靜無人，突然感覺有點睏。路邊恰好有兩座住宅間形成的畸零地停車場，我便立刻停車，將座椅放平，躺著睡了一覺。

短短半小時，卻讓我神清氣爽。望向車窗外，景致一如睡前：街上無人，路上偶有車輛經過，藍天白雲，寂靜無聲，恍若時間靜止。

我選擇下車，以腳步攪亂這座城市幾近靜止的狀態，目標就在不遠處——綿延城牆內的老城。二〇〇九年，萊沃恰老城與附近的斯皮什城堡（Spišský hrad）等一起被列入世界文化遺產，還被稱作「最具古斯洛伐克風格」的城市。

如果沿著南北縱貫的山區公路穿越斯洛伐克東部，沿途有不少與萊沃恰格局相似的小城鎮。相比靠近奧地利與捷克、經濟更為發達的西部和中部地區，東斯洛伐克人口密度極低，城鎮更為古樸。因為地處偏遠，它們都曾錯過工業革命，也曾遲遲等不來第一條鐵路，但也正是這個緣故，它們得以保留純粹的中世紀風貌。

在東斯洛伐克，歷史大事都被推遲

作為城市，萊沃恰可說是極小，面積僅有六十多平方公里，人口只有一萬多。我停車的地方是環繞古城的主幹道，道路寬闊，建築物也頗大，有診所，也有幼稚園，只是恰逢週末，統統大門緊閉。

兩、三百公尺外就是老城入口，主幹道在這裡劃出一個近乎直角的弧度。入口處是城牆簇擁的巨大塔樓，一道拱形門洞可供進出。行至塔樓前，舊時吊橋兩側的護城河已是草地，城牆分為內外兩道，粗礪石塊堆砌出歲月的滄桑痕跡。

進入老城，一座白色巴洛克教堂高聳路旁，周邊都是兩層樓建築，牆身顏色各異，新舊雜陳。萊沃恰是斯皮什地區最古老的城鎮，人居史可以追溯到石器時代。十一世紀時，它成為匈牙利王國的一部分。一二七一年開始獲得城鎮特權，並成為斯皮什地區的政治中心，一三二三年被授予匈牙利王國的皇家自由城鎮地位，貿易也開始迅速發展。

圍繞老城的防禦工事，最早的記載出自於十三世紀下半葉。最初為木製，一二八五年，斯皮什地區第二次遭遇蒙古人入侵，萊沃恰開始修建石製城牆。

最能檢驗防禦系統的方法是戰爭。此後一百多年間，面對一次次戰火侵襲，萊沃恰的防禦體系逐漸成型。只可惜，一四三一年萊沃恰在戰火中被焚毀。十六世紀初，萊沃恰啟動重建，如今所見的城牆就是成型於當時。

萊沃恰老城的迷人之處不僅在於建築之美，更在於它背後的建城思路與眾志成城。作為一座自由城鎮，萊沃恰名義上屬於王國的一部分，卻有著極大自主權。這種自主權不僅體現在經濟貿易層面，**民眾是城市的一分子，可以選舉自己的市長和市政人員**。為了保衛自己的財產，也為了保衛整座城市，人們必須投身其中，不同行會承包了城牆和塔樓的不同部分，除了修建和維護之外，還有義務提供足夠武器與火藥。

這其實是一種中世紀的「股份制」，它總能讓我想到百年前的廣東江門台山，華僑們利用豐厚資金，效仿西方現代公司模式，以股份制形式在家鄉興建新村和市集，從簡單的宗族式守望相助，走向現代經濟社會的利益共同體。

眼前的城牆系統和老城建設，經歷了一段漫長的過程，直到十八世紀早期防禦工事仍在陸續進行。萊沃恰人後來之所以放棄繼續建設，是因為隨著武器發展，城牆已失去了防禦作用。一八〇三年，一些防禦工事被出售給私人使用，塔樓成了住宅，護城河則變成菜園和果園。

當年的萊沃恰防禦系統全長二．五公里，內城牆高度為六至八公尺，外城牆則為三至四公尺，全盛時期擁有十五座塔樓。如今完好保存的城牆仍有八〇％，南側一帶有不到五百公尺的斷垣殘壁，加上仍保存的六座塔樓和兩道城門，是斯洛伐克保存最好的中世紀城市防禦系統。

沿著城門前的道路直行兩、三百公尺，便可見到帕夫勒廣場（Námestie Majstra Pavla）。精美建築林立於四周，中間則是市政廳與建於十四世紀的聖詹姆斯教堂（Bazilika sv. Jakuba）。

相比萊沃恰的城市規模，帕夫勒廣場的面積可謂「超常規」，即使在斯洛伐克國內也是數一數二的大廣場。四周建築中不乏十四世紀和十五世紀的傑作，從哥德式到文藝復興式風格，都可在此找到痕跡。

廣場所承載的是斯洛伐克的重要歷史。一六二四年，來自今德國威登堡（Wittenberg）的書商，擴大經營自己的書店，並創辦了印刷廠。當時已是歐洲宗教改革運動的尾聲，但在偏遠的斯洛伐克東部，一切都顯得滯後。印刷廠的建立極為關鍵，因為**十五世紀的古騰堡印刷術正是宗教改革的重要基礎**，它滿足了人們對知識的渴望，逐漸打破教會壟斷知識的情況。**萊沃恰、乃至於整個東斯洛伐克，只是將這個「流程」往後推了一百多年，因此萊沃恰成為斯洛伐克宗教改革的文化中心**。

十九世紀中期，萊沃恰又成為斯洛伐克民族運動的中心，斯洛伐克國歌正是在這裡第一次響起。不過，此時的萊沃恰在經濟上已經失去了舊日榮光，因為斯洛伐克的早期鐵路建設繞過了群山環繞的它。直至一八九二年，這裡才開通了一條鐵路。

眼前的帕夫勒廣場，是以出生於萊沃恰的雕刻藝術家帕夫勒之名命名。帕夫勒的作品散落於斯洛伐克各地，其中最重要的當屬萊沃恰聖詹姆斯教堂的木製祭壇。高十八．六公尺的它是世界上最高的晚期哥德式祭壇，沒有使用一根鐵釘，為帕夫勒在一五〇一年至一五一七年間雕刻而成。

聖詹姆斯教堂就位於廣場中央，也是萊沃恰的制高點。教堂建於十四世紀末，此後歷經滄桑，最「年輕」的部分是那座高挑細長的塔樓，一八五八年建成。教堂內部除了帕夫勒雕刻的木製祭壇之外，還有十八幅祭壇畫，在絕大多數人並不識字的時代，這些祭壇畫講述的《聖經》故事，便是教化信眾的重要工具。可惜教堂內並不允許拍照。

聖詹姆斯教堂旁便是萊沃恰市政廳，也是帕夫勒廣場上最美麗的建築。這座文藝復興式建築建於十六世紀，原本是圖爾佐家族的產業。

一五五〇年，圖爾佐家族出資修建了這座宮殿式建築，最先是哥德式風格，取代此前被大火燒毀的舊建築。十七世紀時，它以文藝復興風格進行改造。一六一五年，修建了兩層拱廊，一六五六年至一六六一年間，修建了鐘樓。整座建築最美麗的部分當屬新古典主義風格的山牆，完成於十九世紀。在廣場中央與聖詹姆斯教堂和市政廳並立的，是圓頂的福音派路德教堂（Evanjelický a. v. kostol），建於一八三七年，呈現古典主義風格，與市政廳山牆在同一時期完成。

市政廳外有一個鐵製籠子，看起來頗似動物園裡的鳥籠，查了資料才知道，它是中世紀的「恥辱籠」，大約造於一六〇〇年左右。

恥辱籠主要是用於懲罰輕微的違法行為，中世紀歐洲城鎮普遍有此設施，但保留下來的很少。欺騙配偶、醉酒鬧事，甚至深夜出門，都可能被關入恥辱籠，但它與「法治」沒有多少關係，最常被關入的往往是女性，還會遭遇圍觀者的辱罵、吐痰、丟石頭。如今的萊沃恰當然早已告別這樣的歷史。

廣場上最美麗的一棟建築，同樣曾是圖爾佐家族的產業。土黃色牆身的它，外立面相當繁複，裝飾著圖爾佐家族、斯皮什地區和萊沃恰的紋章，也有建築主人和妻子的畫像，山牆的造型極其精美。雕刻家帕夫勒的故居也在廣場上，如今是博物館，可惜除了作品的復刻品之外，博物館中並沒有多少關於他的資料，因為有關其人生經歷的文件檔案，都已在一五五〇年的城市大火中被燒毀。

這當然是莫大的遺憾，歷史靜靜流淌，但有時不會留下痕跡，後人無從得知的東西實在太多。幸好還有眼前的廣場與建築，完整保留著中世紀形貌。

廣場一側有兩條岔路蜿蜒向下，向城外延伸，遠處是大片綠地和森林。在東斯洛伐克，小城鎮被這樣的綠地包圍很尋常，波多利內茨（Podolinec）便是如此。

波多利內茨：波普拉德地區的雅典

波多利內茨位於波普拉德河（Poprad）畔，城市面積僅有三十三．一八平方公里，人口不到四千。從萊沃恰出發，一路在山谷間爬上爬下，經過一個個村落與市鎮，不知不覺間就進入波多利內茨。

▲帕夫勒廣場中央的聖詹姆斯教堂，也是萊沃恰的制高點。

之所以「不知不覺」，是因為它沒有明顯的城市界線——沒有高樓大廈，沒有周邊延綿的大型商店，僅僅在城郊散落著幾家超市。城鎮建築集中於國道兩旁，範圍很小。小到什麼程度？一腳油門開進城，可能還沒來得及剎車，就已經要出城了。

城市雖小，五臟俱全，且有值得探訪的歷史遺跡。它的文字記載歷史不算太久，目前能查到的最早記錄是一二三六年，當時它屬於克拉科夫教區。克拉科夫主教向教皇提出申訴，抗議匈牙利埃斯泰爾戈姆主教非法向克拉科夫教區的各地方教堂徵稅，波多利內茨的教堂便在「受害者」之列。

一二九二年，波多利內茨被授予城市權，並吸引了不少來自西利西亞地區的定居者。一四〇〇年，波多利內茨鞋匠行會成立，成為該地第一個行會組織。一四一二年，它被授予

▲ 萊沃恰市政廳，這棟建築原本也是圖爾佐家族的產業。照片左下角可見「恥辱籠」。

匈牙利王國皇家自由城鎮地位，但不久後就被劃入波蘭，直至一七七二年波蘭第一次被瓜分。

在這三百多年間，波多利內茨的工商業和城市防禦體系都緩慢成長，逐漸演變為一個擁有城牆和城堡的手工業小城鎮。十九世紀，它曾經擁有的城鎮特權逐漸減少，手工業和商業漸漸凋零。

西歐地區如火如荼的工業革命，在東斯洛伐克地區幾無迴響，波多利內茨可謂是「完美躲過了工業革命」。與萊沃恰類似，斯洛伐克最初的火車路線也繞過了它，直至一八九三年，它才被納入一條支線，帶動其工業發展。

但也正因如此，波多利內茨就像萊沃恰那樣不被滋擾，始終以沉靜姿態保持著舊時模樣。如果從空中俯瞰，它呈扁豆模樣，以廣場為核心，建築環繞廣場而立，建築之外則是城牆。

波多利內茨的防禦系統於十三世紀後期開始興建，鋸齒狀城牆包裹著整個城鎮，城門有塔樓衛護。不過，如今因為道路開拓和城市發展的緣故，城門已經無處尋覓。

這座城市最吸引我的，是位於廣場一隅的皮亞里斯特修道院（Kláštor redemptoristov），修道院教堂的雙塔造型在陽光下顯得溫暖。修道院始建於一六四二年，由義大利建築商承建，為早期巴洛克式風格。

修道院有四座角樓，吸引我的雙塔教堂位於修道院中心。修道院有自己的防禦措施，包括炮塔等，內部還有醫院、藥房、倉庫、啤酒廠和農地，在過去可以自給自足。

相比修道院，廣場上的聖母瑪利亞升天教堂才是波多利內茨的核心。它位於廣場一端的中間空地上，波多利內茨最早的文字記錄便是關於它的被徵稅問題。一二八五年，教堂曾遭戰火焚毀，一二九八年重建完成，十四世紀下半葉加建了拱頂。此後，它歷經滄桑，幾度遭遇火災及戰爭創傷，還經歷過地震，又一次次修整重建，風格上也不再是舊時純粹的哥德式，拱頂和花窗都呈現巴洛克風格。

值得一提的是，教堂內的聖凱薩琳側祭壇上的雕像原本也是出自萊沃恰的雕刻家帕夫勒之手，不過如今所見是複製版，原作已被移入匈牙利某博物館。教堂內的古物還有很多，例如放眼全歐洲都相當少見的十四世紀哥德式青銅洗禮池。也正是因為這座教堂的存在，**波多利內茨被稱作「波普拉德地區的雅典」**。

教堂前還有一座鐘樓，是文藝復興時期的產物，原址是一座中世紀鐘樓。一六五九年重建，改造為眼前模樣。這是一座四層建築，底層有三道門，一道通往半採光的地下室，舊時作為城市倉庫使用，還有一道門可經螺旋梯通往鐘樓頂端，用於日常維護。正門朝西，上有一面大窗。鐘樓裡的大鐘重達一．四噸，由布達佩斯工匠鑄造。

廣場四周的建築普遍是文藝復興式風格，普遍只有兩層樓，紅瓦斜頂，牆身顏色各異，如調色板一般。它們多半建於十七世紀，舊時是商人和工匠的住宅。

如今，古樸的它們都是民居，依然保持著舊時沉靜。偶爾有人從廣場上經過，走向城外方向。隨著他們的背影望去，遠處是綠地與山坡。這座與萊沃恰同為匈牙利王國皇家自由城鎮的小城，有著與萊沃恰一樣的格局和命運。

▲ 波多利內茨的核心——聖母瑪利亞升天教堂（左）與鐘樓（右）。

國家圖書館出版品預行編目（CIP）資料

東移的歐洲心臟：捷克、波蘭、匈牙利、斯洛伐克給你的印象是？半導體、新能源車、醫療、壯遊……你沒料到的夢想之地。／葉克飛著 . -- 初版 . -- 臺北市：任性出版有限公司，2024.09
336 面；17×23 公分 . --（issue；71）
ISBN 978-626-7505-05-2（平裝）

1.CST：歷史　2.CST：人文地理　3.CST：中歐

744.01　113008921

issue 71

東移的歐洲心臟

捷克、波蘭、匈牙利、斯洛伐克給你的印象是？
半導體、新能源車、醫療、壯遊……你沒料到的夢想之地。

作　　者／葉克飛
責任編輯／連珮祺
副 主 編／馬祥芬
副總編輯／顏惠君
總 編 輯／吳依瑋
發 行 人／徐仲秋
會 計 部｜主辦會計／許鳳雪、助理／李秀娟
版 權 部｜經理／郝麗珍、主任／劉宗德
行銷業務部｜業務經理／留婉茹、行銷經理／徐千晴、專員／馬絮盈、助理／連玉、林祐豐
行銷、業務與網路書店總監／林裕安
總 經 理／陳絜吾

出 版 者／任性出版有限公司
營運統籌／大是文化有限公司
臺北市 100 衡陽路 7 號 8 樓
編輯部電話：（02）23757911
購書相關諮詢請洽：（02）23757911 分機 122
24 小時讀者服務傳真：（02）23756999
讀者服務 E-mail：dscsms28@gmail.com
郵政劃撥帳號：19983366　戶名：大是文化有限公司

法律顧問／永然聯合法律事務所
香港發行／豐達出版發行有限公司 Rich Publishing & Distribution Ltd
地址：香港柴灣永泰道 70 號柴灣工業城第 2 期 1805 室
Unit 1805, Ph.2, Chai Wan Ind City, 70 Wing Tai Rd, Chai Wan, Hong Kong
電話：21726513　傳真：21724355
E-mail：cary@subseasy.com.hk

封面設計／林雯瑛　內頁排版／王信中
印　　刷／韋懋實業有限公司

出版日期／ 2024 年 9 月　初版
定　　價／新臺幣 460 元（缺頁或裝訂錯誤的書，請寄回更換）
I S B N ／ 978-626-7505-05-2
電子書 ISBN ／ 9786267505038（PDF）
9786267505045（EPUB）